可持续发展与文化创意产品设计

主 编 贡 达 刘建志 赵 亮

中国出版集团 现代出版社

图书在版编目（ＣＩＰ）数据

可持续发展与文化创意产品设计/贡达，刘建志，
赵亮主编.--北京:现代出版社,2024.7

ISBN 978-7-5231-0924-3

Ⅰ.①可… Ⅱ.①贡… ②刘…③赵…Ⅲ.①文化产
品-产品设计-研究 Ⅳ.①G114

中国国家版本馆CIP数据核字(2024)第112120号

可持续发展与文化创意产品设计

著　　者	贡　达　刘建志　赵　亮
责任编辑	刘全银
出版发行	现代出版社
地　　址	北京市安定门外安华里 504 号
邮政编码	100011
网　　址	www.1980xd.com
电子邮箱	xiandai@vip.sina.com
印　　刷	廊坊市博林印务有限公司
开　　本	710mm×1000mm　1/16
印　　张	16　　字　数　379千字
版　　次	2025 年 1 月第 1 版　　2025 年 1 月第 1 次印刷
书　　号	ISBN 978-7-5231-0924-3
定　　价	58.00 元

前　言

在当今飞速变革的世界中，可持续发展成为引领社会、经济和文化进步的关键因素之一。这一理念的崛起不仅对企业运营和产业发展提出了更高的要求，也在文化创意产品设计领域产生了深远的影响。可持续发展并非仅限于环境问题，它跨足经济、社会、文化多个领域，提倡一种平衡的生态体系，追求长期的社会福祉。在这一理念的推动下，文化创意产品设计逐渐转变为一项更为综合、富有远见的创新过程。可持续发展的核心观念在于创造具有长期可持续性的社会结构，确保资源的平衡利用以及社会的公正和包容。

文化创意产品设计的可持续性首先体现在对环境的关注。传统上，产品设计往往只追求新颖和独特，而忽略了对自然资源的过度消耗以及对环境的潜在影响。但如今，在气候变化、资源稀缺等全球性挑战的威胁下，设计师们开始将可持续性融入到产品设计的方方面面。从材料选择到生产过程，再到产品寿命周期的考量，设计师们逐渐认识到他们的创作应当成为与自然和谐共生的一部分。

文化创意产品设计的可持续性表现在对社会的积极影响上。在社会责任感的驱动下，设计师们开始思考他们的作品如何为社会创造价值。通过文化创意产品，设计师们可以传递积极的社会信息，推动社会变革。例如，一件强调平等和多元文化的设计作品可能会引发社会对包容和公正的深刻思考。

在全球化的时代，文化创意产品设计不再局限于特定地域或文化范畴，而是跨足各种文化、融汇全球元素。这不仅为设计师提供了更广阔的创作空间，也为丰富多元的文化体验创造了机会。在这个过程中，可持续发展理念扮演了引导的角色，通过融入全球性的可持续原则，文化创意产品设计更能够适应不同文化的需求，推动文化间的相互理解与共融。

要实现可持续发展与文化创意产品设计的良性互动，并非易事。这需要设计师们跳脱传统的设计思维，摒弃片面追求经济效益的观念。也需要制定更为全面的评价标准，将可持续发展的原则与文化创意产品设计深度融合，以实现对社会、环境和经济的多重贡献。

在这个新时代，我们期待看到更多具有深度思考、全球视野的文化创意产品涌现。这不仅是对可持续发展理念的践行，更是对人类文明共同未来的一种积极构建。通过可持续性与全球化的新机遇，文化创意产品设计有望成为连接不同文明、传递普世价值的媒介，为我们共同的地球家园创造出更美好、更有活力的未来。

目　　录

第一章 可持续发展与文化创意产品设计概述

第一节 可持续发展概念介绍

一、可持续发展的内涵和重要性

（一）可持续发展的内涵

可持续发展是一种综合性的理念，融合了社会、经济和环境等多个层面。其内涵不仅仅体现在对当前世代的关注，更关乎对未来世代的责任。可持续发展的本质在于寻找一种平衡，既能够满足现有需求，又能够保护自然资源、维护社会稳定和促进经济增长。

可持续发展强调的是环境的可持续性。这包括了对生态系统的保护和生物多样性的维护。可持续发展要求我们对自然资源的使用进行谨慎管理，防止过度开发和过度消耗，以确保这些资源能够被后代继续利用。环境的可持续性不仅仅意味着减少污染和减缓气候变化，更要求我们建立起与自然和谐共生的关系，以实现人与自然的可持续共存。

可持续发展注重社会的公平和包容。这体现在对社会公正的关切和对社会中弱势群体的关爱。社会的可持续性不仅仅是经济繁荣的体现，更要求我们关心社会的公平分配和社会服务的普及。这涉及到教育、医疗、社会保障等多个方面，要求社会各个层面的参与者都能够享受到发展的红利。

可持续发展的第三个维度在于经济的可持续性。这不仅仅是追求经济的高速增长，更要求经济的增长是有质量的、可持续的。经济的可持续性意味着不只是关注短期的经济利益，更要考虑资源的长期利用和对社会的长远影响。这需要企业从单纯的追求盈利向追求创新、社会责任和长期发展的方向转变，实现经济增长与环境和社会的协同发展。

可持续发展还强调国际合作和全球责任。全球问题需要全球共同应对，这要求国际社会齐心协力，共同推动可持续发展的目标。跨国合作、信息共享、技术创新等都是构建全球可持续发展体系的重要因素。在国际层面，可持续发展的内涵要求各国共同努力，促使全球社会实现共同繁荣和可持续发展。

可持续发展的内涵涵盖了环境的可持续性、社会的公平与包容、经济的可持续性以及国际合作与全球责任等多个层面。这种理念旨在建立起人与自然、人与人之间和全球各国之间的和谐关系，实现一个既能满足当前需求又能够保护未来世代利益的全面可持续发展模式。

（二）可持续发展的重要性

1. 生态系统稳定与资源利用

生态系统的稳定与资源利用是可持续发展的核心议题。生态系统的稳定直接关系到地球的生存环境，而资源的利用则涉及到人类经济社会的发展。可持续发展的重要性在于在这两者之间寻求一种平衡，既能够维持自然生态的平衡，又能够满足人类社会对资源的需求，实现经济、社会和环境的协同可持续发展。生态系统的稳定是维系地球生命的基础。地球上的生态系统是一个复杂的生命体系，各种生物之间相互依存，形成一个相对稳定的平衡。这个平衡不仅涉及到物种的多样性，还包括了生物与环境之间的相互作用。生态系统的稳定直接关系到空气、水、土壤等资源的供给，影响着地球的气候和自然生态环境。如果生态系统失去平衡，生物的数量和种类将受到威胁，影响整个地球的生态平衡。

而资源的利用则是人类社会发展的基础。自工业革命以来，人类对自然资源的需求急剧增加，经济的发展和社会的进步都与对能源、水资源、土地等资源的利用密切相关。然而，过度的资源开采和不合理的利用方式使得许多自然资源面临耗竭和破坏的危险。资源的过度开发导致了生态环境的破坏，影响着生态系统的稳定，形成了一种恶性循环。

可持续发展的重要性在于通过协调生态系统的稳定和资源的合理利用，实现经济社会的发展与自然环境的和谐共生。这需要从根本上转变对资源的认知，实现资源的节约利用和循环利用。同时，要加强对生态系统的保护，防止生物多样性的丧失和生态平衡的破坏。这种平衡不仅仅是人与自然的关系，更是人类社会内部各方利益的平衡。

可持续发展的关键在于实现资源的永续利用。这不仅仅是对自然资源的可持续性利用，更是对经济和社会体系的创新和调整。通过技术创新、产业结构的升级和能源利用的优化，实现资源的高效利用和生产方式的绿色转型。这需要政府、企业和公众之间的共同努力，形成合力，推动整个社会朝着可持续的方向发展。

在这个过程中，全球合作显得尤为关键。由于自然资源和生态系统的跨国性质，单一国家的努力可能难以解决全球性的问题。国际社会需要共同制定和遵守环境保护、资源管理的国际法规和规范，通过共享技术和资源、开展联合研究和合作，共同维护全球生态平衡和资源利用的可持续性。

可持续发展的重要性在于通过协调生态系统的稳定和资源的合理利用，实现经济社会的可持续发展。这涉及到对资源的节约和循环利用，对生态系统的保护和恢复，以及国际社会的合作与共同努力。只有在这种综合性的可持续发展理念指导下，人类社会才能在不断发展的同时，实现与自然环境的和谐共生。

2. 社会公正与人类福祉

社会公正是一个国家和社会可持续发展的基石，而人类福祉则是我们共同追求的目标。作为社会发展的推动力量，在塑造社会公正和提升人类福祉方面具有深远的影响。

不仅仅是商品，更是一种对社会价值观的表达和引导。通过创作和传播，我们能够塑造一个更加开放、包容、公正的社会环境。这些能够反映不同文化、背景和观点，促使人们更好地理解彼此之间的差异，从而建立起更加平等的社会关系。

在追求社会公正的过程中，发挥着独特的作用。它们能够为边缘化群体发声，让那些被边缘化的声音被听到。通过，我们能够打破社会中的种种不平等现象，推动社会朝着更加公正的方向发展。这种通过艺术和文化表达的公正观念，能够深刻地渗透到人们的心灵深处，引导着他们在行为和思想上追求更为公正的社会。

与此发展也直接影响着人类福祉。这些不仅能够提供美的享受，更能够激发人们的创造力和思考能力。通过欣赏，人们能够感受到生活的丰富多彩，从而提升他们的生活质量。这种对美的追求和对文化的热爱，能够使人们更加积极向上，拥有更加积极的人生态度。

可持续发展不仅仅是经济层面的问题，更是社会公正和人类福祉的问题。只有在保护文化多样性的基础上，我们才能够真正实现社会的公正。生产和传播也需要更加注重环境和社会责任，以确保这一产业的可持续发展不会对环境和社会造成负面影响。

在全球化的今天，作为一种全球性的力量，具有跨越国界的影响。通过促进不同文化之间的交流和理解，有助于建立一个更加包容和和谐的世界。这种全球性的影响也为实现全球社会公正和提升全球人类福祉提供了有力的支持。

社会公正和人类福祉是紧密相连的，而作为这两者交汇的平台，具有不可替代的作用。通过创作、传播和消费，我们能够共同建立一个更加公正和繁荣的社会，为人类福祉的不断提升创造更为有力的动力。

二、可持续发展的特点

（一）经济可持续发展的特点

经济可持续发展是一种综合性的发展模式，其特点体现在多个方面。首先，可持续发展强调经济增长与环境保护之间的协调。在传统的经济发展模式中，常常忽视了自然资源的有限性，导致环境污染和生态破坏。可持续发展通过在经济增长中考虑环境因素，追求生态经济，以确保资源的可再生和可维持性。可持续发展注重社会公正和公平。传统经济模式在追求增长的同时，往往加剧了社会的不平等。可持续发展强调人的全面发展，追求社会的和谐。通过实施包容性政策，促使社会资源的公平分配，提高人民的生活水平，实现社会的可持续繁荣。

可持续发展强调创新与科技的引领作用。传统经济往往依赖于有限的资源和传统的生产方式，导致效率低下。可持续发展通过鼓励科技创新，推动产业升级，实现经济的可持续增长。创新不仅仅局限于科技领域，还包括社会制度、管理模式等方方面面的创新。

可持续发展还强调全球合作和国际关系的重要性。在全球化的今天，一个国家的经济发展往往受到国际环境的影响。可持续发展倡导国际间的合作与共赢，通过构建开放、包容的国际合作体系，解决全球性问题，实现共同繁荣。

可持续发展注重文化的传承与创新。经济发展不应仅仅局限于物质层面，更应考虑文化的传承和创新。通过保护和传承本土文化，弘扬民族精神，可持续发展能够在经济繁荣的同时保持社会的文化多样性。

可持续发展是一个系统工程，涉及经济、社会、环境等多个层面。它不仅仅追求经济的增长，更关注人与自然、社会与文化的和谐发展。通过协调各方面的利益，追求全面的、长期的发展目标，可持续发展为人类社会的可持续繁荣提供了一种新的思路和路径。

（二）社会可持续发展的特点

社会可持续发展的独特之处在于其注重社会的平衡与和谐，这是一种全方位、深层次的发展理念。首先，社会可持续发展突显社会公正和平等的追求。在这一理念下，社会力求消除不同阶层之间的差距，确保每个个体都能够分享社会进步的成果，获得平等的机会。这种注重社会公正的特点使得社会可持续发展更富有包容性，不仅仅是狭隘的发展群体的繁荣，更追求整个社会的共同繁荣。

社会可持续发展强调社会结构的稳定和谐。在这一理念下，社会追求建立一个有序、稳定的社会体系，避免社会动荡和冲突。这种强调社会结构的特点要求社会在发展过程中更加关注各阶层之间的协调和共生，使得社会结构更加平衡，确保社会的稳定和谐。

社会可持续发展关注文化的传承和创新。这一特点要求社会在追求发展的同时，保护和传承本土文化，鼓励文化的创新和发展。社会可持续发展认为文化是社会的精神支柱，只有在文化的传承和发展中，社会才能真正实现可持续的发展。

社会可持续发展强调社会的福祉。社会福祉不仅仅是物质层面的追求，更包括精神和心理层面的需求。在这一理念下，社会注重提高人民的生活质量，关注个体的身心健康，追求人民的全面发展。这种注重社会福祉的特点使得社会可持续发展更为人本主义，不仅关注经济增长，更注重人民的全面幸福感。

社会可持续发展强调社会的参与和共治。在这一理念下，社会发展不再是由少数人决定和主导，而是由广大人民共同参与和共同决策。这种注重社会参与的特点要求社会在制定政策和规划发展方向时，充分听取各方的意见，形成共识，确保社会的发展是全体人民的共同努力的结果。

社会可持续发展的特点是一个多维度的、全面的理念。它强调社会的公正和平等，注重社会结构的稳定和谐，关注文化的传承和创新，强调社会的福祉，注重社会的参与和共治。这些特点共同构成了一个完整而丰富的社会可持续发展理念，为社会的发展提供了更为全面和深刻的指导。这一理念不仅关注短期的经济增长，更注重社会的长期和全面发展，使得社会在不断发展的同时更加稳健、健康，为未来世代留下一个更美好的社会。

（三）环境可持续发展的特点

环境可持续发展是一种在人类活动中注重与自然和谐相处、保护环境资源、维护生态平衡的发展理念。这种发展模式体现出一系列特点，其中包括了综合性、长期性、协同性、适应性和全球性。

环境可持续发展的综合性体现在其全面考虑了生态系统、生物多样性、气候变化、土地利用等多个方面。它不仅仅是对某一方面的环境问题的应对，更是对整个生态系统的系统性思考。这种综合性要求我们理解生态系统的相互依存和关联，以更全面的视角来看待环境问题，形成全面的解决方案。

环境可持续发展强调长期性，追求对环境资源的永续利用。不仅仅是满足当前的需求，更是要确保未来世代能够继续享有资源和生态系统的服务。这种长期性要求我们放眼未来，审慎对待当前的资源开发和环境利用，以保障未来世代的发展权益。

协同性是环境可持续发展的又一特点。它要求人类活动与自然环境相协调，不对环境造成过度压力。人类的经济、社会活动必须与自然生态系统相协同，使得生态环境的破坏最小化，资源的利用最优化。这就需要协同政府、企业、社会各方面的力量，形成合力推动环境保护工作。

适应性是环境可持续发展的重要特点之一。面对不断变化的自然环境和全球气候，环境可持续发展要求我们具有适应性，能够灵活应对各种环境变化。这种适应性要求我们不仅要在技术上寻找适应性的解决方案，更要在制度和政策上具备灵活性，以更好地适应环境变化的挑战。环境可持续发展具有全球性的特征。环境问题往往是全球性的挑战，涉及多个国家和地区。因此，环境可持续发展要求全球范围内的合作与协调。这不仅仅是对环保问题的联合应对，更是对全球经济、社会体系的共同建设和协同发展。

环境可持续发展是一种综合性、长期性、协同性、适应性和全球性的发展模式。它要求我们在发展过程中综合考虑生态、社会和经济的关系，保护环境资源、维护生态平衡，以确保人类和自然共同繁荣。这是一种更为复杂、更为全面的发展理念，需要全球共同努力，形成人类与自然和谐共生的可持续发展格局。

第二节　文化创意产品设计的定义与特点

一、文化创意产品设计的概念

（一）文化创意产品设计的定义

文化创意产品设计是一种综合性的艺术实践，涵盖了对社会文化、历史传统和个体创意的深刻理解。其核心在于将多元文化元素融入产品创作中，以表达独特的文化认知和审美观念。这种设计不仅仅是单一审美的追求，更是对文化遗产和当代生活的融合，是一种独特的创造性思维的体现。

文化创意产品设计的本质是在文化的熏陶下，通过创作者对社会、历史、人际关系的深刻洞察，创造出具有独特文化标识的艺术作品。这种设计不仅仅是为了满足审美需求，更是为了传递一种文化的观念和理念。设计师通过对不同文化的深入了解，挖掘其中的元素，以丰富和创新的方式呈现在产品之上。

文化创意产品设计的关键点之一是其多元性。设计师不仅需要对自身文化有深刻理解，还需要懂得跨文化交流，将不同文化元素有机地结合在产品中。这种多元性的设计能够打破传统文化的界限，创造出具有包容性和丰富性的作品，让人们能够从中感受到多元文化的魅力。

在文化创意产品设计中，设计师往往以文化为灵感源泉，赋予产品以深刻的内涵和独特的情感体验。这种设计是对文化的创新和再创造，通过对传统文化元素的重新演绎，赋予产品新的时代内涵。设计师通过对历史、传统的深入研究，将其融入到当代生活中，以呈现出更富有时代感和创新性的作品。

文化创意产品设计强调的是个体创作者的个性表达。每个设计师都有着独特的文化背景、生活经历和审美追求，这些因素共同塑造了设计师独特的创作风格。文化创意产品设计不仅仅是对传统文化的传承，更是对设计师个人创意的发挥。设计师通过个性的表达，赋予产品以独特的情感共鸣，使其更具有个性化和亲和力。

在文化创意产品设计中，与传统审美追求相比，更注重的是与社会、文化的紧密联系。设计师需要通过对社会现象的敏感洞察，捕捉文化的脉络，以及对人群需求的深刻理解，创造出符合当代社会氛围和文化价值观的作品。这种设计不仅仅是对美的追求，更是对文化认知的表达。

在这一创作过程中，设计师通常会运用多种艺术媒介和技术手段，以呈现出富有层次和深度的文化创意产品。这包括但不限于绘画、雕塑、摄影、数字艺术等各种形式。通过技术手段的灵活运用，设计师能够更好地表达自己的文化观念，创造出更具艺术性和观赏性作品。

文化创意产品设计是一种将文化、历史和个体创意融合在一起的综合性艺术实践。这种设计不仅仅是为了追求审美的满足，更是通过对文化的深刻理解和再创造，创造出具有独特文化标识和社会价值的艺术作品。设计师通过对多元文化的深入研究和跨文化交流，实现了文化创意产品设计的多元性。这是一种对传统文化的传承与创新，是对个体创作者个性表达的平台，更是对社会、文化的深刻表达和反思。

（二）文化创意产品的广泛范畴

文化创意产品广泛涵盖了人类创造力的各个领域，是一种融汇了文化元素和创意思维的表达形式。它不仅包括了传统的文学、艺术、音乐等领域，还涉及到数字媒体、科技创新等多个领域。这一广泛的范畴使文化创意产品成为推动社会进步和文化传承的关键力量。在艺术领域，文化创意产品呈现出多样化的形式。绘画、雕塑、摄影等传统的艺术形式与当代数字艺术、新媒体艺术相互交融，形成了丰富多彩的艺术表达方式。艺术家通过不同的媒介和技术，将传统文化元素与现代创新相结合，创造出独特而富有时代感的作品，拓展了艺术的边界，为观众呈现出更为多元的文化体验。

音乐作为文化创意产品的一部分，同样涵盖了丰富的内容。传统的音乐表演与现代的电子音乐、跨界合作相互交织，形成了音乐领域的广泛创意。音乐作品不仅是对传统音乐文化的传承，同时也是对当代社会、科技发展的回应。音乐人通过各种音乐创意产品，传达出他们对生活、情感和社会的独特见解，成为文化的有力表达者。

文学作为一种传统的文化创意形式，也在不断拓展其表达方式。除了传统的小说、诗歌等文学形式，数字化的阅读平台、网络文学等新型媒介也为文学创意提供了更为广阔的空间。作家通过创作富有创意和深度的文学作品，探讨人类生活的方方面面，引领读者进入丰富而多元的思考领域。

在设计与时尚领域，文化创意产品同样占据着重要地位。设计师通过各种设计作品，传达出对传统文化、自然环境和社会变革的独到见解。时尚产品不仅是穿戴的工具，更是文化与个性的表达方式。通过设计独特而富有文化内涵的时尚产品，设计师推动了时尚产业的不断创新发展。

数字媒体和科技创新是当今文化创意产品领域中的新兴力量。虚拟现实、增强现实等技术的发展，使得文化创意产品能够以更为沉浸式的方式呈现。数字娱乐、游戏设计等方面的创新，为人们提供了更为丰富的文化体验。科技与文化的融合不仅拓展了文化创意的形式，同时也推动了技术和文化的双向发展。

文化创意产品的广泛范畴横跨了艺术、音乐、文学、设计、科技等多个领域。这一多样性不仅丰富了人们的文化生活，也为文化的传承与创新提供了广阔的空间。文化创意产品的广泛涵盖不仅是对传统文化的传承与发展，更是对当代社会、科技发展的积极回应。通过不同媒介和领域的交叉融合，文化创意产品不断拓展着人们对文化、创意的理解，成为推动社会发展和文化繁荣的不可或缺的力量。

（三）传承文化与创新的平衡

在文化的传承与创新之间，寻找平衡是一场复杂而精细的舞蹈。传承是我们对历史的敬仰，对前人智慧的致敬，是一种承载着文明血脉的责任。创新是推动社会不断前进的引擎，是我们面对未知挑战时的智慧之光。在这个充满矛盾和冲突的时代，如何在传承与创新之间找到平衡，是我们共同面对的重大课题。

传承是一种对历史的承认和尊重，是文化的延续和发展。通过传承，我们能够感受到历史的沧桑，理解祖先的智慧，更好地认识自己所处的文化脉络。传承不仅仅是简单的照搬过去，更是一种在现代语境中重新诠释和赋予新意的过程。通过传承，我们能够保留文化的根基，使之在当代仍然有着深刻的意义。传承是文化的基石，是我们共同的记忆。

如果过于沉湎于传承，就可能陷入教条主义和僵化的泥潭。文化需要与时俱进，需要在新的环境中找到生存的可能性。这就需要创新，是对过去经验的审视和重新组合。创新是一种冒险，是对未知的勇敢探索。通过创新，我们能够发现新的艺术形式、新的思想观念，推动文化的不断发展。创新是文化的活力之源，是我们对未来的一种探索。

若全盘追求创新，也可能导致文化的断裂和根本性的失落。文化的发展是一个渐进的过程，急功近利的追求创新可能使文化失去了扎根的土壤。创新不应该是为了迎合时尚或追求表面的新奇，而应该是一种对文化内核的深刻理解和对未来发展方向的清晰认识。创新是一种有度的变革，是对传统的尊重和对未来的关怀。

在传承与创新之间寻找平衡，需要我们认识到二者并非对立，而是相辅相成的关系。传承是创新的基础，而创新则是传承的延续。在传承中汲取智慧和力量，通过创新将其焕发出新的生机。这样的平衡不是简单的权衡和妥协，而是一种精妙的调和，是对文化价值的深刻理解。

在实践中，我们可以通过注重文化教育，加强传统文化的传承，让年轻一代在传统文化中找到认同感。也要鼓励创新，提倡对新思想、新技术的开放接纳。这需要建立一个既尊重传统、又鼓励创新的文化氛围，让每个人都能够在传承与创新的平衡中找到自己的位置。

传承与创新的平衡是文化发展的关键。在这个过程中，我们需要深刻理解传承和创新的内在联系，通过教育和社会环境的塑造，引导人们更好地理解和平衡这两者之间的关系。只有在传承与创新的共同推动下，文化才能够焕发出更为璀璨的光芒，为人类文明的持续进步作出更大的贡献。

二、文化创意产品设计的特点与实践

（一）融合传统文化与现代元素

文化创意产品设计的独特特点在于其能够巧妙地融合传统文化与现代元素，创造出具有深厚内涵和现代韵味的作品。这种设计不仅在审美上追求独特性，更在文化层面上寻找传统与现代的交融点，使得产品既能传承文化传统，又能符合当代社会的审美需求。在实践中，设计师们通过深入挖掘传统文化元素，灵活运用现代艺术手法，以及关注当代社会变革，共同构建了这一独特领域的特点与实践。

文化创意产品设计的特点之一是对传统文化的深刻理解与挖掘。设计师通过深入研究传统文化，包括但不限于传统艺术、民俗文化、历史传统等，寻找其中蕴含的独特元素。这种深刻理解并不仅仅停留在表面，而是通过对文化本质的把握，挖掘文化深层次的内涵，使其成为设计的有机灵感源泉。

文化创意产品设计在实践中注重传统文化元素与现代艺术手法的有机融合。

设计师不拘泥于传统形式，而是通过巧妙运用现代的艺术表达方式，使传统元素焕发出新的生命力。例如，传统的绘画技法可以结合数字艺术，传统的雕塑形式可以融入当代材料，形成更具现代感的作品。这种融合既尊重传统，又注入现代元素，使文化创意产品更富有时代感和创新性。

文化创意产品设计的实践中，设计师们常常以文化符号为创作基点，通过独特的审美观念和创新思维，将这些符号进行重构和再创造。例如，传统的民间故事、宗教寓言等元素可以通过设计师的艺术表达，呈现出富有当代意义的艺术品。这种符号的再现不仅是对传统文化的致敬，更是对现代生活和价值观的一种呼应。

文化创意产品设计的实践中，设计师们通常注重对材料和工艺的精心选择。在融合传统与现代元素的过程中，材料的选用和工艺的运用对于产品的表达起到至关重要的作用。设计师可以选择传统的手工艺制作，也可以运用现代的科技手段，通过对材料和工艺的巧妙运用，实现传统文化与现代元素的完美融合。

在实践中，文化创意产品设计不仅注重审美层面的表达，更关注产品所传递的文化信息和情感共鸣。设计师们常常通过产品中的图案、色彩、形态等元素，传达对传统文化的理解和对现代社会的思考。这种文化信息的传递使得产品不仅仅是艺术品，更是一种文化的传递媒介，引发人们对文化的深度思考。

文化创意产品设计的特点在于对传统文化的深刻理解与挖掘，以及对传统与现代元素的巧妙融合。在实践中，设计师们通过深入研究传统文化，运用现代艺术手法，注重文化符号的再创造，以及对材料和工艺的精心选择，共同构建了这一独特领域的特点与实践。这种设计不仅具有艺术性，更在文化层面上为社会提供了一种新的理解和认知方式，是一种对传统文化的创新和传承。

（二）强调用户体验与情感共鸣

文化创意产品设计的特点在于强调用户体验和情感共鸣。设计者致力于打造引人入胜的产品，通过深入了解用户需求、体验和情感，以创造性的方式将文化元素融入产品中，使用户在使用产品的过程中产生深刻而愉悦的感受。这种设计特点需要设计者对用户的情感和体验进行深刻洞察，以创造更具吸引力和影响力的文化创意产品。

用户体验在文化创意产品设计中占据着核心地位。设计者需要通过对用户习惯、感知和需求的细致观察，构建一个用户友好的界面和操作体验。良好的用户体验不仅令用户感到愉悦，还能够提高产品的使用价值，使用户更加愿意持续使用和推荐产品。通过对用户的深度洞察，设计者可以调整产品的交互方式、界面设计，以更好地满足用户的期望，提升整体用户体验。

情感共鸣是文化创意产品设计的另一重要特点。设计者需要深入理解用户的情感需求，挖掘文化元素中蕴含的情感共鸣点，以在产品中引发用户深刻的情感体验。通过巧妙地将文化元素融入设计中，设计者可以激发用户的情感共鸣，使用户在使用产品时产生更为深刻、个性化的情感体验。这种情感共鸣不仅令用户对产品产生情感依赖，还能够提高产品的传播力和用户忠诚度。

在实践中，文化创意产品设计者需要深入挖掘用户需求和情感诉求。通过用户研究、用户访谈等方式，获取关于用户行为和情感反馈的深刻理解。这种深入了解用户的过程不仅有助于发现用户的痛点和期望，也为设计者提供了创造性的灵感和创意方向。通过与用户互动，设计者可以更好地捕捉到用户的情感表达和体验反馈，为设计提供更有针对性的方向。

在设计过程中，设计者需要将文化元素巧妙融入产品中，创造出既符合用户体验要求又能引发情感共鸣的设计方案。这要求设计者具备对文化的敏感性和创意思维，能够在产品中巧妙地体现文化元素，使之成为情感的媒介。通过对文化的深入理解，设计者可以在产品中注入更多的创意和情感元素，为用户提供更为独特和富有深度的体验。

设计者还需关注产品的整体品质，确保用户在使用过程中不仅能够获得愉悦的情感体验，还能够感受到产品的高品质和专业性。这涉及到产品的技术性能、外观设计、材料选择等多个方面。设计者需要综合考虑这些因素，使产品在技术层面和情感体验层面达到一个良好的平衡。

文化创意产品设计的特点在于强调用户体验和情感共鸣。设计者需要通过深入了解用户，挖掘用户的需求和情感诉求，以创造性的方式将文化元素融入产品中，使用户在使用产品的过程中产生深刻而愉悦的感受。这一设计理念的实践过程需要设计者不断深化对文化的理解，关注用户的反馈，将情感元素巧妙地融入产品设计中，以实现更好的用户体验和更深的情感共鸣。

（三）可持续发展与环保意识

文化创意产品的设计需要注重材料的选择和使用。环保意识要求我们摒弃传统的、对环境有害的材料，而是转向更加可持续和环保的选择。这可能涉及到回收利用、生物降解材料以及资源有效利用等方面。通过选择绿色材料，文化创意产品的设计不仅能够降低对环境的负担，还能够为环保意识在社会中的普及起到积极的推动作用。

文化创意产品设计需要注重生命周期的考虑。环保并非仅限于产品制造阶段，更包括产品的使用和废弃阶段。在设计时，要考虑产品的寿命、可维护性以及可再生性，以减少废弃物对环境的不利影响。通过延长产品寿命周期，可以减少资源消耗，降低环境压力，实现真正的可持续发展。

文化创意产品设计要追求简约和精致。精简的设计不仅能够减少材料的使用，还有助于提高产品的可持续性。通过设计出简单而高效的产品，可以在提供足够功能的同时减少浪费，实现环保与设计美感的和谐统一。

在实践中，一些文化创意产品已经展现出了对可持续发展和环保意识的积极响应。例如，一些设计师开始使用可降解的材料制作时尚产品，推动时尚产业走向更环保的方向。通过设计出更加耐用且易于维护的家居用品，也有助于减少家庭废弃物的产生。这些实践不仅是对环保意识的践行，更是在推动文化创意产品领域的可持续发展。

实践中也存在一些挑战。一些设计者可能面临着成本和市场需求的双重压力，导致在设计中对环保意识的关注不足。需要制定更为有力的政策和标准，以引导文化创意产品设计朝着更加环保的方向发展。提高公众对环保的认识，培养更为环保的消费习惯，也是推动文化创意产品实践环保理念的关键。

环保意识对文化创意产品设计提出了新的要求，这不仅是一种责任，更是一种机遇。通过选择环保材料、考虑产品整个生命周期、追求简约和精致的设计，文化创意产品能够在推动可持续发展的满足人们对美的追求。通过实践和创新，我们有望在文化创意产品设计领域建立更为环保和可持续的未来。

第三节　可持续发展与文化创意的关联

一、可持续发展与文化创意的共生关系

（一）可持续发展理念在文化创意中的体现

在文化创意中，可持续发展理念得以体现，首先体现在对文化多样性的尊重和保护上。文化创意作为一个包容多元文化元素的领域，通过对各种文化传统的深入研究和挖掘，实现了对文化多样性的尊重。这体现在设计师在创作过程中对各种传统文化的深刻理解和融合，通过作品传递对多元文化的尊重和珍视。

可持续发展理念在文化创意中的体现还表现为对可持续材料和工艺的使用。设计师们越来越注重选择可再生、环保的材料，以及注重传统手工艺的传承和创新。通过运用这些可持续的材料和工艺，不仅降低了对自然资源的消耗，也推动了传统手工业的可持续发展，实现了人与自然的和谐共生。

可持续发展理念在文化创意中体现在对社会责任的关注上。越来越多的文化

创意产业开始关心社会问题，通过设计传递社会责任的理念。例如，一些文化创意产品的销售收益用于支持社会公益事业，设计师们通过作品呼吁社会关注环境、教育、贫困等问题，使文化创意产业与社会责任紧密相连，为社会可持续发展贡献一份力量。

在文化创意领域，可持续发展理念与文化创意共生共荣。文化创意作为可持续发展的载体，通过创意的表达传递出对可持续发展理念的理解和支持。可持续发展理念为文化创意提供了创作的灵感来源，通过对环保、社会公益等主题的反思，推动了文化创意产业的创新和进步。

可持续发展理念在文化创意中的体现还表现在对文化创意产业链的整体升级上。传统的文化创意产业往往存在资源浪费和环境污染的问题，而可持续发展理念的引入使得产业链更加注重生态平衡。从设计、生产到销售，都需要考虑对环境的影响，以及对社会的责任。这种整体升级使得文化创意产品更具有可持续性，为产业的长远发展奠定了基础。

可持续发展理念在文化创意中的体现体现为对文化多样性的尊重、对可持续材料和工艺的使用、对社会责任的关注以及对产业链的整体升级。而可持续发展与文化创意的共生关系体现在两者之间的相互促进、相互渗透，共同推动了一个更为可持续、更为创新的文化创意产业发展格局。

（二）文化创意的社会价值与可持续性

1. 文化传承与社会认同

文化传承是社会认同的基石。通过代代相传的文化传承，社会中的成员能够感受到一种连续性和共同体的认同感。文化传承使得社会的历史和传统得以保存，成为人们形成共同价值观和认同的基础。社会的认同感来源于对共同历史、传统文化和价值体系的共鸣，这种认同感是社会凝聚力和稳定性的体现。

在这一过程中，文化创意产品扮演着重要的角色。通过创意性的方式，文化创意产品能够将传统文化元素赋予新的生命，为文化传承注入新的活力。创意性的文化产品不仅是对传统文化的传承，更是对社会认同的创新。这种创新能够吸引更多的人参与到文化的传承中，形成更为丰富和多样的社会认同。

文化创意的兴盛也促进了文化产业的可持续发展。通过将文化传承与创意融合，文化创意产业得以迅速崛起。这一产业的兴盛不仅创造了经济价值，还为社会提供了更多的文化选择。文化创意产品的生产和销售过程也促进了就业机会的增加，为社会的可持续发展提供了实际支持。

文化创意的推动也为社会提供了更多的文化交流平台。通过创意产品的呈现和传播，不同的文化之间得以互相了解、借鉴，形成文化的交流和融合。这种文化交流不仅能够促进社会的多元发展，还有助于拓展人们的文化视野，增强社会成员的文化包容性和开放性。

在社会的可持续发展过程中，文化创意产品的设计需要注重平衡传承与创新的关系。过于保守的传承容易导致文化僵化，而过于创新可能使得文化失去根基。文化创意产品的设计需要综合考虑传统文化元素和现代创新的平衡点，以形成既能够传承文化又能够创造新文化的产品。

在社会认同方面，文化创意产品的设计应当注重满足多元化的社会需求。不同群体对文化的认同和需求有所不同，因此设计者需要在产品中融入多样性和包容性的元素，以促进社会的多元和谐。通过这种方式，文化创意产品能够更好地满足不同群体的文化需求，促进社会认同感的形成。

文化传承与社会认同与可持续发展和文化创意之间构建了一种紧密的共生关系。文化传承为社会认同提供了基础，而文化创意通过创新的方式推动了文化的传承与发展。这种共生关系不仅促进了文化产业的可持续发展，也为社会提供了更为丰富和包容的文化体验，推动了社会的可持续发展。

2. 可持续旅游与文化景观保护

可持续旅游不仅仅是一场旅行，更是对自然和文化的尊重。在旅游业发展的对环境的保护成为了必不可少的任务。文化景观作为旅游吸引力的一部分，是旅游业可持续性的关键组成部分。通过制定合理的旅游规划和管理措施，可以有效平衡旅游活动对文化景观的冲击，使其在旅游业的同时得以保护和传承。

文化创意在可持续旅游中发挥了积极的作用。通过对文化的深度挖掘和创新，文化创意产品成为了旅游中不可或缺的一环。这既为游客提供了更加丰富和深刻的文化体验，同时也为当地创造了新的经济价值。通过文化创意产品的设计和推广，旅游不再是简单的观光，而是融入了更多的文化元素，使之更加有深度和内涵。

文化景观保护与可持续发展之间的关系并非一帆风顺。随着旅游业的快速发展，一些地方在吸引游客的也遭受到了过度开发的压力。一些历史悠久的文化景观可能因为过度商业化和游客涌入而失去原有的宁静和纯粹。在这一过程中，需要通过科学的规划和管理，以确保文化景观的保护不被牺牲在短期经济利益的利箭之下。

可持续发展与文化创意的共生关系在一定程度上也取决于当地社区的参与和认可。社区的发展和居民的参与是可持续旅游和文化景观保护能否协同发展的关键。通过培养居民对文化的自豪感和对旅游业的积极参与，可以更好地保护文化景观，实现可持续发展。文化创意产品的推广也可以激发社区的创新活力，促进当地经济的多元发展。

可持续旅游和文化景观保护的共生关系需要综合考虑环境、文化和社区的因素。通过科学规划和管理，可以在保护文化景观的同时发展旅游业，实现可持续发展。文化创意则是在这一过程中的积极参与者，通过对文化的挖掘和创新，为旅游业的可持续性和文化景观的保护带来新的可能性。在这个共生的关系中，可持续旅游和文化创意产品的发展可以相互促进，为当地社区和整个旅游业创造更为繁荣和可持续的未来。

二、可持续发展与文化创意面临的挑战与未来发展方向

（一）文化创意产业面临的可持续挑战

文化创意产业在面临全球化竞争时，面临着文化多样性的保护和传播的难题。在全球化的大背景下，文化创意产品的传播与交流变得更加频繁，但在这一过程中，一些地方性和传统文化的特色可能面临被同质化的风险。如何在全球范围内保护和传承各地文化特色，成为了文化创意产业的一项巨大挑战。

文化创意产业在数字化时代面临着知识产权保护的难题。数字化技术的发展使得文化创意产品更容易被复制和传播，从而带来了知识产权侵权的问题。设计师和创作者在保护自己的知识产权方面面临着更为复杂的挑战，需要在技术和法律层面寻找有效的保护手段，以保障创作者的创意成果和产业的健康发展。

文化创意产业在市场化的背景下，也面临着商业化带来的压力。市场竞争激烈，一些文化创意产品可能更倾向于满足市场需求而牺牲创意独特性，导致产业呈现同质化和商业化的趋势。如何在商业压力下保持创意的独特性，是文化创意产业需要面对的可持续发展挑战之一。

与此文化创意产业还要应对资源和环境的可持续利用问题。生产过程中的原材料选择、能源消耗以及产品生命周期的管理，都直接关系到产业的可持续性。在资源有限和环境问题日益凸显的情况下，文化创意产业需要通过创新的方式，推动更为环保和可持续的生产方式和生命周期管理模式。

在面对这些挑战的文化创意产业也有着明确的未来发展方向。通过加强国际合作，促进文化创意产品在全球范围内的交流，推动文化多样性的共享与传播，实现共赢共享。文化创意产业应该借助数字技术，探索更加智能、便捷的知识产权保护机制，保障创意产业的可持续发展。培养和支持更多的设计师和创作者，引导他们在商业压力下保持创意的独特性，推动产业朝着创新和多元化的方向发展。推动文化创意产业在可持续发展方面的创新，包括资源利用的优化和环境友好型设计的推动，是实现可持续发展的重要方向。

文化创意产业面临的可持续挑战是多方面的，包括文化多样性的保护、知识

产权保护、商业化压力以及资源和环境的可持续利用等问题。通过加强国际合作、借助数字技术、培养创意人才、推动创新和环保设计，文化创意产业有望在未来发展中应对这些挑战，实现可持续的发展。

（二）可持续发展对文化创意的启示

可持续发展对文化创意产业具有深刻的启示。可持续发展强调经济、社会和环境的协调发展，这要求文化创意产业在追求经济效益的也要注重社会责任和环境保护。可持续发展强调多元性与包容性，这为文化创意产业提供了在传统文化与创新之间找到平衡的机会。可持续发展要求文化创意产业注重社会公平，推动文化的广泛传播，促进社会的共同参与。

文化创意产业面临着一系列挑战，其中之一是在全球化进程中的文化多样性的保护。在这一挑战下，文化创意产业需要在产品设计中注重尊重和保护各种文化，同时也需要在市场推广中避免文化同质化。技术的迅猛发展也给文化创意产业带来了巨大的挑战，需要不断创新以适应技术变革。市场竞争激烈，文化创意产业需要不断提升产品品质和设计水平，以脱颖而出。

未来发展方向中，文化创意产业可以通过强化社会责任，推动可持续发展。例如，注重以环保材料为基础的设计，减少对自然资源的过度消耗，提倡可循环利用的设计理念。产业可以关注社会公平，提升文化产品的传播途径，让更多社会群体有机会参与文化的创造和享受。

在面对全球化的文化创意产业应当强调本土文化的创新与传承。通过深入挖掘本土文化元素，创造具有国际竞争力的文化产品，既保持了本土独特性，又能够在全球市场中有所发展。文化创意产业也可以加强国际合作，促进跨文化的交流与融合，以拓展市场和提升产业影响力。

技术创新是文化创意产业未来发展的重要方向之一。产业可以积极采用新兴技术，如人工智能、虚拟现实等，将其融入产品设计和制造过程中，提升产品的科技含量和用户体验。通过数字化的手段，拓展产品的传播途径，实现文化创意产品的全球化推广。

在市场竞争激烈的背景下，文化创意产业需要注重品牌建设。通过建立独特的品牌形象和文化价值观，提升品牌影响力，形成消费者的忠诚度。品牌建设可以通过注重产品质量、创新设计、社会责任等方面的全面提升来实现。

文化创意产业在可持续发展的启示下，需要注重经济、社会和环境的协调发展，推动多元性与包容性，关注社会公平，注重本土文化创新与传承，积极采用新兴技术进行创新，注重品牌建设。通过这些努力，文化创意产业将能够迎接挑战，实现可持续发展，为社会的文化繁荣和经济增长做出积极贡献。

（三）科技与文化的深度融合

科技与文化的深度融合是当今社会文化创意产业发展的一个显著趋势。这种融合不仅拓展了文化创意产品的表现形式，也给产业带来了新的机遇和挑战。在科技的推动下，文化创意产业正经历着前所未有的变革。

科技与文化的深度融合表现在文化创意产品的数字化和虚拟化方面。通过数字技术，我们能够将传统的文化形式以数字化的方式呈现，如数字艺术、虚拟博物馆等。这不仅为人们提供了更为便捷的文化体验，也促使了文化的传承和发展。科技的发展还催生了新型的文化创意产业，如虚拟现实和增强现实技术应用于文创产品的设计，为用户带来全新的沉浸式体验。

科技为文化创意产业提供了新的商业模式。互联网的普及使得文化创意产品能够更广泛地传播，通过在线平台，文创产品能够直接与用户产生互动，实现个性化定制。这种变革使得文化创意产业摆脱了传统渠道的限制，实现了更为灵活和创新的商业模式。科技也为文化创意产业带来了大数据和人工智能等技术的应用，通过分析用户数据，更精准地满足用户需求，提升产品的市场竞争力。

科技与文化的深度融合也带来了一系列挑战。随着数字化的推动，传统手工艺和文化形式面临着失传的风险。数字化的便利性和快捷性使得一些传统技艺逐渐被边缘化。如何在数字时代保护和传承传统文化成为一个亟待解决的问题。科技与文化的融合也带来了知识产权和文化创意产业的可持续发展问题。在数字化的时代，文化创意产品的复制和传播变得更加容易，这对创作者的版权保护提出了新的挑战。

科技与文化深度融合的发展方向需要在解决挑战的同时进一步拓展创新。需要在数字化的基础上，注重保护传统文化的多样性，通过科技手段实现文化的数字化传承。需要在文化创意产业的发展中注重创作者的权益保护，推动知识产权法律的完善。政府和社会应当加强对文化创意产业的支持，促进创新和发展，以确保文化创意产业的可持续发展。

科技与文化的深度融合既是文化创意产业的挑战，也是未来发展的动力。通过科技的不断推动，文化创意产业有望实现更为广泛和深刻的发展。在面对挑战时，需要在保护传统文化的基础上推动创新，确保文化创意产业能够在科技浪潮中持续繁荣。

第二章 可持续发展原则与文化创意

第一节 可持续发展原则及其应用

一、可持续发展的基本原则

（一）生态系统稳定与保护的原则

生态系统的稳定与保护是可持续发展的基本原则之一，体现了人类在发展过程中对自然环境的尊重和对未来世代的负责。生态系统的稳定与保护的基本原则可以概括为多样性、平衡性、适应性和可逆性。

多样性是生态系统稳定与保护的重要原则之一。生态系统的多样性是指生物多样性、物种多样性和基因多样性的综合表现。保护和维护生态系统的多样性有助于提高系统的抗干扰能力，使其更具适应性。多样性不仅包括生物种类的多样性，还包括不同生态系统类型的多样性，这有助于构建更为稳定和弹性的生态系统。

平衡性是生态系统稳定与保护的另一个核心原则。生态系统中的各个组成部分之间需要保持相对平衡的关系，以确保资源的有效利用和分配。平衡性体现在食物链、生态位的相对稳定，以及生态系统内各种生物之间的相对均衡。过度捕捞、过度开发和生态破坏可能破坏这种平衡性，导致生态系统的不稳定。

适应性是生态系统稳定与保护的第三个基本原则。生态系统需要具备适应环境变化的能力，以保持其功能和稳定性。生态系统的适应性体现在对自然灾害、气候变化等外界变化的响应能力。保护生态系统的适应性意味着在发展过程中要考虑系统对外部压力的敏感性，采取措施减缓或适应环境变化，确保系统的长期稳定。

可逆性是生态系统稳定与保护的重要原则。可逆性指的是生态系统受到损害后能够恢复到原有的状态。这要求我们在开发和利用自然资源时，要避免对生态系统造成永久性的破坏。通过采取合适的保护和恢复措施，使生态系统能够具备自我修复和恢复的能力，确保其可持续性发展。

这些基本原则共同构建了生态系统稳定与保护的理念，也为可持续发展提供了坚实的基础。多样性、平衡性、适应性和可逆性的原则旨在在人类活动中实现与自然和谐相处，确保我们的发展不仅能够满足当代需求，更要保障未来世代的权益。这些原则不是孤立存在的，而是相互关联、相互支持的，共同构建了一个具有生态智慧的发展模式。只有在遵循这些基本原则的指导下，我们才能实现可持续发展的目标，保护地球家园的稳定与健康。

生态系统的保护与可持续发展密切相关。生态系统的健康稳定为创作提供了丰富的灵感和素材。自然界的美丽和多样性为设计师提供了无尽的创作灵感，而这些灵感又反过来促使人们更加关注自然环境的保护。保护生态系统不仅是对自然环境的一种责任，也是对创作的一种激励。

生态系统的破坏可能导致气候变化、自然灾害等问题，对文化创意产业的生产和销售产生直接的影响。例如，气候变化可能导致原材料的供应不稳定，自然灾害可能导致生产设施的损毁。为了保障文化创意产业的可持续发展，必须积极参与生态系统的保护，降低对环境的不良影响。

生态系统的稳定与保护是可持续发展的基础原则。在文化创意产业的发展中，需要充分考虑生态系统的健康，采取环保技术和工艺，保护原材料的可持续利用，促使产业与生态系统协同发展。这样的做法不仅有利于自然环境的保护，也为文化创意产业的可持续发展提供了坚实的基础。

（二）经济增长与资源利用原则

经济增长与资源利用效率的原则是可持续发展的基石。在经济增长方面，关键在于实现经济的良性循环，不断推动产业升级和技术创新。经济增长应当以提高人民生活水平和社会发展水平为目标，而非简单地追求无限制的数量扩张。这意味着需要更加注重质量而非数量，通过提高生产效率和降低资源浪费，达到更可持续的增长。

在资源利用效率方面，关键在于实现资源的最优配置和充分利用。资源是有限的，因此必须在各种可能的场景下寻求最佳的利用方式。这要求我们不仅要在技术上寻求更高效的生产方式，还需要在制度层面建立起激励机制，引导资源向高附加值的方向流动。资源的有效利用也包括对废弃物的处理，要在循环经济的理念下，最大限度地减少对环境的负面影响。

可持续发展的基本原则之一是社会的公正和公平。经济增长和资源利用效率的原则必须贯穿于整个社会结构中，确保发展的成果不仅仅局限于少数人的利益。这需要建立起一个包容性的社会制度，通过公平的财富分配、教育体系的普及，实现全体人民的共同繁荣。只有在社会的公正基础上，经济增长和资源利用效率的原则才能真正被实现。

在国际层面，可持续发展的基本原则还涉及全球合作和共同发展。全球化使得各国经济联系日益紧密，因此需要建立起一个开放、包容的国际合作体系。在资源利用方面，各国应该共同努力，避免不合理的资源竞争，实现资源的共享和互利。在经济增长方面，各国应该共同面对全球性问题，如气候变化和环境污染，制定共同的解决方案，实现共同的可持续发展目标。

文化的传承和创新也是可持续发展的基本原则之一。经济增长和资源利用效率的原则应该与文化的传承相结合，保护和弘扬本土文化。文化不仅是一个国家的独特标志，也是经济发展的重要动力之一。通过在发展过程中注重文化的传承，我们可以实现经济的多元化和社会的多样性，为可持续发展提供更为坚实的基础。

经济增长与资源利用效率的原则是可持续发展的核心。它要求我们在追求经济增长的同时，充分考虑资源的有限性，通过提高效率和减少浪费，实现经济的可持续发展。与此同时，要确保这一过程是公正和包容的，促进社会的共同繁荣。国际间的合作也至关重要，只有通过共同努力，才能实现全球范围内的可持续发展目标。最终，文化的传承和创新为可持续发展提供了丰富的内涵，使得经济增长和资源利用效率的原则更加深入人心，成为社会发展的不可或缺的组成部分。

（三）可持续消费原则

可持续发展的基本原则贯穿于各个领域，而可持续消费则是在个体层面践行可持续发展原则的一种方式。首先，可持续发展的基本原则之一是整体性。这意味着我们应该以整体的角度来看待发展，不仅仅关注某一方面的短期利益，而是追求社会、经济和环境的共同繁荣。在可持续消费中，整体性体现在我们在购物、生活中需要综合考虑产品的社会、经济和环境影响，追求整体的可持续性。其次，可持续发展的原则之一是长期性。这意味着我们的行为应该具有长远的影响，考虑到未来世代的需求和权益。在可持续消费中，长期性要求我们在选择产品和服务时不仅仅关注眼前的便利和价格，更要考虑产品的寿命、可维护性以及对环境的长期影响，确保我们的消费决策对未来社会有益。

另一原则是平衡性。可持续发展要求各个方面之间的平衡，避免过度强调某一方面而忽视其他方面的需求。在可持续消费中，平衡性体现在我们需要在满足自己的需求的同时，考虑到其他社会成员的需求和整体环境的可持续性。平衡性的原则要求我们不仅仅关注个体的利益，更要考虑到整个社会系统的平衡。

可持续发展的另一基本原则是包容性。这意味着每个人都应该有平等的机会参与社会的发展，无论其社会地位、经济状况或其他因素。在可持续消费中，包容性要求我们在选择产品和服务时，考虑到不同群体的需求，确保产品和服务的可获得性和可利用性，不让可持续发展的成果只惠及少数人而排斥其他人。

可持续发展的原则之一是参与性。这意味着社会的决策和行动需要广泛参与，各个层面的人都应该有机会参与到决策和行动中来。在可持续消费中，参与性要求我们不仅仅是被动的消费者，更要积极参与到产品和服务的设计、生产和改进中，成为可持续发展的积极参与者。

可持续发展的原则还强调创新性。这意味着我们需要寻找新的方法和技术来解决当前面临的挑战，推动社会的可持续发展。在可持续消费中，创新性体现在我们需要寻找更为环保、社会友好的产品和服务，鼓励企业创新以适应社会的不断变化。

可持续发展的基本原则是适应性。这意味着社会应该灵活适应不断变化的环境和社会需求，不固守于过去的发展模式。在可持续消费中，适应性要求我们随时调整和改进我们的消费行为，以适应社会、经济和环境的变化，促进可持续发展的不断适应和创新。

这些基本原则共同构成了可持续发展的理念，也在可持续消费中找到了具体的体现。通过在日常生活中贯彻这些原则，我们不仅能够在个体层面实现可持续消费，更能为整个社会的可持续发展贡献力量，推动社会迈向更为健康、平衡和可持续的未来。

二、可持续发展原则在不同领域的应用

（一）可再生能源的推广与利用

可再生能源的推广与利用对于减少对有限资源的依赖起到关键作用。传统文化创意产业通常需要大量的能源，而这些能源往往来自于石油、煤炭等有限资源的开采。这样的能源模式不仅对自然环境造成破坏，还容易导致资源的枯竭。而推广利用可再生能源，如太阳能、风能、水能等，可以降低对有限资源的依赖，实现对资源的更加合理和可持续的利用。

采用可再生能源有助于减少对环境的不良影响。传统的能源采集和利用方式常常伴随着大量的污染物排放，对大气、水体和土壤造成污染，加剧了环境的恶化。而可再生能源的利用过程中几乎没有污染物的排放，有助于降低对环境的不良影响，维护生态系统的平衡和稳定。

可再生能源的推广与利用还有助于应对气候变化。传统能源的过度使用导致大量温室气体的排放，加剧了全球气候变化的问题。而可再生能源的利用是低碳、清洁的能源形式，对于减缓气候变化具有积极的作用。文化创意产业作为能源消

耗较大的行业，采用可再生能源有助于降低对气候的负面影响，为实现可持续发展目标做出贡献。

采用可再生能源还有助于推动技术创新和产业升级。在文化创意产业中，新技术的引入和创新是推动产业可持续发展的重要动力。可再生能源的利用需要先进的技术和设备，这将促使文化创意产业加大对科技创新的投入，推动产业向更为绿色、智能的方向发展。

可再生能源的推广与利用还有助于提升文化创意产品的品牌形象。随着社会对可持续发展的关注增加，采用可再生能源成为企业社会责任的一部分。文化创意产业采用可再生能源，不仅可以减轻对环境的负担，还可以树立良好的企业形象，提升产品的市场竞争力。

可再生能源的推广与利用是文化创意产品可持续发展的基础原则之一。通过降低对有限资源的依赖、减少对环境的不良影响、应对气候变化、促进技术创新和提升品牌形象，文化创意产业可以在可再生能源的支持下实现更为健康、环保、可持续的发展。

（二）生态建筑与城市规划

生态建筑的理念体现了对环境保护的高度关注。生态建筑注重在设计和建造过程中减少对自然资源的损耗，采用可再生的、环保的建筑材料，以降低对环境的负面影响。生态建筑强调节能和环保技术的应用，通过绿色能源、水资源循环利用等方式，提高建筑的自给自足性，减少对外部资源的依赖。这为文化创意产品的可持续发展提供了生态环境的支持，使得文化创意产业在一个更为绿色和可持续的空间中发展。

生态建筑的概念与文化创意产品的设计理念相互融合，产生了更多的创意和可能性。生态建筑的独特设计元素，如绿化屋顶、可再生能源的应用等，为文化创意产品提供了更多的灵感和创新方向。设计者可以通过借鉴生态建筑的理念，将环保、可持续的元素融入产品设计中，使文化创意产品不仅具有艺术性和文化性，更具有环保和可持续的特质，为市场带来更为吸引人的独特产品。

城市规划作为城市可持续发展的总体指导，直接影响着城市的形态、功能和文化氛围。城市规划注重社会和经济的协调发展，强调城市的整体性和可持续性。通过科学规划和管理，城市规划有助于提升城市的居住质量、优化城市环境，为文化创意产品的发展提供了更为宽广的空间。

城市规划对文化创意产品的可持续发展有着深远的影响。城市规划直接影响着文化创意产业的集聚和分布。科学合理的城市规划可以为文化创意产业提供良好的空间环境，形成创意产业集聚区，推动文化创意产业的蓬勃发展。城市规划对城市交通、资源配置等方面的规划，也会影响文化创意产品的生产和销售。规划的合理性将有助于降低产业链上的交通成本，提高资源的利用效率，推动文化创意产业实现可持续发展。

城市规划的社会发展观念也影响着文化创意产品的社会责任与文化传承。城市规划注重社会的公平和文化的传承，通过提升城市的文化氛围、创建文化公共空间等方式，为文化创意产品的设计和传播提供了更为有力的支持。城市规划的多元性与包容性，为不同文化元素的融合与共存创造了条件，使得文化创意产品更具多样性与广泛性。

在实际操作中，生态建筑和城市规划需要更加紧密地结合文化创意产业的发展。生态建筑在建筑设计中可以融入更多文化元素，通过艺术性的设计与文化创意产品形成良好的互动。城市规划也应当更注重文化创意空间的规划，为文化创意产业提供更为有利的发展环境。文化创意产业在生态建筑和城市规划中的融合，有望形成一种新的发展模式，为城市的可持续发展和文化创意产品的可持续发展提供更为广阔的前景。

生态建筑和城市规划为文化创意产品的可持续发展提供了基础原则。生态建筑通过环保、资源利用效率的理念为文化创意产品提供了绿色的发展空间，城市规划通过社会和经济的协调发展为文化创意产品提供了更为宽广的市场和文化环境。这两者相互融合，有望共同推动文化创意产品实现更为可持续的发展。

（三）循环经济与绿色产业

循环经济与绿色产业是文化创意产品可持续发展的重要基础。这两个概念突显了在资源有限和环境问题愈发严峻的情况下，如何通过创新和改变生产方式，实现经济的繁荣与可持续发展的平衡。文化创意产品在这一背景下，应该秉持循环经济和绿色产业的理念，以确保其在不断创新的对环境和资源具有可持续性的发展。

循环经济强调资源的充分利用和再生。在文化创意产品的设计和生产中，应当倡导使用可循环利用的材料，减少对原始资源的依赖。通过产品寿命周期的考虑，实现资源的最大程度再生和利用，使得产品的制造过程中减少浪费，达到资源的可持续循环。这样的循环思维可以确保文化创意产品在创新的对自然资源负责，降低对环境的负担。

绿色产业强调在生产过程中最大程度减少对环境的不利影响。文化创意产品应该选择绿色的生产方式，采用清洁生产技术，减少对环境的污染。通过推动绿色产业的发展，文化创意产品的生产可以更加环保，减少对大气、水体等自然资源的污染。推崇绿色设计理念，鼓励产品的可再生性和可降解性，为产品在生命周期内的可持续发展奠定基础。

循环经济和绿色产业的理念也需要在文化创意产品的消费过程中得以体现。产品的设计应该鼓励消费者更加注重产品的使用寿命，倡导使用者实现自己的再循环。绿色产业也可以通过推动可再生能源的应用，降低产品的使用阶段对环境的负面影响。这样的理念可以让文化创意产品在整个生命周期中实现资源的最大程度利用，达到可持续发展的目标。

在实际应用中，一些文化创意产品已经展现出了循环经济和绿色产业的良好实践。例如，一些设计公司开始注重使用可再生材料，推崇产品的可维护性和可再生性。一些文化创意产品的包装设计也更加注重环保，采用可降解材料，减少了对环境的污染。这些实践不仅为产品的可持续发展奠定了基础，也为整个文化创意产业提供了有益的经验。

循环经济和绿色产业是文化创意产品可持续发展的基础。通过资源的循环利用和生产方式的绿色化，文化创意产品能够实现在创新的同时对环境和资源的可持续性发展。在整个生命周期中，文化创意产品都应该体现循环经济和绿色产业的理念，从而为人们提供更为可持续和环保的文化体验。

第二节　文化创意产品设计中的可持续原则

一、可持续原则在文化创意产品设计应用的基本理念

（一）循环经济模式的应用

循环经济模式的应用在文化创意产品设计中体现了可持续原则的基础理念。循环经济强调资源的最大化利用和循环利用，与文化创意产业的发展密切相关。在文化创意产品设计中，采用循环经济模式不仅有助于减少资源浪费，还能推动产业向更为可持续的方向发展。

循环经济模式在文化创意产品设计中体现为材料的循环利用。传统的线性经济模式中，产品的生产到使用再到废弃形成了一条直线，导致大量的资源被浪费。而循环经济模式强调将产品的生命周期延长，通过回收和再生利用，将废弃的材料重新投入生产流程。在文化创意产品设计中，设计师可以选择可循环利用的材料，设计可拆卸和可重复利用的产品结构，实现材料的闭环利用，降低对自然资源的依赖。

循环经济模式的应用在文化创意产品设计中也体现为产品的再制造和再设计。传统的设计理念中，产品设计往往以一次性消费为导向，导致了大量的废弃和环境污染。而循环经济模式倡导通过产品再制造和再设计，延长产品的寿命，减少废弃物的产生。在文化创意产业中，设计师可以通过改变产品的外观、功能或结构，使产品更适应新的需求或环境，实现产品的再设计。采用可拆卸和可升级的设计理念，使产品更容易进行再制造，降低对新原材料的需求。

循环经济模式还促进了文化创意产品设计中的共享经济理念。共享经济强调共享和共用资源，减少对资源的过度消耗。在文化创意产业中，通过设计共享平台和共享设备，可以使得文化创意产品更多地被共享使用，减少资源在制造过程中的浪费。例如，文化创意产品的设计可以考虑可租赁、可共享的特性，让更多的用户可以共同享有同一产品，实现资源的共享利用。

循环经济模式在文化创意产品设计中也推动了数字化和智能化的应用。通过数字化技术，可以实现产品的虚拟设计、模拟测试，降低实物原型制作的次数，减少资源和能源的浪费。智能化技术可以实现产品的智能管理和监控，延长产品的寿命，提高资源利用效率。在文化创意产业中，数字化和智能化的应用可以使得产品更加环保、高效，符合循环经济的理念。

循环经济模式的应用是文化创意产品设计中可持续原则的基础理念之一。通过材料的循环利用、产品的再制造和再设计、共享经济的推动以及数字化和智能化的应用，文化创意产业可以更好地实现可持续发展，降低对自然资源的依赖，减少环境污染，推动整个行业向更为可持续的方向迈进。

（二）生态系统的影响与设计反思

生态系统的复杂性和脆弱性直接影响了文化创意产品设计中的可持续原则。生态系统是自然界中生物和环境相互作用的复杂网络，而文化创意产品的设计需要深刻反思这一生态系统的影响，以实现对环境、社会和经济的可持续性贡献。

生态系统的多样性为文化创意产品设计提供了丰富的创意源泉。不同的生物群体和环境元素相互交织，形成了独特的生态景观。文化创意产品设计者可以从生态系统的多样性中汲取灵感，融入多元的文化元素和设计理念，创造更为富有创意和独特性的产品。这样的设计不仅能够丰富文化创意产品的内涵，还有助于推动文化的创新与传承。

生态系统的相互依赖性提醒着文化创意产品设计者考虑产品与环境的关系。生态系统中的各个元素相互依存，一个环节的改变可能引起整个系统的变化。在文化创意产品设计中，设计者需要细致入微地考虑产品对环境的影响，避免对生态系统的不可逆转的破坏。这要求设计者在产品的设计、生产和使用过程中注重环境友好的材料和工艺的选择，以减少对生态系统的负面影响。

生态系统的稳定性与文化创意产品的可持续性密切相关。生态系统的破坏可能导致生物多样性的丧失、生态平衡的破裂，从而影响人类社会的可持续发展。文化创意产品设计中的可持续原则需要思考如何在产品的整个生命周期中维持生态系统的稳定性。这包括从产品材料的选择、生产工艺的优化、到产品的使用和废弃的全过程管理，确保产品对生态系统的影响是最小的，并能够与环境相和谐共存。

生态系统中的循环和再生机制启示了文化创意产品设计中循环经济的思想。生态系统通过循环利用能量和物质，实现了自然资源的高效利用和减少废弃物的产生。在文化创意产品设计中，设计者可以借鉴这一原则，采用可再生、可回收的材料，设计可循环利用的产品结构，从而减少对有限资源的依赖，降低对环境的负担。

生态系统的动态平衡也启示文化创意产品设计中的平衡原则。生态系统中各个要素之间存在着微妙的平衡关系，一旦破坏就可能导致连锁反应。在文化创意产品设计中，设计者需要思考产品的各个方面之间的平衡，如设计与环保、功能与美观、创新与传承等。这样的平衡思考有助于产品的全面发展，更好地适应社会和市场的需求。

生态系统的演化和适应性为文化创意产品设计提供了发展的启示。生态系统不断演化以适应环境的变化，这启发文化创意产品设计者应具有创新意识和适应能力。在面对不断变化的市场和文化环境时，设计者需要灵活应对，不断创新，以确保产品具有持久的市场吸引力和文化影响力。

生态系统的影响对文化创意产品设计的可持续原则提供了深刻的基础理念。设计者需要从生态系统中汲取灵感，考虑产品与环境的关系，注重环保、资源循环利用和生态系统的稳定性。通过对生态系统的深入理解，文化创意产品设计能够更好地实现可持续发展，为社会和环境的和谐做出积极贡献。

（三）生态系统的影响与设计反思

生态系统的影响深刻地塑造了我们周围的环境，而可持续原则在文化创意产品设计中应该成为基础理念。生态系统的平衡和稳定对人类文化和创意产业的繁荣至关重要。在设计文化创意产品时，我们必须反思生态系统的影响，将可持续原则融入设计的基础理念中，以实现文化创意产品的可持续发展。

文化创意产品设计需要考虑生态系统的多样性和稳定性。生态系统的多样性是其生存和发展的基础，而文化创意产品的设计应当尊重并反映不同文化的多样性。通过吸纳各种文化元素，文化创意产品能够在设计中展现多元的魅力。设计还需要考虑产品对生态系统的影响，避免过度开发和使用对生态系统产生负面影响的材料和技术。

文化创意产品设计需要关注生态系统的循环过程。生态系统以循环为基础，物质和能量在其中不断流动。在产品设计中，应当倡导循环利用和回收再利用的原则。采用可降解的材料、鼓励用户参与产品的再循环和再利用，可以减少对环境的负担，促进生态系统的平衡和可持续发展。

文化创意产品设计应该关注生态系统的稳定性。生态系统的稳定性是生命和文化的基础，而过度的开发和过度的消费可能导致生态系统的崩溃。在产品设计中，需要注重平衡产品的实用性和对环境的影响。通过采用节能环保的技术，减少对生态系统的干扰，文化创意产品可以更好地融入自然环境，保持生态系统的稳定性。

文化创意产品设计还应该考虑生态系统的恢复能力。在产品的设计中，可以引入生态修复的理念，通过产品的功能和形式促进自然生态系统的恢复。例如，设计可以采用可持续的建筑材料，以促进城市绿化和空气净化。通过在设计中引入对生态系统恢复的考虑，文化创意产品可以更好地与自然环境融为一体，实现可持续发展。

在实践中，一些文化创意产品已经展现出了对生态系统的设计反思和可持续原则的践行。例如，一些建筑设计采用绿色建筑理念，结合自然环境，通过建筑的设计促进能源的节约和环境的保护。一些文创产品也通过采用环保材料和设计理念，实现对生态系统的尊重和保护。这些实践不仅为文化创意产品的可持续发展提供了范例，也为整个产业的发展提供了启示。

生态系统的影响应该成为文化创意产品设计的基础理念。通过考虑生态系统的多样性、循环过程、稳定性和恢复能力，文化创意产品可以更好地融入自然环境，实现可持续发展。在设计中融入可持续原则，不仅有助于保护生态系统，也为文化创意产品在未来的发展中奠定了坚实的基础。

二、文化创意产品设计中的社会可持续原则

（一）公平贸易与社会责任

文化创意产品设计中的社会可持续原则体现在公平贸易与社会责任的实践上。公平贸易强调在商业交往中实现公正和平等，社会责任则是企业对社会的积极贡献。在文化创意产品设计中，将这两个原则纳入考量，不仅有助于建立良好的企业形象，也能够促进社会的繁荣和公平发展。

公平贸易在文化创意产品设计中的体现主要体现在供应链管理上。许多文化

创意产品依赖于原材料和手工艺品的生产，而这些往往发生在全球范围内。通过推行公平贸易，确保供应链中的每个环节都遵循公正的原则，保障原材料采购和产品制造过程中参与者的权益。通过合理的价格、合作伙伴关系以及劳动力条件的保障，有助于建立一个可持续的供应链体系，为文化创意产品的设计提供了社会责任的基础。

文化创意产品设计中的社会责任还体现在关注劳工权益和社区发展上。在生产过程中，确保工人得到公平的工资、良好的工作条件以及社会保障，是社会责任的体现。通过与当地社区建立合作关系，促进社区的经济繁荣和文化传承，使得文化创意产品设计能够更好地融入当地社会，为社区的可持续发展做出积极的贡献。

文化创意产品设计中的社会可持续原则还表现在关注文化多样性和尊重当地文化的体现上。通过尊重并与当地社区和文化保持合作关系，文化创意产品的设计可以更好地体现当地的特色和文化传统。这不仅有助于保护和传承文化遗产，还能够促进当地经济的繁荣，实现文化可持续性的目标。

社会责任在文化创意产品设计中也表现为关注社会公益和慈善事业。通过参与社会公益项目、支持慈善组织，文化创意产业可以将自身的成功回馈给社会，为弱势群体提供帮助，推动社会的公平和平等。这种参与社会责任的实践不仅有助于建立企业的良好形象，也是文化创意产品设计实现社会可持续的一种方式。

文化创意产品设计中的社会可持续原则主要通过公平贸易、劳工权益、社区发展、文化多样性、社会公益等方面的实践来体现。这些原则的贯彻实施，不仅有助于确保产品的生产过程是公正和可持续的，也有助于推动社会的繁荣和公平发展。通过在设计中考虑社会责任，文化创意产品设计能够更好地融入社会，为可持续发展目标贡献一份力量。

（二）文化多样性的尊重与表达

1. 尊重不同文化背景的设计原则

尊重不同文化背景是实现文化创意产品本土化的关键。每个社会都有其独特的文化传统、价值观念和审美标准，文化创意产品的设计需要深入了解和尊重当地文化的特点。通过吸纳本土文化元素，产品能够更好地适应当地市场，引起消费者的共鸣，从而实现更为广泛的社会认同和可持续发展。

尊重不同文化背景有助于构建文化创意产品的多元体系。社会是一个多元化的集合体，各种文化因素交织在一起。在设计中融入多样性的文化元素，可以创造出更为丰富和多样的文化创意产品。这种多元体系有助于满足不同社会群体的需求，提高产品的市场竞争力，促进文化创意产品产业的可持续发展。

尊重不同文化背景也体现了设计者对文化差异的理解和尊重。在全球化的今天，文化交流愈发频繁，理解和尊重不同文化背景成为设计者必备的素养。通过对各种文化的深入研究，设计者能够更好地把握文化的内涵和表达方式，从而设计出更为贴近当地文化的创意产品，避免文化冲突，实现设计的社会可持续性。

尊重不同文化背景的设计原则也推动了文化创意产品的跨文化交流。通过在产品中融入多元文化元素，设计者能够打破传统文化的界限，促进不同文化之间的交流与融合。这样的设计不仅能够丰富文化创意产品的内涵，也有助于促进全球文化的多样性和共生，实现文化创意产品在全球范围内的社会可持续发展。

尊重不同文化背景的设计原则也有助于打破文化创意产品的文化壁垒。在全球化背景下，文化创意产品需要超越地域和文化的限制，实现全球范围内的传播。通过尊重并融合不同文化背景，产品能够更好地适应不同国家和地区的文化特点，提高产品的国际化水平，推动文化创意产品在全球市场的可持续发展。

尊重不同文化背景的设计原则还能够促进文化创意产品与社会的良性互动。通过在设计中考虑当地文化的特点，产品能够更好地融入社会，引发消费者的共鸣和情感共鸣。这种良性互动不仅有助于提高产品的社会影响力，还有助于树立品牌形象，推动文化创意产品产业的可持续发展。

尊重不同文化背景的设计原则也推动了文化创意产品的创新。通过吸纳不同文化背景的元素，设计者能够创造出独特的、富有创意的产品。这种创新不仅有助于提升产品的市场竞争力，还推动了文化创意产业的不断发展，为社会可持续性的实现提供了新的动力。

尊重不同文化背景的设计原则是文化创意产品设计中的社会可持续原则的基础。通过深入理解和尊重当地文化，融入多元文化元素，设计者能够更好地满足不同社会群体的需求，促进文化创意产品在全球范围内的传播与发展，实现社会的可持续发展。这一原则的贯彻执行将为文化创意产品产业的可持续性发展奠定坚实的基础。

2. 文化传统的创新性保护

文化传统在创新性保护方面发挥着关键作用，尤其在文化创意产品设计中，社会可持续原则成为塑造未来的基础。保护文化传统的通过创新性的设计，文化创意产品能够实现社会的可持续发展，为社会带来积极的影响。

文化传统的创新性保护需要注重对传统手工艺的传承与创新。在文化创意产品设计中，传统手工艺是宝贵的文化遗产，但由于现代技术的冲击，有些手工艺正面临失传的危险。为了保护这一传统，设计师需要在传承的基础上加入创新元素，使传统手工艺焕发新生。通过将传统手工艺与现代设计融合，文化创意产品不仅可以传承文化传统，也能够满足现代社会的需求，实现传统与现代的有机结合。

文化传统的创新性保护需要关注对语言和符号的保护。语言和符号是文化的载体，它们承载着丰富的文化内涵。在文化创意产品设计中，设计师可以通过保护和运用传统的语言和符号，传递文化的独特魅力。通过将传统语言和符号融入产品设计中，文化创意产品能够在视觉和情感上与用户建立更为深刻的联系，实现文化传统在当代的传承与创新。

文化传统的创新性保护需要考虑社区的参与和共享。社区是文化传统的根基，通过社区的参与，文化创意产品的设计可以更好地符合社会需求。设计师应当与社区密切合作，了解社区的文化特色和需求，通过集体智慧实现文化传统的创新。通过社区参与，文化创意产品的设计能够更加符合社会的多元化，实现对文化传统的可持续保护。

文化传统的创新性保护也需要考虑可持续材料的应用。在文化创意产品设计中，可持续材料的应用是社会可持续原则的具体体现。通过选择可降解、可循环利用的材料，文化创意产品的设计能够减少对自然资源的依赖，实现对环境的可持续发展。设计师应当积极探索并采用环保材料，为文化传统的创新性保护提供更加可持续的路径。

在实践中，一些文化创意产品已经成功地融合了文化传统的创新性保护和社会可持续原则。例如，一些设计公司通过与传统手工艺人的合作，将传统技艺融入现代产品设计，实现了文化传统的传承和创新。一些文化创意产品设计中注重了环保材料的运用，通过这种方式实现了对社会可持续发展的贡献。

文化传统的创新性保护是实现文化创意产品设计中社会可持续原则的关键。通过对传统手工艺、语言和符号的创新性保护，以及社区的参与和可持续材料的应用，文化创意产品设计能够实现对文化传统的传承与创新，并为社会的可持续发展作出积极贡献。这种融合了传统价值和现代理念的文化创意产品设计将有助于塑造更加丰富和可持续的文化未来。

第三节 环境、社会和经济的平衡

一、环境可持续性在文化创意产品设计中的平衡

（一）生态友好材料的选择

选择生态友好材料是文化创意产品实现环境可持续性的基础。生态友好材料通常是可再生的、可降解的或者经过循环利用的。这种材料的选择有助于减少对自然资源的依赖，降低对环境的不良影响。例如，使用可再生的木材、再生纤维、可降解的塑料等材料，有助于减缓森林砍伐、减少塑料污染等环境问题。

文化创意产品设计中的材料选择要注重生命周期的全面考虑。不仅要关注材料的生产阶段，还要考虑在使用和废弃阶段对环境的影响。一些材料可能在生产阶段对环境友好，但在废弃后却难以降解，导致环境污染。在设计中需要权衡不同阶段的环境影响，追求整个生命周期的可持续性。

在文化创意产品设计中，还需要充分考虑材料的性能和美学。生态友好材料往往在性能上可能存在一些局限，因此在设计过程中需要找到平衡点，以满足产品的功能需求。美学因素也是文化创意产品的重要组成部分，因此设计师需要在生态友好材料中找到既具有环保性质又能够呈现出美感的材料。

文化创意产品设计中的环境可持续性还可以通过材料的重复使用和再生利用来实现。设计师可以采用可拆卸和可重组的设计理念，使得产品的不同部分可以在不影响性能的前提下进行更替和更新，延长产品的使用寿命。推动废弃材料的回收和再利用，实现资源的循环利用，减少对新原材料的需求。

在文化创意产品设计中实现生态友好材料的选择与环境可持续性的平衡，还需要倡导可持续的生产和消费理念。通过提倡简约、绿色、循环的设计理念，引导消费者更加理性地选择和使用产品。文化创意产业作为引领潮流的产业，其设计理念和产品选择将对社会产生深远的影响，倡导环保和可持续的设计将成为行业发展的方向。

生态友好材料的选择与环境可持续性在文化创意产品设计中是一项复杂而重要的任务。设计师需要在材料的环保性、性能、美学和生命周期等方面进行综合考虑，找到平衡点，以实现产品的环境可持续性。引导消费者形成可持续的消费

习惯也是推动整个产业朝着更加环保和可持续的方向发展的关键。

（二）环境管理与认证标准

1.ISO 14001 等环境管理体系标准的应用

环境管理体系标准如 ISO 14001 的应用对文化创意产品设计中的环境可持续性与平衡起着至关重要的作用。这些标准通过规范化管理和不断提高环保要求，促使文化创意产品设计在追求创新和市场竞争力的保持对环境的敬畏和可持续发展的责任。在环境管理体系标准的引导下，文化创意产品设计需要在环境友好与创意创新之间找到平衡，实现社会、环境和经济的可持续发展。环境管理体系标准的应用强调了文化创意产品设计中的生命周期管理。通过对产品生命周期的全面考虑，设计者能够更好地了解和评估产品对环境的影响。从原材料采购、生产制造、到产品使用和废弃的整个过程，环境管理体系标准要求建立合理的管理和控制措施。这有助于设计者在产品设计中平衡环境可持续性和创新性，减少对环境的不良影响，实现产品的可持续发展。

环境管理体系标准要求在设计阶段考虑环境影响，并在设计中采用环保材料和环保技术。通过采用低碳、环保的原材料，以及减少能源和资源的使用，设计者能够更好地实现环境友好型产品的设计。这不仅有助于提高产品的市场竞争力，还推动了环保技术的研发和应用，为文化创意产品的可持续发展提供了技术支持。

环境管理体系标准鼓励文化创意产品设计中的可持续采购。在采购过程中，设计者需要选择符合环保标准的供应商和材料，以降低产品对环境的负面影响。这种可持续采购的理念有助于构建更为环保的产业链，推动相关产业向更为可持续的方向发展。

环境管理体系标准注重文化创意产品设计中的环境绩效监测和评估。通过建立环境绩效指标和监测体系，设计者能够对产品的环境影响进行实时监控和评估。这种监测机制有助于设计者及时发现和解决环境问题，持续改进产品的设计和制造过程，实现环境可持续性与产品创新的平衡。

环境管理体系标准的应用还强调了文化创意产品设计中的法规和法律遵从。设计者需要充分了解并遵守各项环保法规，确保产品的生产和销售过程符合相关的环保标准。这有助于设计者更好地履行企业社会责任，推动文化创意产品设计朝着更为环保和可持续的方向发展。

环境管理体系标准的应用也在一定程度上给文化创意产品设计带来了一些挑战。严格的环保要求可能增加产品的成本，影响企业的经济效益。过度的环保要求有可能抑制创新，限制了设计者在产品设计中的灵感和创造性。在实践中，需要在环保要求和创新性之间找到平衡，寻求既满足环保标准，又能促进产品创新和市场竞争力的方式。

环境管理体系标准的应用促使了文化创意产品设计中的绿色设计理念。绿色设计强调通过环保的设计思想和方法，降低产品的环境影响。这包括产品的可持续设计、节能设计、材料循环利用等方面。通过采用绿色设计理念，文化创意产品不仅能够满足环境管理体系标准的要求，还能够在市场上获得更好的口碑和竞争力。

环境管理体系标准的应用对文化创意产品设计的环境可持续性与平衡产生了深远的影响。这些标准推动了产品设计中对环境友好、节能降耗的要求，促使设计者在创新的同时兼顾环境可持续性。在应用这些标准时，需要综合考虑环保要求与创新性之间的平衡，以实现文化创意产品设计的社会、环境和经济的可持续发展。

2. 环境友好认证与标志

文化创意产品设计中的环境可持续性和环境友好认证与标志之间的平衡是当前社会所面临的一个重要议题。在追求文化创意的独特性和创新性的设计者必须考虑产品的生命周期对环境的影响，以确保产品在推陈出新的同时保持环境的可持续性。

环境友好认证与标志在文化创意产品设计中的平衡关系体现在对原材料的选择上。设计者需要考虑使用可持续的、环保的原材料，以减少对自然资源的依赖和环境的负担。环保标志可以为消费者提供产品的环保信息，而设计者则需要在此基础上进行创新，选择符合环保认证标准的原材料，以确保产品在整个生命周期中对环境的影响最小化。

环境友好认证与标志需要与文化创意产品的设计理念相融合。在追求环保标志的认证过程中，设计者应当保持对文化创意的独特性和创新性的关注。环保并不意味着牺牲产品的设计美感或独特性。相反，设计者可以通过创意的设计理念，将环保元素融入到产品中，实现环保与创意的有机结合。例如，可以选择具有特殊纹理或颜色的环保材料，以强调产品的文化独特性。

文化创意产品的包装设计也是平衡环境可持续性和环境友好认证的关键方面。包装是文化创意产品的第一印象，但也是环境负担的主要来源之一。设计者需要在保持包装美观和吸引力的选择可循环、可降解的包装材料，以降低对环境的不良影响。环保认证标志可以在包装上提供明确的环保信息，让消费者了解产品的环保特性。

设计者在考虑环境友好认证与标志时，需要重视产品的寿命周期。产品的生命周期包括设计、生产、使用和废弃等多个阶段。通过全生命周期的管理，设计者可以更全面地考虑产品对环境的影响，并在设计中采用环保技术和材料，以延长产品寿命、减少能源消耗和降低废弃物的产生。

文化创意产品的市场推广也需要平衡环境可持续性和环境友好认证。设计者可以通过强调产品的环保特性，积极参与环保活动，并获得环保认证标志，以提高产品的市场竞争力。在推广过程中，需要避免过度营销环保特性，而导致对产品真实环保效果的怀疑。设计者需要以实际行动证明产品对环境的贡献，建立可信赖的环保形象。

在实际应用中，一些文化创意产品已经成功地平衡了环境可持续性和环境友好认证。例如，一些设计公司通过使用可再生材料和推动循环经济，使其产品获得环保认证，并在市场上赢得了良好的口碑。这些产品在设计中保持了独特的文化创意元素，使得环保与创意完美结合。

文化创意产品设计中的环境可持续性和环境友好认证与标志之间的平衡关系是迈向可持续未来的必由之路。设计者需要在创新性和环保性之间找到平衡点，通过选择可持续材料、融入环保元素，实现产品对环境的最小化影响。这种平衡将为文化创意产品在市场上取得成功，同时也将为社会和环境的可持续发展做出贡献。

二、社会与经济可持续性在文化创意产品设计中的平衡

（一）公平贸易在文化创意产品中的原则

公平贸易作为一种贸易模式，对文化创意产品的设计产生着深刻的影响。其背后蕴含着一系列的原则，这些原则旨在实现社会和经济的可持续性，并在文化创意产品设计中寻找社会与经济的平衡点。公平贸易原则强调了对生产者的公正报酬、对社区的支持以及对环境的尊重，这为文化创意产品的设计提供了指导思想，使之既能够在经济上具备竞争力，又能够促进社会的公平和环境的可持续性。公平贸易原则强调公正的经济回报。在文化创意产品的设计中，这意味着要确保参与创意生产的各方，包括设计者、工匠、艺术家等，在产品价值链中获得公正的经济收益。这有助于打破传统产业中的不公平分配模式，提高从业者的收入水平，推动社会的经济可持续性。

公平贸易强调支持弱势社群和社区的发展。在文化创意产品设计中，这体现在通过与当地社群合作，保护和传承当地传统手工艺和文化遗产。通过建立合作关系，设计者能够更好地理解当地社区的需求，促进社会公平，实现文化创意产品的社会可持续性。

公平贸易注重保护环境，减少对自然资源的过度开发。在文化创意产品设计

中，这意味着使用可持续的原材料，采用环保的制造工艺，以及减少产品的碳足迹。通过引入环保原则，设计者不仅能够降低产品对环境的影响，还能够满足现代社会对可持续发展的需求。

公平贸易原则鼓励建立长期、稳定的合作关系。在文化创意产品设计中，这有助于维护供应链的稳定性，降低生产风险，提高产品的品质和可靠性。长期的合作关系也有助于建立共同的价值观，推动社会与经济的可持续发展。

公平贸易原则还强调透明度和信息共享。在文化创意产品设计中，这意味着要向消费者提供关于产品来源、生产过程和社会责任等方面的透明信息。这有助于建立消费者对产品的信任，推动社会对公平贸易原则的认知和接受。

公平贸易在文化创意产品设计中的应用也面临一些挑战。公平贸易原则可能增加产品的成本，从而影响产品的市场竞争力。一些地区的经济发展水平较低，面临技术和资源限制，可能难以完全符合公平贸易的标准。设计者需要在平衡经济可持续性和社会责任之间找到合适的方式，既确保产品的竞争力，又保证社会的可持续发展。

在公平贸易原则的引导下，文化创意产品设计需要在社会与经济之间取得平衡。这包括在设计中注重文化传承，保护传统手工艺，支持当地社区的发展，同时确保产品具备竞争力和市场吸引力。这样的设计理念不仅有助于提高文化创意产品的社会可持续性，还能够在市场上树立品牌的社会责任形象。

在实践中，公平贸易原则的应用需要与当地文化相结合，考虑到不同地域的差异。通过深入了解当地社会的需求和文化特点，设计者能够更好地将公平贸易原则与文化创意产品的设计相结合，实现社会与经济的双赢。这不仅有助于提高产品的市场竞争力，还推动了文化创意产业的可持续发展，为社会和经济的和谐发展提供了有益的经验。

（二）经济效益与成本效率的设计考量

经济效益在文化创意产品设计中扮演着重要的角色。设计者需要关注产品的市场竞争力和盈利能力，以确保产品在商业环境中的持续发展。经济效益的实现要求产品设计满足市场需求，吸引消费者，进而提高销售额和市场份额。设计者在经济效益方面的考虑需要紧密关联产品的价值、功能和用户体验，以满足市场对于性价比的期望，推动文化创意产品在经济层面的可持续性发展。

在追求经济效益的设计者也需要考虑成本效率。成本效率不仅包括生产和运营成本，还涉及到资源利用效率和环境成本。在全球资源有限和环境问题日益凸显的情况下，设计者需要关注产品的整个生命周期，优化生产过程，降低资源消耗，以实现成本效益的可持续平衡。通过采用高效的生产工艺、优化供应链管理，设计者能够降低产品的制造成本，提高企业的整体经济效益。

社会可持续性在文化创意产品设计中同样至关重要。设计者需要考虑产品对社会的影响，包括社会责任、文化认同和社会参与。在全球化的背景下，文化创意产品设计需要兼顾多元文化，尊重不同文化背景，避免文化冲突。设计者还应考虑产品的社会影响，如提升社会文化价值观、促进社会互动与合作等方面，以确保产品的社会可持续性。

社会可持续性还要求文化创意产品设计在生产和运营过程中关注社会公平和员工福祉。这包括采用公平劳动标准、关注员工工作环境、推动可持续供应链等方面。通过确保产品的生产过程符合社会伦理和法规要求，设计者能够建立起积极的品牌形象，增强产品在社会中的可持续性和社会责任感。

在追求社会可持续性的设计者还需要关注产品的文化适应性。产品的设计应考虑适应不同社会背景和文化需求，避免一刀切的设计理念，以确保产品在全球市场中具有广泛的社会接受性。这要求设计者具有深入了解不同文化背景的能力，以更好地满足不同社会群体的需求。

在经济效益与社会可持续性之间找到平衡的关键在于创新。创新不仅包括产品的技术创新，还包括商业模式、社会互动等方面的创新。通过创新，设计者能够找到新的商业机会，提高产品的经济效益。创新还能够促进社会可持续性，推动产品设计朝着更环保、更社会友好的方向发展。

设计者需要深入了解市场和社会趋势，及时调整产品设计方向。市场的变化和社会需求的不断演进需要设计者具备敏锐的洞察力，以及对新兴文化和社会价值观的敏感性。通过跟踪市场和社会动态，设计者能够更好地把握产品设计的方向，实现经济效益与社会可持续性的平衡。

文化创意产品设计的平衡也需要产业链各个环节的合作。设计者、生产厂商、供应商以及销售渠道等各个环节都需要共同努力，形成良好的合作机制，共同推动文化创意产品的经济和社会可持续发展。通过形成联合创新、共享资源的合作关系，产业链的各方能够更好地协同工作，实现文化创意产品设计中经济效益与社会可持续性的平衡。

文化创意产品设计中的平衡问题涉及到经济效益与成本效率的权衡，以及社会与经济可持续性的考量。在追求创新和市场竞争力的设计者需要充分考虑产品的经济效益，注重成本效率，同时关注社会责任和文化适应性，以确保产品设计在经济和社会层面均能取得可持续性的平衡。这种平衡不仅有助于企业长期的竞争力，也有助于推动整个文化创意产业的可持续发展。

（三）可持续品牌与市场差异化策略

可持续品牌的核心在于对环境的关注。在文化创意产品设计中，设计者需要选择环保材料、采用节能技术，以降低产品对环境的影响。这有助于建立可持续品牌的环保形象，提升产品的社会责任感。通过环保设计，不仅能够满足市场对环保产品的需求，还能够在市场上塑造出与众不同的品牌形象，实现在市场上的差异化。

可持续品牌的建立需要关注社会责任。文化创意产品设计者应当考虑产品对社会的影响，包括对员工的关怀、对当地社区的贡献等。通过建立社会责任感，产品不仅能够赢得消费者的认可，还能够在市场上树立品牌的良好形象。这种关注社会责任的设计理念有助于实现产品在市场上的长期竞争力，推动文化创意产品的可持续发展。

可持续品牌需要考虑经济可持续性。产品的设计不仅要符合环保和社会责任的标准，还需要在经济上具备可持续性。这包括产品的成本效益、生产效率等方面的考虑。设计者需要在追求环保与社会责任的保证产品的经济可行性，以实现品牌在市场上的差异化竞争。

可持续品牌的市场差异化策略还需要注重创新。通过在产品设计中融入环保、社会责任的创新理念，设计者能够创造出独特的、具有市场竞争力的产品。这种创新不仅有助于满足不断变化的市场需求，还能够推动整个文化创意产业的创新发展。

在实际操作中，可持续品牌需要建立透明的沟通渠道。通过与消费者、员工等各方的沟通，向市场传递品牌的可持续发展理念。这种透明的沟通有助于提高消费者对品牌的信任度，进一步巩固品牌的市场地位。

与此可持续品牌的市场差异化策略需要注重品牌的整体体验。产品的设计不仅仅是在技术和功能上的创新，还需要在整体的品牌体验上进行创新。通过注重用户体验、品牌故事的讲述等方面的工作，设计者能够提升品牌的吸引力，实现在市场上的差异化定位。

可持续品牌的市场差异化策略也需要注重品牌的文化认同。通过与当地文化的融合，设计者能够在产品设计中体现出对当地文化的尊重与理解。这种文化认同有助于树立品牌的社会形象，实现品牌在市场上的良好口碑。

可持续品牌的市场差异化策略也面临一些挑战。环保和社会责任的成本可能加大产品的制造成本，影响产品的价格竞争力。市场对可持续品牌的认知度和接受度仍然有待提高，这需要品牌在市场推广上付出更多的努力。

可持续品牌的市场差异化策略是文化创意产品设计中实现社会与经济可持续

性平衡的一种有效方式。通过注重环保、社会责任、经济可行性、创新等方面的平衡，设计者能够创造出具有市场竞争力和社会影响力的产品，推动整个文化创意产业向更为可持续的方向发展。

第四节　可持续性评估方法与工具

一、文化创意产品设计中的可持续性评估方法

（一）材料与资源的生命周期评估

在文化创意产品设计中，材料与资源的生命周期评估是实现可持续性的关键环节。这一方法旨在深入分析产品的各个生产阶段，从原材料的获取到产品的废弃，全面评估对资源的利用和环境的影响。通过生命周期评估，设计者能够更全面地了解产品的可持续性，促进绿色设计理念的贯彻，实现社会、经济和环境的和谐发展。

生命周期评估需要关注产品的原材料获取阶段。在文化创意产品设计中，设计者应当深入挖掘可替代的、可再生的原材料，以减少对有限资源的过度开采。需要评估原材料的运输对环境的影响，选择本地可获得的原材料，降低碳排放。通过关注原材料获取阶段，设计者能够更好地选择对环境影响较小的材料，推动可持续资源利用。

生命周期评估涵盖了产品制造和生产过程。在这个阶段，设计者需要考虑采用环保技术和生产方法，减少能源消耗和废弃物产生。通过优化生产工艺，降低碳排放，设计者能够最大程度地减少对环境的不良影响。生产过程中的劳工权益也是生命周期评估的重要考量因素，确保工人在安全、合理的条件下工作，促进社会可持续性的实现。

生命周期评估还需要关注产品的使用阶段。在文化创意产品设计中，设计者应当考虑产品的寿命、维护和修复的可能性，以减少产品的过早报废。通过引入可持续的设计理念，如易于拆卸、易于维护等，设计者能够延长产品的使用寿命，降低对资源的过度消耗。设计者还需要鼓励用户采用节能、环保的使用方式，促进产品在使用阶段的可持续性。

生命周期评估需要关注产品的废弃与循环利用阶段。在文化创意产品设计中，设计者应当考虑如何降低产品废弃后对环境的负面影响。这包括采用可回收的材

料、设计可降解的产品结构，以及建立废弃产品的回收体系。通过引入循环利用的理念，设计者能够最大程度地减少对环境的污染，实现资源的可持续利用。

生命周期评估的方法需要综合运用一系列工具和技术。其中，生命周期评估工具（LCA）是一种常用的方法，通过系统地考察产品从"摇篮到坟墓"的整个生命周期，综合评估其对环境的影响。材料流分析、能耗分析等也是生命周期评估的辅助手段，有助于深入挖掘产品生命周期中的关键环节。社会生命周期评估（S-LCA）也是一个重要的评估维度，帮助设计者更全面地了解产品在社会层面的影响。

生命周期评估也面临一些挑战。数据的获取和评估过程可能较为繁琐，需要大量的时间和资源。评估的准确性也受到不确定性的影响，例如不同地区、不同时间的环境数据可能存在差异。在实践中，设计者需要在评估的全面性和可行性之间找到平衡，灵活运用各种评估工具，综合考虑不同因素。

材料与资源的生命周期评估在文化创意产品设计中是至关重要的。通过深入分析产品的整个生命周期，设计者能够更好地了解产品的可持续性，推动绿色设计理念的贯彻。这种方法有助于实现社会、经济和环境的和谐发展，推动文化创意产品朝着更为可持续的方向发展。

（二）能源与碳足迹的评估工具

生命周期评估是文化创意产品设计中常用的方法之一。生命周期评估涵盖了产品的整个生命周期，包括原材料采购、生产制造、运输、使用和废弃等各个环节。通过系统分析每个环节的能源消耗和碳排放，设计者能够全面了解产品在生命周期中对环境的影响，为优化设计提供有力的数据支持。这种评估方法有助于发现并解决潜在的环境问题，确保产品在生命周期内的可持续性。

能源流分析是一种评估文化创意产品设计中能源利用的有效工具。能源流分析旨在追踪和分析能源在产品生命周期中的流动和消耗情况。通过该分析，设计者能够定位能源浪费的具体环节，优化能源利用效率，减少能源浪费，从而降低产品的环境影响。这种方法对于确保产品的能源可持续性至关重要，有助于设计更为节能的文化创意产品。

碳足迹评估是评估产品碳排放量的一种方法，也是文化创意产品设计中常用的手段。通过对产品整个生命周期中的温室气体排放进行量化，设计者能够了解产品对气候变化的贡献程度。这种评估方法不仅有助于设计者优化生产过程，减少碳排放，还有助于提高产品在市场上的环保形象，增加产品的可持续性竞争力。

水足迹评估也是文化创意产品设计中的可持续性评估方法之一。水足迹评估旨在评估产品生命周期中与水资源相关的消耗和影响。设计者通过考虑产品在生产和使用过程中对水资源的需求，有助于减少水资源的浪费，提高产品的水资源可持续性。这种方法有助于确保产品在整个生命周期中对水资源的合理利用，进而促进环境的可持续发展。

社会生命周期评估是一种从社会层面评估产品可持续性的方法。这种评估方法考虑到产品对社会的各个方面的影响，包括社会公平、员工福祉、文化适应性等。通过社会生命周期评估，设计者能够更全面地了解产品对社会的影响，为产品的社会可持续性提供指导。这种方法有助于确保产品设计既符合经济利益，又符合社会公正和文化多样性的原则。

另一个重要的评估方法是环境风险评估。这种评估方法旨在识别和评估产品设计和生产过程中可能导致的环境风险。通过在设计初期考虑环境风险，设计者能够采取相应的措施，降低对环境的潜在负面影响。这种方法有助于产品设计的可持续性，确保产品在市场上能够得到消费者和监管机构的认可。

除了上述评估方法，还可以采用环境影响评价（EIA）和环境管理体系（EMS）等工具来推动文化创意产品的可持续性。EIA 通过系统分析产品设计和生产对环境的潜在影响，帮助设计者在产品初期识别和解决环境问题。EMS 则是通过建立系统化的环境管理体系，帮助企业全面管理环境问题，确保产品的设计和生产过程符合环保标准。

能源与碳足迹评估工具在文化创意产品设计中是不可或缺的。通过这些评估方法，设计者能够全面、系统地考虑产品对环境的影响，从而实现产品设计的可持续性。这些评估方法有助于设计者优化生产过程、提高能源效率、降低碳排放，促使文化创意产品在经济和社会层面均能实现可持续发展。

（三）社会可持续性评估方法

社会可持续性评估方法在文化创意产品设计中发挥着关键作用，有助于全面了解产品对社会的影响，并引导设计者在产品设计中更好地实现可持续发展。这些方法旨在考虑社会因素，促使设计者在创新的同时充分考虑文化、社会和经济的影响，实现文化创意产品的可持续性。

社会可持续性评估方法强调了文化创意产品设计中的社会影响分析。通过深入研究和评估产品对社会的潜在影响，设计者能够更好地了解产品在社会中的角色和地位。这种分析可以包括对文化价值、社会认同、道德伦理等方面的考虑，有助于在设计中融入更为贴近社会需求的元素，实现产品与社会的更好融合。

社会可持续性评估方法注重了文化创意产品的社会参与。通过与社会各界的广泛合作，设计者能够更好地捕捉社会的创新思想和需求，将产品设计与社会的共同价值联系起来。这有助于建立共同体验和共鸣，提高产品在社会中的认可度和可持续性。

社会可持续性评估方法还强调了文化创意产品设计中的社会多元性。通过在设计中融入多元文化、多元群体的元素，设计者能够创造出更为包容和具有广泛吸引力的产品。这不仅有助于满足不同社会群体的需求，还能够提高产品的市场竞争力，推动文化创意产品在社会中的可持续发展。

社会可持续性评估方法推崇文化创意产品设计中的社会公正原则。通过关注产品设计中的社会公正和平等，设计者能够更好地反映社会的多元需求，减少对社会的不平等影响。这有助于建立更加公正和包容的文化创意产业，推动社会的可持续性。

社会可持续性评估方法还关注文化创意产品设计中的社会效益。除了经济效益，设计者需要思考产品对社会的积极贡献。这可以包括产品对社会文化传承的促进、对社会教育的支持、对社会公益事业的贡献等。通过在设计中强调社会效益，产品不仅能够赢得消费者的青睐，还能够为社会的可持续发展做出实际贡献。

社会可持续性评估方法推动了文化创意产品设计中的社会创新。通过引入社会创新理念，设计者能够更好地解决社会问题，满足社会需求，实现产品设计的社会可持续性。社会创新的引入不仅能够提高产品的社会影响力，还能够推动整个文化创意产业的发展。

社会可持续性评估方法的应用也面临一些挑战。社会可持续性的评估标准可能较为主观和复杂，导致评估结果的一定不确定性。社会可持续性的评估需要设计者具备较强的社会科学素养，这对设计者的专业水平提出了一定要求。

在实际应用中，社会可持续性评估方法需要与其他评估方法结合，形成完整的评估体系。与环境评估、经济评估等方法相结合，能够全面了解产品的可持续性，从而更好地引导设计者在文化创意产品设计中实现社会可持续发展。

社会可持续性评估方法在文化创意产品设计中的应用是实现可持续发展的重要手段。通过考虑产品对社会的全面影响，强调社会参与、社会多元性、社会公正等原则，设计者能够更好地在文化创意产品设计中实现社会可持续性，为社会的可持续发展作出积极贡献。

二、文化创意产品设计中的可持续性评估工具

（一）环境友好认证体系

环境友好认证体系强调了对产品材料的选择和管理。在文化创意产品设计中，设计者需要关注材料的来源、可再生性以及对环境的潜在影响。认证体系通过对材料的严格筛选和评估，推动设计者选择更为环保的原材料，减少对有限资源的

过度开采。这有助于降低产品的生命周期环境影响，实现可持续性发展。

环境友好认证体系关注产品的生产过程。在制造阶段，设计者需要选择能源效益高、废弃物产生低的生产技术和工艺。认证体系通过评估生产过程中的环境性能，推动设计者采用更为清洁、节能的生产方式。这有助于减少碳排放，提高产品的生产效率，为环境友好认证提供了坚实的基础。

环境友好认证体系注重产品的使用阶段。在文化创意产品设计中，需要考虑产品的寿命、能源效率和用户使用方式。认证体系通过对这些因素的评估，引导设计者优化产品的设计，延长其使用寿命，减少能源消耗。这有助于构建环保的产品使用模式，促进可持续性发展。

环境友好认证体系还强调了产品的废弃与循环利用。在产品废弃后，设计者需要关注产品的可回收性和可降解性。认证体系通过对废弃产品的处理方式的评估，促使设计者选择更为环保的废弃处理方法，推动废弃产品的资源再利用。这有助于减少对环境的污染，实现资源的可持续利用。

环境友好认证体系的应用需要符合国际或行业标准，如 ISO 14001 环境管理体系认证等。这些认证标准为设计者提供了科学的、权威的评估指南，确保评估过程的严谨性和可比性。通过取得相应的认证，文化创意产品不仅能够证明其在环保方面的努力，还能够在市场上赢得消费者的信任。

环境友好认证体系的应用也面临一些挑战。认证过程可能需要一定的成本和时间，对一些中小型文化创意企业而言可能存在一定的负担。一些地区可能缺乏完善的认证标准和机构，导致认证体系的实施面临一定的困难。在实践中，设计者需要权衡成本和收益，选择适合自身情况的认证体系，逐步推动文化创意产品的可持续发展。

环境友好认证体系在文化创意产品设计中具有重要的作用。通过对产品的环境性能进行全面评估，认证体系推动设计者选择环保材料、优化生产过程、延长产品寿命、实现废弃产品的循环利用。这有助于构建绿色设计理念，提高产品的市场竞争力，推动文化创意产品走向更为可持续的未来。

（二）社会责任认证与评估工具

1.SA8000 社会责任标准

SA8000 标准强调劳动权益的保护。在文化创意产品设计中，劳动力是不可或缺的一环。通过遵循 SA8000 标准，设计者需确保生产制造过程中遵循公正的劳动标准，包括工资支付、工时安排、工作环境等方面的权益。这有助于构建公正的劳动关系，提高员工的生产积极性，为产品设计的可持续性奠定基础。

SA8000 标准强调儿童劳工和强迫劳动的禁止。在文化创意产品设计中，通过遵循 SA8000 标准，设计者需确保产品的制造过程中不涉及儿童劳工和强迫劳动。这有助于防范社会问题，保护弱势群体的权益，确保产品的社会可持续性。

SA8000 标准要求关注歧视和骚扰的问题。在文化创意产品设计中，设计者需要确保在生产制造过程中没有任何形式的歧视和骚扰。通过创造公平、包容的工作环境，设计者能够提高员工的工作满意度，增强产品设计的社会可持续性。

SA8000 标准还强调对员工权益的尊重。在文化创意产品设计中，通过遵循 SA8000 标准，设计者需要确保员工享有集体谈判的权利，参与企业的决策过程。这有助于建立积极的企业文化，增强员工的归属感，提升产品设计的可持续性。

SA8000 标准关注供应链的社会责任。在文化创意产品设计中，通过遵循 SA8000 标准，设计者需确保产品的供应链中各个环节均遵循社会责任原则，防范潜在的道德风险。这有助于建立可信赖的供应链体系，提高产品设计的社会可持续性。

SA8000 标准还强调环境可持续性。在文化创意产品设计中，设计者需要考虑产品的整个生命周期对环境的影响。通过遵循 SA8000 标准，设计者需确保产品的生产过程中减少环境污染，提高能源利用效率，降低碳足迹。这有助于实现产品设计在经济和环境层面的可持续性。

SA8000 标准还注重社区责任。在文化创意产品设计中，设计者需要考虑产品对当地社区的影响。通过遵循 SA8000 标准，设计者需确保产品的生产过程不对当地社区造成负面影响，甚至通过一些积极的社区项目，提升产品的社会可持续性。

SA8000 社会责任标准在文化创意产品设计中充当了关键的可持续性评估工具。通过遵循该标准，设计者能够确保产品在生产制造过程中遵循公正的劳动标准、保护员工权益、禁止儿童劳工和强迫劳动、防范歧视和骚扰，从而提高产品设计的社会可持续性。SA8000 标准还强调环境可持续性和社区责任，使得产品设计在经济、环境和社会层面都能取得平衡，实现全方位的可持续发展。

2.B Corp 认证在文化创意领域的应用

B Corp 认证作为一种全球性的可持续性认证体系，对于文化创意领域的应用具有重要意义。该认证强调企业在经济、社会和环境三个方面的全面可持续性，对于推动文化创意产品设计的可持续性发展起到了引导和规范的作用。在文化创意产品设计中，通过应用 B Corp 认证，可以更全面、系统地评估产品的可持续性，推动产业的健康发展。

B Corp 认证注重企业的社会责任。在文化创意产品设计中，设计者需要关注产品对社会的影响，包括文化传承、社会公益、员工权益等方面。通过参与 B

Corp 认证，企业需要在这些方面展现出较高的社会责任感，强调对员工的关怀、对社会的贡献。这有助于在设计中融入更为具体的社会责任元素，推动文化创意产品的可持续发展。

B Corp 认证关注企业的环境友好性。在文化创意产品设计中，设计者需要考虑产品对环境的影响，包括对自然资源的利用、能源的消耗等。B Corp 认证要求企业在这些方面展现出环保的行为，通过采用环保材料、节能技术等手段，减少产品对环境的不良影响。这有助于推动文化创意产品在环保方面的创新，实现产品设计的环境可持续性。

B Corp 认证还关注企业的经济可持续性。在文化创意产品设计中，设计者需要考虑产品的经济效益、市场竞争力等方面。通过参与 B Corp 认证，企业需要展现出经济方面的可持续性，即在创新的同时保证产品的经济可行性，提高产品的市场竞争力。这有助于推动文化创意产品在市场中的持续发展。

B Corp 认证强调企业的治理体系。在文化创意产品设计中，设计者需要关注企业内部的管理和决策机制，包括企业的透明度、公正性等。通过参与 B Corp 认证，企业需要展现出健全的治理体系，强调企业在经营中的公平公正和透明度。这有助于提高产品在市场中的信任度，推动文化创意产品设计的社会可持续性。

B Corp 认证注重企业的社区参与。在文化创意产品设计中，设计者需要考虑产品对当地社区的影响，包括文化传承、社区发展等方面。通过参与 B Corp 认证，企业需要展现出对社区的积极参与，推动文化创意产品的社区可持续发展。这有助于构建更为和谐的社会关系，推动整个文化创意产业的可持续性发展。

B Corp 认证在文化创意领域的应用也面临一些挑战。文化创意产品的特殊性可能使得在某些认证标准上难以直接套用。B Corp 认证的一些标准可能较为宽泛，企业在认证时可能存在灰色地带，需要更为细致的审慎考虑。

在实际操作中，文化创意产品设计者可以借鉴 B Corp 认证的标准，建立适合自身产业特点的可持续性评估体系。通过在企业内部建立相应的评估机制，包括社会责任、环境友好性、经济可持续性等方面的指标，推动文化创意产品的可持续性发展。

B Corp 认证在文化创意领域的应用对推动可持续发展具有积极的作用。通过参与认证，企业被引导在经济、社会、环境等方面全面考虑可持续性，有助于促使文化创意产品设计更好地实现全面可持续发展。这种认证的应用有助于引领文化创意产业向更为可持续的方向发展，促进产业的健康繁荣。

第三章 文化创意产业与可持续性

第一节 文化创意产业的概述

一、文化创意产业的基本概念与演进

（一）文化创意的内涵与外延

文化创意是一种丰富而多元的概念，涵盖着广泛的内涵与外延。在内涵上，文化创意是人类智慧的结晶，是对传统文化的创新和发展。这一概念不仅包括了传统艺术、手工艺和文学等方面的创造，还涉及到了当代技术、科学和商业的融合。文化创意承载着文化传承的责任，同时也是推动社会进步和经济发展的引擎。

在外延上，文化创意超越了传统的文化和艺术领域，渗透到社会的各个层面。它不仅包括了传统的文学、绘画、音乐等艺术领域，还延伸到了新兴的数字艺术、虚拟现实等科技创新。文化创意还涵盖了设计、创意产业、文化旅游等多个领域，成为一个综合性的概念。在这个过程中，文化创意不仅关注个体的创造力和想象力，还强调社会和群体的创新能力，呈现出多层次、多元化的外延特征。

文化创意的内涵体现在对传统文化的理解与创新上。它承载了历史、传统、文化的瑰宝，通过创新的方式呈现给当代社会。这一创新并非简单地对传统进行复制或模仿，而是在尊重传统的基础上，注入新的思想、元素和表达方式，使之与当代社会相契合。文化创意通过对传统文化的深刻理解，促使其在当代焕发新的生命力，实现了文化的传承与创新的有机结合。

文化创意的内涵还表现在对人类智慧的创造力的认识。人类的创造力不仅仅表现在科学、技术等方面，也包括了对美的追求、对价值观的塑造等方面。文化创意从这个角度出发，强调人的主体性，认为每个人都有创造的潜能，都可以通过表达自己的思想、感情和观点，为社会贡献独特的文化价值。在这个意义上，文化创意既是对个体创造力的尊重，也是对多元文化的认同。

而文化创意的外延则体现在它超越了传统文化产业的边界。它不仅包含了传

统的文学、艺术、手工艺等领域，还融入了先进的科技、创意产业和新型媒体。文化创意关注人类社会的全面发展，不仅涉及到审美和文化传承，还与社会、经济、科技等多个领域相互渗透。这种多领域、多维度的外延特征使文化创意成为推动产业创新和社会发展的源泉。

文化创意的外延还表现在它对社会结构和文化认同的塑造上。通过设计、艺术、娱乐等多种方式，文化创意可以塑造社会的氛围、价值观和审美趣味。它不仅通过作品本身传递信息，还通过社会的共鸣和反响，引导人们思考和参与到社会变革的过程中。在这个过程中，文化创意成为塑造社会认同和共识的一种重要手段。

文化创意的内涵和外延形成了一个丰富而多元的网络。它既是对传统文化的创新发展，也是对人类创造力的赞美；既包含传统的文学、艺术等艺术领域，也涵盖了新兴的科技、创意产业等多个领域。文化创意既关注个体创造力的释放，也关注多元文化的包容和交融。在不断演进的过程中，文化创意既是传统与创新的结合体，也是对人类文明进步的不懈追求。

（二）文化创意产业的历史演变

文化创意产业的历史演变是一个丰富而多元的过程。起源于古代的手工艺品制作和文学创作，文化创意产业逐渐融入现代经济体系，成为全球经济的一个重要组成部分。

在早期，文化创意产业主要表现为手工艺品和艺术品的制作。古代文明中的陶瓷、织物、雕塑等手工艺品代表了当时社会的文化创意表达。这些产品既满足了人们的实际需求，又承载了当地文化的独特特色。古代文学作品如诗歌、戏剧等也是文化创意的重要体现，通过言辞和表演传递着当时社会的价值观和思想。

随着工业革命的兴起，文化创意产业开始逐渐与工业化相结合。印刷术的发明使书籍更易制作和传播，从而推动了文学作品的大规模生产。工业制造的进步也为艺术品的大规模制作提供了可能，推动了艺术品市场的形成。这一时期，文化创意产业逐渐从传统的手工业转向工业化生产，开始呈现出商业化和大众化的趋势。

20 世纪初，电影工业的兴起成为文化创意产业的重要里程碑。电影不仅为人们提供了娱乐，也成为一种全新的艺术表达形式。电影产业的崛起标志着文化创意产业进入了大众娱乐时代，通过电影作为媒介，各种文化形式得以广泛传播。

20 世纪中期，广播和电视等新媒体的兴起进一步推动了文化创意产业的演变。这些新媒体不仅扩大了文化产品的受众范围，还为广告和市场营销等商业活动提供了新的机会。文化创意产业逐渐成为经济的支柱之一，对社会和文化的塑造产生了深远影响。

20世纪末至21世纪初，数字技术的迅猛发展成为文化创意产业的新动力。互联网的普及使得文化产品的传播变得更加迅速和便捷。数字化媒体、游戏产业、虚拟现实等新兴领域崭露头角，为文化创意产业注入了新的活力。创新的技术手段促使文化创意产业朝着更加多元化和个性化的方向发展。

文化创意产业正经历着全球化和多元化的发展阶段。不同国家和地区的文化在全球范围内相互交流，文化创意产业成为国际经济合作的纽带。跨界合作、文化融合成为推动文化创意产业不断演进的重要动力。同样，消费者的需求也变得更加多元化，推动着文化创意产业向更广泛和细分的市场方向发展。

文化创意产业的演变过程充分体现了技术、市场和社会的相互作用。从手工艺品到电影、广播、互联网，再到如今的数字媒体和虚拟现实，每一个阶段都反映了当时的技术水平、市场需求和社会文化背景。文化创意产业的历史演变不仅是经济发展的产物，更是人类文明的见证。随着科技的不断创新和全球文化的深度互动，文化创意产业有望迎来更为丰富和繁荣的发展。

（三）未来文化创意产业的发展方向

未来文化创意产业的发展方向体现在多个层面。技术创新将成为驱动文化创意产业发展的核心因素。随着科技的不断进步，文化创意产业将更加依赖数字化、虚拟现实、人工智能等技术来创造更为丰富、沉浸式的文化体验。这不仅包括数字娱乐领域的发展，还涉及到文化创意产品的制作、交互设计等方面。技术的融合将推动文化创意产业向更加智能、创新的方向发展。

跨界合作将成为文化创意产业的重要特征。文化创意产业将更加注重与其他领域的合作，如科技、教育、健康等。跨界合作有助于创造更为丰富多元的文化产品，拓展产品的应用领域，提高文化创意产业的综合竞争力。不同行业的交流合作将促使文化创意产业迈向更为开放、包容的发展模式。

文化创意产业将更加注重可持续发展。未来的发展方向之一是在经济效益的更注重社会和环境的可持续性。文化创意产品的设计将更多地考虑社会责任、环境友好性等方面，推动整个产业链向更为可持续的方向迈进。这体现了社会对于文化创意产业参与可持续发展的期望。

个性化和定制化将成为文化创意产品设计的重要趋势。消费者对于个性化、独特化产品的需求将不断增加。文化创意产品设计需要更加注重满足个体差异化的需求，通过定制化的设计来提升产品的市场竞争力。这也将激发设计者在创意和创新方面的更大潜力。

未来文化创意产业还将更加注重文化多元性和国际化。全球化的发展使得文化创意产品能够更容易地在国际市场上流通。设计者需要更深入地了解不同文化的特点，将文化多元性融入产品设计中，以满足全球消费者的需求。国际化也将推动文化创意产业向更广阔的市场拓展，实现更为可持续的全球发展。

文化创意产业在未来还将更加关注用户参与和社交性。随着社交媒体的兴起，用户参与成为文化创意产品设计中的一个重要环节。设计者需要更加注重产品与用户之间的互动，利用社交媒体等平台来促进用户分享和交流，形成更为庞大的社群。这将使文化创意产品不再是孤立的作品，而是更好地融入用户的生活和社交网络中。

文化创意产业还将更加注重文化教育与传承。文化创意产品设计将更多地关注文化的传承与创新，通过产品传递文化价值观，促使用户更深入地了解和体验文化。文化创意产品将成为文化教育的媒介，推动文化的传承和创新，使之更好地适应现代社会的需求。

未来文化创意产业的发展方向将主要体现在技术创新、跨界合作、可持续发展、个性化与定制化、文化多元性与国际化、用户参与与社交性、文化教育与传承等多个方面。这些趋势将共同推动文化创意产业朝着更为创新、可持续、多元、社交的方向迈进，为产业的繁荣和社会的进步做出积极贡献。

二、文化创意产业的关键领域与产业链

（一）视觉艺术与设计

视觉艺术与设计的关键领域涵盖了传统艺术和现代设计。在传统艺术方面，绘画、雕塑、陶艺等仍然是文化创意产业中不可或缺的组成部分。这些形式的艺术作品不仅代表着文化的传承，还为创作者提供了表达思想、情感和审美追求的平台。与此现代设计也日益成为文化创意产业的中流砥柱，平面设计、产品设计、空间设计等在商业和社会中发挥着越来越重要的作用。

视觉艺术与设计通过数字化手段迎来了全新的发展阶段。数字艺术、虚拟现实、互动设计等数字化领域的崛起，拓展了视觉艺术与设计的边界。数字技术为艺术家和设计师提供了更广阔的创作空间，使得他们能够在虚拟的世界中创造出丰富多彩、具有交互性的作品。这不仅为文化创意产业注入了新的动力，也为用户提供了全新的艺术和设计体验。

视觉艺术与设计的产业链也呈现出多层次的结构。从创作到制作，再到推广和销售，整个产业链的协同作用推动着文化创意产业的繁荣。在创作层面，艺术家和设计师通过独特的创意和技艺，产生了丰富的艺术作品和设计方案。这些创意源泉形成了产业链的核心动力。在制作层面，制作工艺、技术和材料的不断创

新，使得艺术作品和设计能够更好地表达创作者的意图。推广和销售层面则通过市场策略、品牌建设等手段将艺术作品和设计方案引入市场，实现文化创意产业的商业化。

与此视觉艺术与设计的关键领域与产业链也与其他文化创意领域相互交织，形成了更为庞大而复杂的产业生态。与文学、音乐、电影等其他创意领域的协同作用，使得文化创意产业呈现出多元化和交叉融合的发展趋势。例如，电影海报的设计既融入了平面设计的元素，又吸纳了电影本身的创意灵感，形成了一种独特的视觉语言。

在这一复杂而庞大的产业链中，文化创意产业的从业者不仅仅是艺术家和设计师，还包括了策展人、市场营销人员、数字技术专家等多个层面的参与者。他们的共同努力推动了文化创意产业的良性发展。

文化创意产业在发展中也面临着一些挑战。随着数字技术的迅猛发展，一些传统艺术形式可能面临被边缘化的风险。市场竞争激烈，文化创意产品的推广和销售面临一定的压力。视觉艺术与设计领域的从业者需要在创作中注重创新，同时也需要运用科技手段拓展市场。

视觉艺术与设计在文化创意产业中占据着关键的地位，既是传统文化传承的重要力量，又是现代创新的前沿阵地。其产业链的多层次结构体现了创作者、制作者、推广者等多方面的协同合作。在不断面临新挑战的视觉艺术与设计领域的发展也将为文化创意产业的未来注入更多活力。

（二）文化创意产业的产业链与生态系统

1. 价值链的各个环节与合作关系

文化创意产业的价值链是一个复杂而多层次的系统，包括多个环节和参与方。了解各个环节及其合作关系是理解文化创意产业关键领域和产业链的关键一步。

创意与设计是文化创意产业的起点。这一环节的关键是从艺术和创意的角度出发，形成具有独特价值的创意产品或服务。设计者、艺术家和创作者在这一环节发挥关键作用，他们的创意灵感和艺术表达为整个文化创意产业提供了原始动力。

接着是生产与制造环节，这一步骤将创意转化为实际的产品或服务。制造商、工匠、技术人员等在这一环节发挥重要作用，确保创意得以具体实施。生产与制造的效率和质量直接影响最终产品的市场竞争力。

分销和销售环节是将产品推向市场的关键步骤。分销商、零售商、营销人员等在这一环节中发挥关键作用，通过有效的销售渠道和市场推广策略，将文化创意产品推向广大消费者。分销和销售的有效性决定了产品在市场上的知名度和销售表现。

在价值链中，市场与推广环节是连接生产者和消费者的桥梁。市场调研、品牌推广、广告宣传等工作在这一环节中展开。市场与推广的成功与否直接影响了文化创意产品在市场上的受欢迎程度，同时也加强了消费者对产品的认知和信任。

知识产权管理也是文化创意产业价值链中的重要一环。知识产权的保护对于创意产业至关重要，它包括专利、商标、著作权等。专业的知识产权管理有助于确保创意的独特性，维护知识产权的合法权益。

在文化创意产业中，数字技术的发展为创意产业带来了新的机遇。数字化与技术创新环节涵盖了数字化工具的应用、虚拟现实、人工智能等前沿技术的研发。数字技术的运用不仅能够提高生产效率，也为文化创意产品提供了更丰富、多样的表现形式。

产业链中的合作关系是文化创意产业中的一个重要特征。各个环节之间的合作与协同决定了整个产业链的效率和创新能力。创意者需要与制造商、分销商、市场推广人员以及技术专家等多方合作，形成一个紧密协作的网络，以保证产品能够顺利从创意阶段到最终上市。

文化创意产业的关键领域主要体现在创意和设计、数字技术创新以及市场推广与销售等方面。在创意和设计方面，独特的创意是产业核心，决定了产品的差异化和市场竞争力。数字技术创新方面则是产业的未来发展方向，通过数字化工具和新技术的应用，为产品的生产和体验提供更多可能性。市场推广与销售是将产品成功引入市场的关键，通过有效的市场策略和销售手段，确保产品在市场中取得成功。

文化创意产业的价值链是一个复杂的体系，涉及创意和设计、生产制造、分销销售、市场推广、数字技术创新、知识产权管理等多个环节。这些环节之间的合作关系和协同作用直接影响了产业的竞争力和可持续发展。文化创意产业的关键领域主要表现在创意和设计、数字技术创新以及市场推广与销售等方面，这些领域的优势将决定产业在未来的竞争中的地位和前景。

2. 文化创意产业的生态系统构建

文化创意产业的生态系统构建是一个复杂而多层次的过程，它涵盖了多个关键领域和产业链。这一生态系统的建设不仅关乎产业的繁荣发展，还直接影响到文化创意产品的质量、创新力和社会影响力。在构建文化创意产业的生态系统时，我们需要深入了解关键领域和产业链的相互关系，以促进产业链的有机协同和创新发展。

文化创意产业的生态系统构建需要关注文化内容创造这一关键领域。文化创意的核心是内容的创造与传播，因此文化创意产业的生态系统首先需要建立在丰富多彩的文化内容创造基础上。这包括文学、艺术、电影、音乐等多个领域。在这个层面，需要建立更加开放、创新的文化创意内容创造机制，促使创作者在各个领域中进行深入合作，推动文化内容的创新与升级。

技术创新是构建文化创意产业生态系统不可忽视的领域。科技的发展为文化创意产品的制作和传播提供了全新的可能性。数字化、虚拟现实、人工智能等技术的引入，使得文化创意产业得以更广泛地传播和互动。在技术创新方面，需要加强文化产业与科技公司的合作，推动技术在文化创意领域的应用，进一步提升产业链的技术水平。

产业链的构建也需要注重文化创意产品的制作与设计。从概念到实际产品，这一环节需要有高水平的创意和设计能力。设计不仅仅是产品外观，还包括用户体验、故事叙述等方面。建设文化创意产业的生态系统时，需要鼓励并支持设计领域的创新与人才培养，推动设计与其他产业链环节的深度融合。

文化创意产业生态系统的关键领域还包括市场推广与品牌建设。市场推广是文化创意产品走向市场，影响受众的桥梁。需要注重市场策划、营销等方面的专业化与创新。品牌建设则是在市场中赢得消费者信任的关键。通过传递独特的文化理念、注重用户体验，建立有影响力的品牌形象，有助于提升产业链中的品牌附加值。

在文化创意产业的生态系统中，还需要关注法律法规与知识产权的保护。知识产权的保护是创作者、设计者创作的动力来源，也是文化创意产业生态系统稳健发展的保障。通过建立健全的法律法规体系，强化知识产权的保护力度，可以为产业链中的创作者提供更好的创作环境。

文化创意产业的生态系统构建需要注重人才培养与交流。人才是文化创意产业最重要的资产，需要建立全球范围内的人才交流平台，吸引世界各地的优秀人才共同参与文化创意的制作与创新。加强人才培养，提高从业者的专业水平，促进产业链中各环节的高效协同。

文化创意产业的生态系统构建需要注重文化创意产业与其他产业的深度融合。与科技、教育、旅游等产业的深度合作有助于产业链的优势互补，创造更大的价值。文化创意产业的生态系统应当激发各个产业之间的协同创新，共同推动整个产业链的升级与发展。

文化创意产业的生态系统构建需要关注文化内容创造、技术创新、设计制作、市场推广与品牌建设、法律法规与知识产权保护、人才培养与交流，以及与其他产业的深度融合。这些领域相互交织，构成了文化创意产业的复杂而丰富的生态系统，推动着产业链的健康发展。

第二节　文化创意产业与经济可持续性

一、文化创意产业对经济可持续性的影响

（一）文化创意产业的经济贡献

文化创意产业对经济的贡献主要表现在创造就业机会方面。文化创意产业涵盖了广泛的领域，包括视觉艺术、设计、数字媒体、影视制作等多个行业。这使得文化创意产业成为一个多元、复杂的劳动力市场，为不同专业、技能背景的从业者提供了就业机会。从艺术家、设计师到市场营销人员、技术专家，文化创意产业为社会提供了多样性的就业选择，有效缓解了就业压力。

文化创意产业对经济的推动作用主要体现在促进经济增长方面。通过文化创意产品和服务的生产和消费，该产业为国民经济的增长注入了新的动力。艺术品的创作、设计服务的提供、文化活动的举办等过程中产生的价值不仅直接贡献于产业本身，还通过相关产业链的发展，带动了相关制造业、服务业的增长。文化创意产业的兴盛对于国家和地区的经济总量起到了积极的拉动作用，成为经济增长的一项重要引擎。

文化创意产业对城市发展起到了重要推动作用。由于该产业对人才、文化氛围和创新环境的要求，其发展往往集聚在城市中心地带。这不仅提高了城市的知名度和吸引力，也带动了相关行业的发展。艺术区、文化创意园区的建设，使得城市空间变得更加多元化和有趣，为城市的可持续发展创造了更为宜居的环境。文化创意产业的发展也为城市创造了更多的税收收入，为城市提供了财政支持。

文化创意产业对经济的可持续性影响还体现在对创新能力的培养上。该产业对创意思维、设计能力和创新意识的需求，不仅培养了从业者的创造力，也影响了整个社会的创新氛围。艺术家和设计师在追求独特性和创新性的过程中，不断挑战传统、突破常规，为创新提供了源源不断的动力。这种创新的精神在产业链中的不同环节中体现出来，推动了科技、商业、社会等多个领域的创新。

文化创意产业在对经济可持续性的影响过程中也面临一些挑战。市场竞争激烈，原创性和品质成为制约产业发展的重要因素。产业内部的结构问题、知识产权保护等方面的困扰也限制了其长期健康发展。要实现经济的可持续性，文化创

意产业需要面对这些挑战，通过创新机制、政策支持等手段不断提升自身的竞争力。

文化创意产业作为一种创新型的经济形态，对于经济的贡献和可持续性的影响是显著的。通过创造就业机会、推动经济增长、促进城市发展、培养创新能力等多方面的作用，文化创意产业为经济的繁荣和可持续发展注入了新的动力。在未来的发展中，需进一步解决产业面临的问题，促使文化创意产业更好地服务于社会经济，为可持续发展做出更为积极的贡献。

（二）文化创意产业与区域经济发展

1. 地方特色与文化创意产业

文化创意产业的发展往往深受地方文化的影响。地方的历史、传统、风俗等元素构成了文化创意产品的灵感基础。通过挖掘和借鉴地方特色，文化创意产业能够创造出更具地域文化认同感的产品，从而更好地满足当地市场的需求。

文化创意产业对地方经济的推动作用不仅表现在产品层面，还体现在产业链的拓展上。地方特色作为创意产业的原材料，通过创意设计、生产制造、市场推广等环节的加工，最终形成丰富多彩的文化创意产品。这一过程不仅创造了就业机会，也促进了相关产业的协同发展，形成了具有地方特色的产业链。

文化创意产业的繁荣也有助于提升地方的知名度和形象。通过独具特色的文化创意产品，地方能够更好地展示自身的独特魅力，引起公众关注，形成有利的品牌效应。这种地方形象的提升有助于吸引更多的游客和投资，推动地方旅游业和经济的可持续发展。

地方特色与文化创意产业的融合还有助于改善居民生活品质。通过将地方文化元素融入生活用品、艺术品等产品中，文化创意产业为人们提供了更加丰富多样的消费选择。这不仅满足了人们对品质生活的需求，还促进了消费升级，为地方创造了更为可持续的商业环境。

文化创意产业的兴盛也为地方提供了更多的创新动力。通过挖掘和发扬地方特色，文化创意产业推动了技术创新、设计创新等方面的发展。这种创新不仅促进了地方经济的转型升级，还为产业可持续发展注入了新的活力。

地方特色的深入挖掘也为文化创意产业提供了更为丰富和深厚的创意资源。地方文化的独特性为文化创意产业提供了源源不断的创意灵感。从传统手工艺品到当地传说故事，这些地方特色成为文化创意产业设计的富矿，丰富了产品的内涵。

文化创意产业对经济可持续性的影响还体现在对文化传承的推动上。通过对地方特色的挖掘和传承，文化创意产业有助于传承和发扬当地的优秀传统文化。

这不仅有助于保护和传承地方文化，也为文化创意产业注入了更为深厚的文化内涵，推动了文化的可持续传承。

从产业链的角度看，地方特色是文化创意产业的核心资源，也是产业链的创新动力。地方特色通过设计、制造、市场推广等多个环节的加工和创造，最终形成了丰富多样的文化创意产品。这些产品通过市场的流通，不仅促进了文化创意产业的经济效益，也为地方经济的可持续发展提供了有力支持。

地方特色与文化创意产业相互依存、相互促进，形成了紧密的关系。地方特色为文化创意产业提供了创作的灵感、丰富的原材料和深厚的文化内涵，而文化创意产业通过产品的创新、传承与推广，为地方经济的可持续发展提供了新的动力。这种相互融合的关系不仅促进了地方文化的传承和发展，也推动了文化创意产业的繁荣和经济可持续性。

2. 城市再生与文化创意产业的互动

城市再生和文化创意产业之间存在着深刻的互动关系，这种互动不仅对城市的发展产生着积极的影响，同时也在经济可持续性方面发挥着重要的作用。

文化创意产业对城市再生产生着推动作用。文化创意产业作为城市发展的新动力，通过引入创新、独特的文化元素，赋予城市更加活力和吸引力。这有助于改善城市的形象，吸引更多的投资和人才流入，推动城市再生。文化创意产业的独特性，如艺术品、设计作品等，能够为城市注入独特的文化氛围，提升城市的知名度和品牌形象，为城市再生提供了有力的文化支撑。

城市再生为文化创意产业提供了更广阔的发展空间。在城市再生的过程中，往往伴随着城市规划、建筑更新等一系列工程，这为文化创意产业提供了更多的合作机会和发展平台。例如，在城市更新中，旧厂房、废弃建筑等可以被重新利用，成为文创园区，为文化创意企业提供了独特的场地资源。城市再生为文化创意产业提供了更加多样的发展空间，促使文化创意产业在城市中蓬勃发展。

文化创意产业对城市再生的质量提升起到了重要的推动作用。通过文化创意的介入，城市再生更加注重注入文化元素，强调城市的人文内涵。例如，在城市规划中融入文创产业，可以创造更富有文化氛围的社区、街区，提升城市居民的居住体验。文化创意产业为城市再生注入了更多的创新理念，促使城市再生更加注重人的文化需求，使得城市再生更加符合居民的文化追求。

城市再生也为文化创意产业提供了更加便利的经济环境。在城市再生的过程中，政府通常会采取一系列政策措施，提供税收优惠、场地支持等激励措施，以吸引文化创意产业的发展。城市再生提供了更加宽松的政策环境和更加便捷的行政服务，使文化创意产业在城市中更容易发展壮大。这种互动促使了城市再生和文化创意产业的良性循环，使得城市更具吸引力，文化创意产业得到更好的发展。

在经济可持续性方面，文化创意产业对城市再生产生着深刻的影响。文化创意产业作为城市经济的新兴产业，其发展有助于提升城市的产业结构，增加了城市的产业多样性。这有助于提高城市经济的抗风险能力，减轻了城市经济的单一依赖。

文化创意产业为城市创造了更多的就业机会。文化创意产业的发展需要一大批的创意人才，包括设计师、艺术家、文化策划师等。这不仅促进了城市的人才流动，也为城市提供了更多的就业机会。城市再生和文化创意产业的联动，创造了更为多元的就业环境，有助于提高城市的经济可持续性。

文化创意产业也推动了城市的文化消费。随着人们生活水平的提高，文化消费逐渐成为城市居民生活的一部分。文化创意产业的发展为城市创造了更多的文化产品和服务，满足了居民对于文化娱乐、艺术表演等方面的需求。这促使了城市文化消费市场的繁荣，为城市经济可持续发展提供了重要动力。

城市再生与文化创意产业之间的互动不仅推动了城市的发展，也在经济可持续性方面发挥了关键作用。这种互动不仅为城市提供了丰富的文化内涵，也为文化创意产业的发展创造了更为有利的环境。城市再生和文化创意产业的共同发展，形成了良性循环，促使了城市的繁荣与文化创意产业的可持续发展。

二、经济可持续性对文化创意产业的挑战与机遇

（一）环保与资源可持续利用

环保与资源可持续利用对文化创意产业提出了更高的设计标准和生产要求。在过去，一些文化创意产品的生产过程可能存在过度消耗资源、产生过多废弃物的问题。环保的要求推动着文化创意产业在设计上更加注重可持续性，关注材料的环保性，降低产品的生命周期环境影响。这种挑战促使产业通过绿色设计、循环利用等方式，更好地满足社会对环保的需求。

环保与资源可持续利用的挑战对文化创意产业提出了节约能源的新要求。生产过程中的能源消耗一直是一个重要问题，而环保的趋势要求产业在能源利用上更加高效。文化创意产业需要借鉴先进的技术，采用清洁能源，推动生产过程的绿色化。这种努力不仅有助于减少对非可再生能源的依赖，还有助于降低温室气体的排放，为产业的可持续发展奠定基础。

环保与资源可持续利用的挑战也催生了文化创意产业的新机遇。以环保为导向的设计理念和生产方式正在成为市场的趋势，消费者对于环保产品的需求逐渐增加。在这种趋势下，文化创意产业可以通过推出绿色环保产品，积极回应市场

需求，拓展市场份额。通过将环保理念融入产品设计中，产业不仅能够满足消费者的期待，还能够赢得消费者对品牌的信任。

环保与资源可持续利用的挑战也推动了文化创意产业向循环经济模式转变。传统的线性生产模式带来了资源的浪费和环境的压力，而循环经济模式强调资源的再利用和循环利用。在这个背景下，文化创意产业可以通过设计可循环、可再生的产品，减少废弃物的产生，将废弃物转化为资源，实现对资源的更有效利用。这种转变不仅符合环保要求，还有助于提高产业的竞争力。

经济可持续性对文化创意产业也带来了一些挑战。环保和可持续利用的要求可能增加了产品的生产成本。采用环保材料、推行循环经济模式等措施，可能需要更多的投资。产业需要在保持竞争力的找到一种平衡，寻求更为经济高效的生产方式。

环保与资源可持续利用的挑战对文化创意产业的技术和设计水平提出了更高的要求。产业需要不断创新，采用更为环保的生产技术，设计更加绿色可持续的产品。这要求从业者具备更强的技术实力和创意能力，通过技术创新和设计创新，应对环保挑战，提升竞争力。

环保与资源可持续利用对文化创意产业既是一种挑战，也是一种机遇。通过采用绿色设计、循环经济模式等方式，产业可以更好地适应环保的要求，迎接市场的需求，实现可持续发展。产业要抓住机遇，通过技术创新和设计创新，不仅满足环保要求，还能够在竞争中脱颖而出，取得更为可持续的经济发展。

（二）文化创意产品的公平贸易原则

公平贸易原则首先要求为文化创意产品提供公正的市场机会。这意味着在国际贸易中，文化创意产品应该在竞争中处于公平地位，避免因不公正的贸易手段而受到损害。这一原则的实施有助于避免文化创意产业中出现不正当竞争的现象，为生产者提供公正的市场环境。

公平贸易要求对生产者提供公平的收益。在文化创意产业中，许多产品的创作者和生产者往往是弱势群体，容易受到经济不平等的影响。公平贸易原则的实施有助于确保创作者和生产者能够获得合理的报酬，从而提高他们的生活水平，促进经济的可持续发展。

公平贸易要求在供应链中建立公正的伙伴关系。文化创意产业的供应链通常包括原材料采集、设计、生产、分销等多个环节。公平贸易原则鼓励建立透明、公正、平等的伙伴关系，确保整个供应链中的各方能够公平分享利益，降低不平等对经济可持续性的负面影响。

公平贸易的原则还要求保障劳工权益。在文化创意产业中，许多产品的制作需要大量的劳动力。公平贸易的理念强调确保生产者和工人能够在安全、公正的工作环境中工作，并获得公正的报酬。通过保障劳工权益，不仅提高了从业者的生产积极性，也有助于经济可持续性的实现。

公平贸易原则的实施也面临一系列挑战。全球贸易环境的不确定性是一个挑战。国际贸易中的政治、经济因素的变化可能影响到公平贸易的实施，使得文化创意产业的参与者难以稳定预期和规划发展。

文化创意产业的多样性和个性化也增加了公平贸易的难度。不同地区、不同文化的产品差异巨大，如何在这样的多元环境中平衡各方的权益，成为公平贸易面临的复杂问题。

公平贸易在实际操作中也可能受到不同国家法规和政策的限制，使得其实施受到一定的局限。文化创意产业涉及知识产权、文化输出等多个层面，公平贸易需要在国际层面建立更为统一和明确的规范。

公平贸易原则同时也为文化创意产业带来了机遇。公平贸易原则有助于提高文化创意产品的市场竞争力。通过强调公平、透明、可持续的生产和交易过程，文化创意产品能够在市场上树立更为良好的形象，吸引更多消费者的关注和认可。

公平贸易原则有助于提升文化创意产业的创新力。在追求公平贸易的过程中，文化创意产业将不得不更加注重创新，寻找更为可持续的商业模式和生产方式，以适应市场和社会的变化。

公平贸易原则强调社会责任和可持续发展，这与现代消费者对于产品的期待相符。通过推动公平贸易，文化创意产业有望获得更多消费者的认可和支持，形成更为健康和可持续的市场环境。

文化创意产业在公平贸易原则的指导下，既面临一系列挑战，又蕴含着丰富的机遇。通过遵循公平贸易原则，文化创意产业可以更好地实现生产者和消费者之间的公平互动，提高产业的经济可持续性。在全球化背景下，文化创意产业将更加注重公平贸易的实施，以推动产业的健康发展。

（三）可持续金融与文化创意投资

可持续金融与文化创意投资之间的关系在当今经济环境中变得愈发紧密。这种关联不仅对文化创意产业产生深远的影响，也在经济可持续性方面提供了新的挑战和机遇。

可持续金融的兴起为文化创意产业提供了更为多样化的资金来源。传统的文化创意投资往往依赖于风险投资、银行贷款等传统融资渠道，但随着可持续金融的崛起，包括社会责任投资、绿色金融等在内的可持续投资方式逐渐增多。这使得文化创意产业能够更灵活地获取资金支持，推动了其可持续发展的潜力。

可持续金融对文化创意产业提出了更高的社会责任标准。投资者越来越关注投资项目的社会和环境影响，这促使文化创意产业在项目设计和实施中更加注重社会责任。文化创意企业需要更加透明地展示其社会和环境贡献，以吸引更多的可持续投资。这对文化创意产业提出了挑战，但也为其赢得社会认可和支持提供了机会。

文化创意产业在可持续金融的推动下面临着更为复杂的经济可持续性挑战。投资者对于文化创意产业的社会效益和环境影响提出了更高要求，这可能导致文化创意企业需要更多的资源来符合这些标准，增加了其经济负担。文化创意产业在追求经济可持续性的也需要保持创新和竞争力，这需要更多的投资和资源。这种经济可持续性的平衡对文化创意产业提出了更高的要求。

文化创意产业在可持续金融框架下还面临着市场认知和理解的挑战。投资者对于文化创意产业的特殊性和社会价值可能存在认知上的不足，这导致其在融资市场上面临较大的理解障碍。文化创意产业需要通过更好的沟通和透明度，让投资者更好地理解其经济模式和社会价值，以赢得更多的可持续投资。

这一挑战背后也隐藏着巨大的机遇。可持续金融的兴起为文化创意产业提供了更为广泛的市场认同机会。随着社会对可持续发展的关注不断增加，投资者越来越倾向于支持那些具有社会责任感和环保意识的企业。文化创意产业可以通过在其经营和投资中强调可持续性的理念，吸引更多的投资者，获得更广泛的市场认同。

可持续金融为文化创意产业带来了创新和多样化的业务模式。传统的融资方式受限于传统金融体系，而可持续金融则为文化创意产业提供了更多元的资金渠道，如社会债券、绿色债券等。这为文化创意产业提供了更灵活、更多样的融资方式，推动了其创新和发展。

可持续金融为文化创意产业提供了更长远的发展视角。通过将可持续性融入文化创意产业的经营理念和战略规划中，企业可以更好地适应未来社会对环境友好和社会责任的要求。这种长远的发展视角有助于文化创意产业更好地融入全球经济体系，实现更为可持续的发展。

可持续金融与文化创意投资之间的互动既带来了挑战，也为文化创意产业带来了机遇。在充分认识到挑战的文化创意产业可以通过加强可持续发展理念的融入，创新经营模式，提高市场认知，实现更加可持续的经济发展。

第三节　文化创意产品的文化遗产保护

一、文化创意产品与文化遗产的关系

（一）文化创意产品的定义与特点

文化创意产品是在创意思维的引领下，融合了文化元素和创意设计的产物。这类产品涵盖了多个领域，包括但不限于视觉艺术、手工艺、设计、数字媒体、音乐等。文化创意产品的定义和特点体现在其独特的创意价值、文化内涵以及与社会的互动。

文化创意产品以独特的创意为核心，强调个性和独特性。在设计和制作过程中，创作者注重将自己独特的思想、观点以及对文化的理解融入产品中，使之与众不同。这种个性化的设计和创意思维赋予了文化创意产品独特的艺术价值，使之不仅仅是商品，更是一种具有情感和思想的艺术品。

文化创意产品具有丰富的文化内涵，对传统文化的传承和创新起到了积极的作用。通过吸纳传统文化的元素，文化创意产品将传统文化与当代艺术相融合，形成独特的文化符号。这种文化内涵的注入不仅使产品具有深厚的历史底蕴，同时也为传统文化注入新的生命力，促使其在当代社会中得到更为广泛的传播。

文化创意产品还体现了与社会互动的特点。它们不仅仅是被动地呈现给消费者，更是通过与消费者的互动，激发观众的参与和思考。文化创意产品的互动性使得其超越了传统的商品范畴，成为一种与观众共同创造和共同体验的文化形式。这种互动性有助于形成更加紧密的文化共同体，推动文化的传播和发展。

与文化创意产品相对应的是文化遗产，二者之间存在着密切的关系。文化创意产品在一定程度上可以视为对文化遗产的一种延续和再创造。文化遗产是指由过去的文化留下的各种实体和非实体文化现象，包括文学、艺术、建筑、风俗等。而文化创意产品通过对这些传统文化元素的重新诠释、重新组合，创造了具有新时代意义的产品。

文化创意产品与文化遗产之间的关系首先体现在对传统文化元素的重新诠释和创新上。文化创意产品通过对传统文化的深入挖掘，从中汲取灵感，将传统文化元素进行重新演绎和创造。这种重新诠释不仅使得传统文化焕发出新的魅力，同时也使得这些文化元素更好地适应现代社会的需求。

文化创意产品通过吸收文化遗产的元素，进行现代化的再创造，实现了对传统文化的传承。这种传承不仅仅是简单地复制和保存，更是通过融入新的设计理念和创意思维，使传统文化焕发出更为活力和创新性。这样的传承有助于使传统文化与当代社会相互融合，形成一种文化的连贯性和发展的脉络。

文化创意产品与文化遗产之间的关系还在于其共同的目标，即通过文化的传承和创新，为社会提供更为丰富、深刻的文化体验。文化创意产品作为当代社会文化的一种表达形式，通过对传统文化的继承与创新，为人们提供了更多元、更丰富的文化选择。与此这也推动了对传统文化的关注和重新认识，促使文化遗产在当代社会中保持活力。

文化创意产品通过独特的创意和设计，丰富的文化内涵以及与社会的互动，呈现出独特的特点。与文化遗产的关系在于，文化创意产品既是对传统文化的传承，又是对传统文化的创新。通过对传统文化元素的重新诠释和再创造，文化创意产品不仅为传统文化注入新的活力，也为当代社会提供了更为多元的文化选择。这种互动性和共创性使得文化创意产品成为文化传承与发展中的重要组成部分。

（二）文化遗产的重要性与保护需求

文化遗产是人类文明的珍贵财富，承载着丰富的历史、价值观和传统知识。它不仅是过去文化发展的见证，更是当前和未来文化创意产业的重要灵感来源。文化遗产的保护既是对人类历史和文化传承的责任，也为文化创意产品的创作提供了丰富的素材和灵感。

文化遗产的重要性体现在多个方面。它是文明的见证。文化遗产是过去时代的产物，记录了人类社会的演变过程。通过文化遗产，人们能够了解到古代文明的技术、艺术、宗教、社会结构等方面的丰富信息，从而更好地理解和尊重不同文化的发展历程。

文化遗产是文化传承的载体。在文化遗产中，包含了丰富的传统知识、技艺和价值观念。这些传统元素通过世代传承，为当代社会提供了重要的参考和借鉴。通过学习和保护文化遗产，人们能够继承和传承先辈的智慧，确保文化的连续性和稳固性。

文化遗产也是社会认同和凝聚的象征。人们通过共同的文化遗产，形成了一种共同体验和共同记忆，增进了社会成员之间的凝聚力和认同感。文化遗产的存在使人们感到自己属于一个共同的历史和文化群体，弘扬了集体意识。

随着时间的推移和社会的发展，文化遗产面临着多方面的威胁和保护需求。自然灾害和人为破坏可能导致文化遗产的破坏和丧失。文化遗产通常分布在不同的地理环境中，受到地震、火灾、洪水等自然灾害的威胁。人为破坏如盗窃、战争等也对文化遗产的完整性构成威胁。

文化遗产的老化和腐蚀是一个长期面临的问题。许多文化遗产物品经过长时间的保存，可能受到自然环境、气候等因素的影响而腐蚀老化。这需要采取有效的保护和修复措施，以延长文化遗产的寿命。

文化创意产品与文化遗产之间存在紧密的关系。文化创意产品常常是对文化遗产的创新和再现。通过对文化遗产的深入研究和理解，创作者可以创作出富有当代表达和创新性的文化创意产品。这种创意的结合既保留了传统文化的精髓，又使其更适应当代社会的需求。

文化创意产品的制作过程中也需要充分考虑文化遗产的保护。例如，在设计和生产文化创意产品时，要遵循保护文化遗产的原则，尽量避免对原有文化遗产的伤害。这涉及到对传统工艺、材料等的尊重和保护。

文化创意产业的发展也为文化遗产的保护提供了新的机遇。文化创意产业的兴盛可以为文化遗产提供更多的资金支持。通过推出与文化遗产相关的产品，文化创意产业可以为文化遗产的保护和修复提供必要的经济资源。

文化创意产业的国际化也为文化遗产的传播提供了更为广阔的平台。通过文化创意产品的输出，文化遗产能够更好地走向国际市场，获得更多的关注和认可。这有助于提高对文化遗产的保护意识和保护力度。

文化创意产业的发展也可能对文化遗产产生一定的冲击。过度商业化、误导性的创意等问题可能导致对文化遗产的误解和歪曲。在发展文化创意产业的需要加强文化遗产保护的法规和伦理建设，确保文化创意产业与文化遗产的关系得以协调和健康发展。

文化遗产是人类文明的瑰宝，具有丰富的历史和文化内涵。保护文化遗产不仅是对过去文明的尊重，更是为了将这一丰富的文化传承给后代。文化创意产品与文化遗产之间相辅相成，创意产业的发展为文化遗产的保护提供了新的机遇，同时也需要注重平衡文化创意产业发展与文化遗产保护之间的关系，确保两者协调共生。

（三）文化创意产品作为文化传承的桥梁

文化创意产品作为文化传承的桥梁在连接现代社会与传统文化之间发挥着重要的作用。文化创意产品与文化遗产之间存在着密切的关系，它们相互交融、互相启发，共同构建了一个丰富多彩的文化传承体系。

文化创意产品是对传统文化的创新与发展。通过将传统文化元素进行重新演绎、融入现代设计理念，文化创意产品赋予传统文化新的生命力和时尚感。这种创新并非简单的翻新，而是在尊重传统的基础上，通过创意的方式使传统文化更加贴近现代人的生活。文化创意产品通过设计、创作等方式，传承了传统文化的内涵，使其更好地适应现代社会的需求。

文化创意产品成为传统文化的现代表达方式。通过文化创意产品，传统文化得以在当代得以表达和传播。例如，以传统工艺为基础的手工艺品、以古老传说为题材的文学作品等，都是文化创意产品对传统文化进行现代表达的实例。这种表达方式不仅让传统文化在当代得以保留，更让其在现代社会中产生共鸣，形成文化传承的纽带。

文化创意产品促进了文化传承的互动性。传统文化往往以静态的形式存在，而文化创意产品通过各种方式将传统文化注入到生活中，使之变得更加动态和活跃。例如，以传统故事为灵感的动漫、以传统音乐为基础的现代音乐等，都是文化创意产品通过互动性的手段促进了文化传承。这种互动性使得传统文化更具有生命力，更易被新一代接受和理解。

文化创意产品承载着文化遗产的情感和记忆。通过文化创意产品，人们能够更加直观、感性地体验到传统文化的魅力。文化创意产品不仅是一种物质形式的呈现，更是对文化遗产所承载情感的传递。例如，以古老传统建筑为灵感的文创产品，通过其独特的设计风格、工艺技术，让人们在欣赏的同时感受到传统文化的深厚情感和历史记忆。

文化创意产品为文化遗产提供了新的传播途径。在传统文化遗产的保护与传承过程中，文化创意产品作为一种新的传播媒介，为传统文化注入了新的活力。通过数字化、虚拟现实等现代技术手段，文化创意产品可以更广泛地传达传统文化的内涵。这种新的传播途径不仅能够吸引更多的观众，也使得文化传承更具创新性和吸引力。

文化创意产品与文化遗产的关系也面临着一些挑战。在创新的过程中，如何平衡传统文化的保护与创新的需求是一个难题。文化创意产品要在传承传统文化的注入现代元素，需要谨慎处理，以避免过度商业化导致传统文化的失真。

文化创意产品的市场需求和商业化程度可能会对文化传承产生一定的压力。为了迎合市场需求，一些文化创意产品可能过于注重商业利益，而忽视了传统文化的内涵。这种商业化的趋势可能导致传统文化的异化，使其失去真正的文化价值。

文化创意产品作为文化传承的桥梁，在传统文化与现代社会之间架起了一座重要的连接桥梁。通过创新的手段，文化创意产品为传统文化注入新的生命力，使之更好地适应现代社会。在追求创新的需要谨慎处理商业化和文化保护的平衡，以确保文化创意产品对传统文化的传承是真实而有益的。

二、文化创意产品设计中的文化遗产保护方法

（一）文化符号的再现与传播

文化符号的再现与传播在文化创意产品设计中具有重要意义，涉及到对文化遗产的保护与传承。文化创意产品设计是一种通过重新演绎和再创造文化符号的手段，通过设计的方式将传统文化元素融入当代产品中，实现文化符号的传承与传播。在设计过程中，需要采取有效的方法保护文化遗产，以确保文化符号的再现是尊重和保护的体现。文化创意产品设计通过文化符号的再现，实现对文化遗产的传承。这一过程并非简单的复制，而是在理解和尊重传统文化的基础上，以创新的手法重新诠释文化符号。通过设计师的独特视角和创意思维，文化符号得以焕发出新的生命力，使之适应现代社会的需求，并在当代文化中发挥新的作用。这种传承并不是对文化符号的简单延续，而是对其进行了创造性的再塑造，使其更好地适应现代审美和观念。

文化创意产品设计中采取的一项重要方法是将文化符号进行巧妙融合，实现其在当代文化中的传播。通过将传统文化符号与现代元素相结合，设计出更具时代感和吸引力的产品，提高了文化符号在当代社会中的传播效果。这种融合并不是简单的拼凑，而是在充分尊重传统文化的基础上，通过创意的设计手法，使文化符号在现代社会中焕发新的文化魅力。

文化创意产品设计中的一项重要挑战是如何保护文化遗产，确保文化符号的再现是在尊重传统文化的基础上进行的。为此，设计师需要深入研究文化遗产，理解其中蕴含的历史、价值和意义。这包括对传统工艺、历史故事、艺术表达方式等方面的深入挖掘，以确保文化符号的再现是真实而准确的。

在文化创意产品设计中，保护文化遗产的方法之一是注重对传统工艺的传承。通过继承和发扬传统工艺，使得文化创意产品不仅能够传达传统文化符号的美感，同时也保留了传统手工技艺的独特魅力。这种方式不仅是对传统文化的尊重，也是对工匠精神的传承，使得文化创意产品在设计中更具文化深度。

设计师还可以采用数字技术等现代手段，将传统文化符号数字化保护起来。通过数字化的方式，可以更好地保存传统文化元素的原貌，避免因时间推移而导致的物理性损耗。数字化还为设计师提供了更多的创作空间，可以通过虚拟现实等技术手段，将传统文化符号呈现得更为生动和丰富。

与社区合作也是一种保护文化遗产的有效方式。通过与传统文化所在的社区合作，可以更深入地了解文化符号的历史和传统用途。将设计过程中的一些环节

开放给社区居民参与，使得设计不仅仅是设计师个人的创作，更是社区共同的文化传承过程。这种合作不仅能够实现文化符号的更好保护，也促进了社区与文化创意产品之间的紧密联系。

文化创意产品设计中的文化符号再现与传播不仅实现了对传统文化的传承，也是对文化遗产保护的一种方式。通过巧妙的设计和创新的手法，文化符号得以在当代社会中焕发新的生命力。在这一过程中，保护文化遗产的方法主要包括对传统工艺的传承、数字化保护、与社区合作等多方面的措施，以确保文化符号的再现是在尊重和保护的基础上进行的。这种融合传统与现代、创新与保护的设计理念，使得文化创意产品在当代社会中具有更为丰富和深刻的文化内涵。

（二）古老技艺与传统工艺的传承

1. 数字化技术在传统工艺中的应用

数字化技术在传统工艺中的应用标志着文化创意产业的现代化和文化遗产保护的创新。这一融合既为传统工艺注入了新的生命力，又为文化创意产品设计提供了更广阔的空间。数字化技术的应用也为文化遗产的保护提供了更为科技化和精细化的手段。

数字化技术为传统工艺注入了创新元素。通过数字化技术，传统工艺得以融入当代设计的语境中。例如，传统手工艺品可以通过数字化设计软件进行创新性的重新设计，注入现代元素，使其更符合当代审美需求。这样的创新不仅保留了传统工艺的精髓，也使其更具有时代感，更易于吸引年轻一代的关注。

数字化技术为文化创意产品设计提供了更灵活的生产方式。传统工艺往往受制于手工制作的工艺限制，生产效率较低且成本较高。而通过数字化技术，可以实现对传统工艺的自动化生产，提高了生产效率，降低了成本。这使得文化创意产品更容易在市场上获得竞争力，促进了产业的可持续发展。

数字化技术还为文化遗产的保存和保护提供了新的途径。在数字化时代，可以通过 3D 扫描、虚拟现实等技术手段对文化遗产进行数字化保存。这样一来，即使传统工艺品本身遭受到自然灾害或人为破坏，数字化的版本仍然存在，成为文化遗产的一种备份。这种数字化的保存方式为文化遗产的传承提供了更为可靠和持久的手段。

数字化技术也为文化创意产品的设计提供了更为精细的工艺制作手段。通过数字化设计和制造技术，可以实现对文化创意产品的精准制作，包括雕刻、印刷、织造等多个方面。这种精细化的制作手段使得文化创意产品更具艺术性和观赏性，也为设计师提供了更多的创作可能性。

数字化技术在传统工艺中的应用还有助于传统工艺的传承和普及。通过数字化技术，可以将传统工艺的技艺记录、教学进行数字化保存。这样一来，传统工艺的传承就不再仅限于口传心授，更可以通过数字平台进行广泛传播。这为年轻一代学习和继承传统工艺提供了更为便捷和直观的途径。

数字化技术在传统工艺中的应用也面临一些挑战。数字化技术的普及和成本问题仍然存在。在一些传统工艺较为落后的地区，数字化技术的推广可能受到技术水平和设备成本的限制。需要通过政府支持、技术培训等措施，推动数字化技术在传统工艺中的更广泛应用。

数字化技术的应用也可能带来一定的文化认同问题。一些传统工艺的魅力在于其手工制作的独特性和个性化，而数字化技术的应用可能导致产品过于标准化和机械化，失去了传统工艺的独特韵味。在数字化应用中需要注重保留传统工艺的文化特色，避免简单地取代传统工艺。

数字化技术在传统工艺中的应用为文化创意产业注入了新的活力，同时也为文化遗产的保护提供了更为科技化的手段。通过数字化技术的创新应用，传统工艺得以在当代社会焕发新的生机，成为文化创意产品设计的宝贵资源。在推动数字化技术在传统工艺中更为广泛的应用的也需要关注传统文化的传承和保护，使数字化技术与传统工艺相辅相成，为文化创意产业和文化遗产的双重发展提供有益的支持。

2. 保护濒危技艺的文化创意产品设计

文化创意产品设计在保护濒危技艺方面扮演着关键角色，通过巧妙的设计与创新方法，为濒危技艺注入新的生命力。设计师可以采取一系列的文化遗产保护方法，以确保濒危技艺得到传承、发展，同时推动文化创意产品的独特性与市场竞争力。

通过融合创新元素来设计文化创意产品，可以为濒危技艺注入新的活力。设计师应该借鉴濒危技艺的传统技法，但并不拘泥于传统形式，而是通过融入现代元素、材料和工艺，创造出具有时代感的文化创意产品。这样的设计既能保留传统技艺的精髓，又能满足当代消费者对创新和独特性的需求，从而为濒危技艺的传承打开新的可能性。

通过设计符合市场需求的文化创意产品，为濒危技艺创造更广泛的传播渠道。设计师需要深入了解市场，理解消费者的喜好和需求，从而在产品设计中融入更具吸引力的元素。这有助于提高濒危技艺的知名度，吸引更多人关注并学习这一传统技艺。通过打破传统技艺仅在特定地区或社群传承的局限，设计师可以通过产品设计将濒危技艺推向更广泛的受众。

设计师可以采用跨界合作的方式，将濒危技艺与其他领域结合，推动文化创意产品的设计与制造。例如，将传统刺绣技艺与现代服装设计相结合，创造出独特的时尚产品；将传统陶瓷工艺与现代科技融合，设计出具有创新性的陶瓷作品。这样的跨界合作不仅有助于传统技艺的传承，同时也为文化创意产品带来更广泛的市场和更多的创新可能性。

通过设计与社区参与相结合，推动濒危技艺的传承。设计师可以与当地社区合作，与传统手工艺人进行深入的合作与交流，了解他们的实际需求与困境。通过社区参与，设计师能够更好地理解濒危技艺的传承环境，为设计提供更加切实可行的解决方案。社区的参与也能够激发更多年轻人对传统手工艺的兴趣，促进濒危技艺的传承与发展。

设计师还可以通过数字化手段来保护濒危技艺。通过数字化技术，可以记录、存储和传播濒危技艺的具体技术与工艺，以便更好地进行传承。例如，通过数字化的方式将传统纺织工艺记录成数字图谱，使其更易于传授给新一代的手工艺人。数字化的记录不仅方便传承，也有助于在更广泛的平台上传播濒危技艺。

在文化创意产品设计中，设计师还应该注重教育与培训，通过设计创意的培训课程，吸引更多的年轻人学习濒危技艺。培训不仅能够传授具体的技能，还能够传递濒危技艺背后的文化价值和历史渊源，使学习者更好地理解与珍视这一传统技艺。

设计师应该关注法律与政策层面的支持，争取更多的政府与社会资源用于濒危技艺的保护。通过推动相关法规的制定与实施，建立濒危技艺保护的长效机制，为设计师提供更好的保护环境。政府和社会的支持有助于为濒危技艺的传承创造更为有利的环境，推动文化创意产品的设计与发展。

在文化创意产品设计中，保护濒危技艺需要设计师在多个方面发挥积极作用。通过创新设计、市场导向、跨界合作、社区参与、数字化手段、教育培训以及政策支持等手段的综合运用，可以为濒危技艺注入新的活力，促进其传承与发展。设计师的努力将濒危技艺融入到当代生活中，实现了传统文化的有机延续，为文化创意产品的设计提供了丰富的创作素材，推动了传统与现代的交融与发展。

第四节　文化创意产品的社会影响与可持续性

一、文化创意产品的社会影响

（一）文化创意产品的社会传播作用

文化创意产品作为一种特殊的文化形态，承载着丰富的社会传播作用。这种传播不仅仅是单向的信息输出，更是一种深刻的文化互动，通过产品的设计和创意，促使社会各界更深层次地参与和理解文化。文化创意产品的社会传播作用主要表现在三个方面。文化传承与创新、社会情感连接以及文化多元融合。文化创意产品通过对传统文化元素的再现，实现了文化的传承与创新。这种传承不仅仅是对传统文化的简单延续，更是在理解传统文化的基础上，通过设计师的创意力量进行再创造。文化创意产品在传承传统文化的通过独特的设计手法和创新思维，赋予传统文化新的时代内涵和表达形式。这样的传承与创新，使得文化创意产品成为传统与现代、历史与现实的有机结合，推动文化的发展。

文化创意产品在社会传播中具有连接情感的作用。通过产品的独特设计，它不仅仅是一种物质形式的呈现，更是一种文化情感的表达。观众在与文化创意产品互动的过程中，往往会产生共鸣和情感共振。产品所传达的文化元素，往往是观众熟悉而深具情感价值的符号，这种共鸣促使了社会成员之间在文化认同和情感连接上的交流。文化创意产品通过情感的连接，促使社会成员在文化领域产生更为深刻的交流与互动。

文化创意产品还具有促进文化多元融合的作用。通过将不同的文化元素融入产品设计中，文化创意产品在社会传播中成为多元文化的交汇点。这种文化多元融合不仅体现在产品设计的多样性，也反映在观众对产品的不同理解和解读上。不同文化元素的交融使得文化创意产品既有传统文化的深刻内涵，又具备开放的包容性。这样的融合不仅拓宽了文化的边界，也促进了文化的多元发展。

文化创意产品的社会传播作用是多维度的，同时也是深刻而丰富的。它通过对传统文化的传承与创新，使得文化不仅在历史中延续，也在当代社会中得到了新的生命力。通过情感连接，文化创意产品使得观众与产品之间建立起深厚的情感纽带，促进了社会成员之间在文化领域的互动。文化多元融合则呈现出一种文化的开放性和多样性，为社会成员提供了更为广泛的文化选择。

在社会传播的过程中，文化创意产品既是传统文化的代言人，又是当代社会文化的表达者。它通过设计和创新，使得传统文化焕发出新的魅力；通过情感连接，拉近了文化与社会成员之间的距离；通过文化多元融合，创造了一个开放而多元的文化空间。在这样的社会传播中，文化创意产品成为连接传统与现代、构建情感纽带与促进文化多元发展的桥梁，为社会文化的繁荣与发展做出了积极贡献。

（二）文化创意产品对社会认同的影响

文化创意产品对社会认同有着深远而复杂的影响。这一影响涵盖了社会各个层面，从个体认同到群体认同，进而影响整个社会的文化认同。文化创意产品不仅仅是商品，更是一种文化表达和符号，它们通过艺术、设计、媒体等形式传递着特定文化的信息，塑造着社会的认同感。文化创意产品通过表达独特的文化元素，强化了个体的文化认同。个体在社会中是独立的存在，而文化创意产品作为文化的一种表达形式，为个体提供了表达自己文化身份的途径。当个体通过购买、使用、欣赏文化创意产品时，他们不仅在展示自己对特定文化的喜好，更是通过这种方式强调了自己的文化认同。这种个体层面的认同通过文化创意产品的传达和表达，有助于个体在社会中找到归属感。

文化创意产品通过共享特定文化元素，加强了群体的文化认同。群体在共同的文化元素下形成了共鸣，而文化创意产品的设计和生产正是通过突显这些共同元素来满足群体需求。当群体成员共同使用、传播文化创意产品时，他们加深了对共同文化的认同感，形成了一种群体认同。这种共享文化创意产品的经验和象征物品，成为群体成员间互相认同和沟通的媒介。

文化创意产品也在潜移默化中塑造着整个社会的文化认同。这一过程是渐进的、深层次的，通过文化创意产品的广泛传播和接受，特定文化元素逐渐渗透到社会的各个层面。这种文化认同的塑造是一种社会化的过程，人们通过文化创意产品与文化元素相互交融，形成了共同的价值观、审美观和认知框架。社会的文化认同在这种过程中逐渐形成，文化创意产品在其中发挥了不可忽视的作用。

文化创意产品的影响还体现在其激发创新和多元文化的力量。由于文化创意产品强调创新和独特性，其设计和制作通常涉及多元文化的融合。这种多元文化的融合不仅丰富了产品的内容，也促进了不同文化之间的交流和共生。文化创意产品作为跨文化传播的媒介，可以促使社会更加开放、包容，从而影响整个社会对多元文化的认同。

文化创意产品对社会认同也存在一些潜在的问题。过于商业化的文化创意产品可能导致文化元素的过度消费和表面化。在商业化的压力下，一些文化创意产品可能过分强调市场需求，而忽视文化元素的深层次内涵。这可能导致社会对文化的认同变得肤浅和单一。

文化创意产品的影响也可能受到信息过载和社交媒体的扭曲。在信息爆炸的时代，人们接触到的文化创意产品数量庞大，而社交媒体的过滤和传播机制可能使一些流行的文化创意产品更容易被放大，而非主流或深度的文化元素可能被忽视。这可能导致社会对文化认同的片面性和失衡。

文化创意产品通过表达独特文化元素、强化个体和群体的文化认同，以及在社会中潜移默化地塑造文化认同，对社会认同产生着深远影响。文化创意产品既是文化的传播者，也是社会认同的塑造者。在社会发展的过程中，需要对文化创意产品的设计、生产和传播加以审慎关注，以确保其在促进社会认同的也能充分尊重和呈现多元文化的丰富性。

（三）文化创意产品对社会多样性的影响

文化创意产品在社会中的涌现对多样性产生了深远的影响。这一影响既表现在文化领域的丰富性和多元性，也反映在社会交流、认同和创新方面。文化创意产品不仅是一种艺术表达，更是社会多样性的推动者，通过多元的创作和表达方式，为社会带来了更为丰富和独特的文化体验。文化创意产品通过反映不同群体的文化背景和特色，促进了社会的多样性。艺术家和创作者通过文化创意产品将自己所属文化的独特性表达出来，这有助于丰富整个社会的文化底蕴。不同地区、不同族群的文化创意产品在形式、题材、风格上展现了丰富多彩的面貌，为社会带来了多元文化的视角，推动了文化的多元发展。

文化创意产品作为文化交流的媒介，促进了不同文化之间的互动与融合。通过艺术作品、文学作品、影视作品等文化创意产品的传播，人们能够更加直观地感受和理解其他文化的独特之处。这种文化交流有助于打破文化隔阂，促进不同文化之间的相互理解和尊重。文化创意产品在跨文化交流中发挥了桥梁作用，使得社会更加开放、包容、多元。

文化创意产品的多样性也影响了社会的审美观念和艺术价值观。不同的创作者通过独特的创作方式和风格，挑战了传统的审美观念，拓展了人们对于艺术和美的理解。这种多样性促使人们更加开放地对待不同形式的艺术，接受更为多元的审美趣味，推动了艺术创新和表达形式的多元化。

文化创意产品还对社会中的群体认同和自我表达产生了影响。不同群体的创作者通过文化创意产品表达了自己的独特视角和身份认同，这有助于推动社会对于多元性的接纳和尊重。通过文化创意产品，各种社会群体得以在艺术领域找到自己的声音，从而增强了社会的多元性和包容性。

文化创意产品还对社会创新和发展起到了推动作用。在创作过程中，艺术家常常融合各种不同的元素和思想，形成独特的创意产物。这种创新不仅体现在艺术本身，也反映在文化产业的发展和创新模式上。文化创意产品的多样性催生了创新思维和创造力，为社会带来了新的动力和活力。

文化创意产品对社会多样性的影响是全方位的。它通过反映文化多元性、促进文化交流、拓展审美观念、推动群体认同和自我表达，以及促进社会创新和发展等多个方面，为社会带来了更加丰富、开放、包容的文化体验。文化创意产品不仅是一种艺术表达，更是社会多样性的重要构成部分，为社会的进步和发展注入了独特的文化能量。

二、文化创意产品的可持续性

（一）环境可持续性与文化创意产品设计

文化创意产品的可持续性在材料选择上体现。设计师在选择材料时应该考虑其环境友好性和可再生性，避免使用对环境有害的材料。采用可持续性的材料，如可回收材料、生物降解材料等，有助于减少资源消耗和环境污染。通过深入研究材料的生态足迹，文化创意产品设计能够更好地适应环境可持续性的要求。

文化创意产品的生产过程对环境可持续性有着直接的影响。采用环保型的生产工艺、减少能源消耗、控制废弃物排放等措施，都是提高产品可持续性的有效途径。通过精心规划和管理生产过程，可以最大程度地减少对环境的负面影响。文化创意产品设计在这一方面的努力不仅有助于实现产品生产的绿色化，还有助于提升整个产业的可持续性水平。

文化创意产品的可持续性还表现在产品的寿命周期管理上。设计师需要考虑产品的使用寿命以及其在寿命结束后的处理方式。设计耐用的产品、鼓励修复和再利用，以及推动产品回收和循环利用，都是实现产品可持续性的关键因素。通过设计产品的整个生命周期，文化创意产品能够更好地适应可持续性发展的要求，减少对环境的负担。

文化创意产品设计还可以通过推崇本土文化、传统工艺的方式实现可持续性。借鉴并保护本土文化，将传统工艺融入产品设计中，有助于传承和保护当地文化遗产。这种方式不仅使产品更具独特性，同时也降低了对外部资源的依赖，促进了社会的文化可持续发展。

文化创意产品设计的可持续性还可以通过注重社会责任和文化教育来体现。设计师应该关注产品对社会的影响，努力推动社会良性发展。在产品设计中融入文化教育元素，提高社会对文化的认知和理解，有助于形成更为可持续的文化传播模式。通过文化创意产品，传达社会责任观念，引导社会对可持续发展的关注和参与。

文化创意产品设计的可持续性不仅仅是对环境友好的体现，更是对社会、文化的关照。通过选择可持续的材料、改善生产过程、管理产品的整个生命周期，文化创意产品设计可以在各个层面上实现可持续性。注重社会责任和文化教育，将产品设计融入社会的发展和文化的传承，也是实现可持续性的关键因素。通过这样的努力，文化创意产品设计有望更好地适应社会的可持续发展需求，为文化传承和社会繁荣贡献自己的力量。

（二）材料选择与生产过程的环保考量

文化创意产品的可持续性在很大程度上取决于材料选择和生产过程的环保考量。材料选择涉及到从自然界中获取原材料，而生产过程则涉及到转化这些原材料为最终产品的整个过程。环保考量意味着在这个过程中减少对环境的负面影响，从而实现文化创意产品的可持续发展。材料选择是文化创意产品可持续性的基础。传统上，一些文化创意产品的制作所使用的材料可能涉及到对自然资源的过度开采，这可能对生态系统造成破坏。在可持续性的考量下，需要选择那些能够循环利用、易于回收的材料，以减少资源的浪费。选择本地和可再生资源也有助于降低文化创意产品的生命周期环境影响。

生产过程中的环保考量至关重要。生产过程中可能涉及到能源的使用、废弃物的排放以及水资源的利用等多方面问题。在可持续性的角度考虑，需要采用能源效率较高的生产工艺，以减少对能源资源的依赖。对废弃物的处理也需要进行有效控制，尽量实现废弃物的资源化再利用。水资源的使用也需要被审慎考虑，以避免过度消耗水资源对生态系统造成的负面影响。

生产过程中的碳排放也是一个需要被关注的问题。传统的生产过程中，尤其是在运输和制造阶段，可能会产生大量的碳排放。在可持续性的考虑下，需要采取措施来减少碳足迹，例如采用更为节能的交通工具、优化生产工序等。这有助于降低文化创意产品对气候变化的负面影响。

在考虑生产过程时，还需要注重社会可持续性。这包括对员工的工作条件和薪酬的关注，以及对供应链中各方利益的平衡。建立良好的社会责任观念，确保文化创意产品的生产过程是公正、合理和符合道德规范的，从而实现整个产业链的可持续发展。

文化创意产品的可持续性还需要考虑产品的寿命和维护。设计和制造阶段需要注重产品的耐久性和易维护性，以减少用户在短时间内就需要替换或废弃产品的情况。提倡修复和再利用文化创意产品，延长其使用寿命，减少对资源的过度需求。

文化创意产品的可持续性不仅仅涉及到产品本身，更关乎整个生产和消费过程。通过对材料选择、生产过程、碳排放、社会责任以及产品寿命等方面进行环保考量，可以实现文化创意产品的可持续发展。这样的可持续性不仅符合当代社会对环保的需求，也有助于为后代留下更为可持续的文化遗产。

（三）可持续品牌建设与市场竞争

可持续品牌建设在文化创意产品领域强调了社会和环境责任。通过采用可持续材料、生产过程和包装设计，企业在文化创意产品的制造中减少了对环境的不良影响。这种可持续的生产方式不仅符合社会对环保的日益增长的需求，同时也使得企业在市场上更具竞争力。消费者对于具有社会和环境责任感的品牌更为青睐，可持续品牌建设为文化创意产品赋予了社会认同感，提高了产品的市场吸引力。

可持续品牌建设鼓励企业与社会利益相关方建立更为紧密的关系。通过与当地社区、艺术家、手工艺人等合作，企业可以更好地理解和尊重文化创意产品所涉及的社会背景和价值。这种合作不仅有助于企业更深入地融入社会，也推动了文化创意产品在市场上更为全面和深层次的认知。与社会利益相关方的紧密合作使得文化创意产品不仅仅是商业产品，更是社会与文化的交融之作。

可持续品牌建设强调产品生命周期的可持续性。企业在产品设计、制造、销售以及产品寿命周期的管理上都应当考虑到可持续性的因素。例如，通过设计可循环再生的产品，减少产品废弃对环境的污染；通过推动产品的长寿命周期，减少过度消费的压力，实现可持续发展。这种综合考虑产品全生命周期的可持续品牌建设，不仅符合环保潮流，也为企业带来了市场竞争的优势。

可持续品牌建设还促使企业在供应链管理中采取可持续的措施。通过与供应商合作，企业可以推动供应链的可持续性。例如，鼓励供应商采用环保的原材料、遵守公平劳动标准等。这种积极的可持续供应链管理有助于构建更为健康和可持续的产业生态系统，使文化创意产品在市场上具有更大的竞争优势。

可持续品牌建设还在市场竞争中树立企业的独特性。通过在品牌中注入独特的文化元素、社会价值观念，企业可以在竞争激烈的市场中脱颖而出。这种独特性不仅来自产品本身的创意设计，更来自企业在社会和环境责任方面的积极努力。在文化创意产品领域，消费者往往更愿意选择具有独特文化价值观和社会责任感的品牌，从而为企业赢得更大的市场份额。

可持续品牌建设为企业在市场竞争中树立了长期的企业形象。通过长期而稳定的可持续品牌建设，企业形成了一种积极的品牌形象，提高了品牌的信誉度和忠诚度。在文化创意产品领域，品牌形象的建设不仅仅是产品销售的关键，更是文化创意产品在社会中的影响力的体现。

综而言之，可持续品牌建设在文化创意产品领域具有深刻而积极的影响。通过强调社会和环境责任、加强社会利益相关方的合作、关注产品生命周期的可持续性、推动可持续供应链管理以及树立企业的独特性和长期形象，可持续品牌建设不仅为企业在市场竞争中赢得优势，也为文化创意产品的可持续性发展提供了坚实的基础。

第四章　生态设计与可持续产品开发

第一节　生态设计原则与方法

一、文化创意产品的生态设计原则

（一）文化创意产品与生态设计的交叉点

文化创意产品与生态设计交叉点的核心在于将文化创意融入生态设计的理念和实践中，以实现对自然环境和文化传承的双重关注。在这一交叉点上，文化创意产品的设计应当贯彻生态设计原则，促使产品的生命周期与自然环境的和谐共生，同时注重对传统文化的保护与传承。生态设计原则要求文化创意产品在材料选择上注重环境友好性。选择可再生、可降解、低碳排放的材料，减少对自然资源的损耗，是实现生态设计的基本路径。通过使用环保材料，文化创意产品可以降低其对生态系统的负面影响，实现与自然环境的协调发展。

生态设计要求文化创意产品在设计阶段就考虑生产和使用过程中的资源节约。通过精简设计、降低生产过程中的能源消耗、减少废弃物的产生等手段，实现产品的资源高效利用。这种方式不仅符合生态设计的理念，也有助于文化创意产品的可持续发展。

生态设计还强调产品的寿命周期管理，即考虑产品在使用寿命结束后的处理方式。对于文化创意产品，这意味着设计师需要思考如何使产品在寿命周期结束后对环境的影响最小化。推动产品的可循环利用、鼓励用户进行再利用和修复，是实现生态设计原则的重要手段。通过延长产品的使用寿命，减少废弃物的产生，有助于实现文化创意产品设计的生态可持续性。

文化创意产品的生态设计还可以通过考虑传统文化元素的保护和传承来实现。在产品设计中融入传统文化元素，注重保留和弘扬传统工艺、技艺，有助于维护文化多样性，防止传统技艺的失传。这种融合不仅为产品增添了独特的文化价值，也促使传统文化在当代社会中融入新的发展空间。

生态设计原则还要求产品设计中避免使用对环境有害的物质，降低产品的毒性。文化创意产品应当在材料选择和生产过程中注意排除有害物质，以保护生态系统和用户的健康。这种做法不仅是对生态设计的贡献，同时也是对文化创意产品的负责任态度的表现。

文化创意产品与生态设计的交叉点主要在于将文化创意融入生态设计的框架中，实现对环境和文化的双重关注。生态设计原则的贯彻要求文化创意产品在材料选择、生产过程、寿命周期管理等方面注重环保、资源高效利用和文化传承。通过这种方式，文化创意产品既能够为社会带来独特的文化体验，同时又能够与自然环境实现和谐共生，达到生态可持续性的设计目标。

（二）多样性与文化传承的融合

1. 多元文化的体现与尊重

多元文化的体现与尊重在文化创意产品的生态设计中占据着至关重要的地位。生态设计原则强调在产品设计与制造的整个生命周期中考虑环境、社会和经济的可持续性。将多元文化融入生态设计，不仅丰富了文化创意产品的内涵，同时也促使人们更加关注和尊重多元文化的差异性。

多元文化的体现在文化创意产品的设计中表现为对不同文化元素的融合。设计师可以从不同的文化传统中汲取灵感，将各种文化元素有机地融合在产品中，创造出具有独特风格和跨文化价值的文化创意产品。这种融合不仅展现了设计的创新性，也呈现出多元文化之间的相互影响与共融。

尊重多元文化体现在对传统工艺和材料的合理使用上。在文化创意产品的生态设计中，可以选择采用本地、可再生的传统材料，同时注重保护和传承传统工艺。这样的设计方式既有助于降低对环境的负面影响，又能够通过产品本身传达对多元文化传统的尊重。

在生产过程中，尊重多元文化还表现为对劳工权益的关切。生态设计原则要求注重社会可持续性，而这也包括确保在产品制造过程中员工的工作条件、薪资水平等方面的公正和合理。通过建立公平的劳工体系，可以有效促使多元文化的尊重贯穿整个生产链，从而实现文化创意产品的可持续发展。

生态设计中的另一个重要原则是产品寿命周期的管理。尊重多元文化要求在产品的设计和生产中考虑到其整个生命周期，包括使用、维护和废弃阶段。设计师可以通过考虑产品的易修复性、可循环利用性等因素，延长产品的寿命，减少对资源的过度需求，同时也促进了对多元文化的尊重。

多元文化的尊重还需要在文化创意产品的市场推广和宣传中体现。产品的宣传和包装设计应当尊重产品所融入的多元文化元素，避免对特定文化的歧视或误导，促使消费者对多元文化的了解和尊重。

多元文化的体现还要求在设计团队中引入不同文化背景的人才。通过建立多元文化的设计团队，设计师能够更全面地理解和尊重不同文化的特点，避免单一视角的局限性，确保文化创意产品的设计更加具有包容性和全球视野。

多元文化的体现与尊重在文化创意产品的生态设计中具有重要的意义。这种综合考虑环境、社会和经济的设计理念，有助于创造更加丰富、有深度、富有创新性的文化创意产品。通过将多元文化融入生态设计的方方面面，不仅为产品注入新的内涵，更促使人们更加关注和尊重多元文化的独特之处。这种设计方式也有助于推动文化创意产品行业的可持续发展，实现产品、社会和环境之间的良性互动。

2. 文化传承与生态设计的协同

生态设计原则在文化创意产品的制造过程中发挥了关键作用。通过采用环保的材料和生产工艺，生态设计有助于减少文化创意产品对环境的负面影响。这种环保的制造方式不仅体现了企业对于可持续发展的责任感，也为文化创意产品的生产提供了更为健康和可持续的基础。

生态设计在产品的使用阶段注重提高资源利用效率，延长产品寿命周期。通过设计具有耐用性、易维护性的文化创意产品，生态设计原则减少了过度消费的压力，避免了产品在短时间内被淘汰和废弃。这种设计理念有助于延长产品的使用寿命，降低了资源浪费，符合文化传承中注重历史积淀和传统价值的精神。

生态设计通过注重产品的可循环再生性，为文化创意产品的生命周期管理提供了新的思路。通过设计产品的组件可分解、可回收，有助于减少产品废弃物对环境的影响。这种可循环再生的设计不仅有助于环境保护，也为文化创意产品的可持续性发展提供了更为可行和全面的解决方案。

生态设计也与文化传承有着协同的关联。文化传承强调对传统技艺、文化元素的传承和保护，而生态设计原则在产品设计中的融入恰如其分地考虑了这一点。通过融入当地传统材料、工艺和文化元素，文化创意产品在生态设计中既实现了可持续性，同时也呈现出更加独特、地域性强的特点，促进了文化传承的传统与现代的融合。

生态设计原则还鼓励企业与社区、手工艺人等合作，以促进当地文化传统的传承。通过与当地手工艺人合作，传承传统工艺，使其融入到文化创意产品的设计与生产中。这不仅有助于保护传统手工艺的生存，也为文化创意产品注入了更为深厚的文化内涵。

生态设计还强调产品的本地化和个性化。在文化传承中，这符合对于当地文化独特性的尊重。通过生态设计原则，文化创意产品可以更好地结合当地的生态环境和文化传统，创造出符合特定地域和社群需求的产品，增强了产品在市场上的认同度。

在生态设计的指导下，文化创意产品不仅注重美学和功能，更加关注与环境的和谐共生以及文化传承的深度融合。通过生态设计的协同作用，文化创意产品得以在可持续性和文化传承之间找到平衡点，为社会提供更具有独特性和可持续性的产品。

二、文化创意产品的生态设计方法

（一）环境影响评估与文化创意产品设计

文化创意产品设计中，环境影响评估与生态设计方法相辅相成，共同为可持续发展提供了关键的框架。环境影响评估是一种系统性的方法，用于评估文化创意产品在整个生命周期中对环境的潜在影响。而生态设计方法则旨在通过整合生态学原则，促使产品设计更加环保、可持续。这两者的协同应用有助于塑造具有艺术创新和生态可持续性的文化创意产品。

环境影响评估为文化创意产品设计提供了全面的生命周期视角。通过对产品设计、制造、运输、使用和废弃等各个阶段进行分析，设计者能够更准确地识别和评估潜在的环境问题。这种全面的视角有助于挖掘整个生命周期中可能存在的环境瓶颈，从而在设计阶段采取相应的策略，降低产品对环境的负担。

环境影响评估为文化创意产品设计提供了科学的评估方法。通过采用量化的指标和工具，如生命周期评价（LCA）等，设计者能够更加准确地衡量产品的环境性能。这种科学的评估方法有助于从数据角度出发，客观地了解产品对环境的影响，为设计者制定可行的环境优化方案提供了有力支持。

与此生态设计方法注重通过模仿自然的原则来创建可持续产品。生态设计关注产品与环境的交互关系，通过模仿自然系统的循环、效率和适应性，实现产品生命周期内的最小化环境影响。这种方法鼓励设计者以更为全局的眼光来看待产品设计，不仅考虑产品本身，还考虑产品在自然环境中的角色和效应。

生态设计方法强调减少资源的使用、提高能源效益、降低废弃物产生。通过在设计阶段选择可再生材料、优化能源利用、采用环保制造工艺，设计者能够在产品制造过程中最大程度地减少对环境的负担。这种方法的核心在于将环保理念融入到产品的方方面面，实现生态和文化的共生。

在文化创意产品设计中，环境影响评估与生态设计方法的结合还能够推动创新。通过将生态学原则引入设计过程，设计者可以寻找新的材料、新的工艺、新的设计理念，从而创造更为环保、独特的文化创意产品。这种创新精神不仅有助于降低产品对环境的负面影响，还能够为产品注入更多艺术的灵感，使其更为富有文化内涵。

环境影响评估与生态设计方法的结合还能够提升文化创意产品的市场竞争力。随着消费者对可持续性的关注不断增加，注重环保的文化创意产品更容易受到市场的欢迎。通过将环境友好的设计理念融入产品，设计者可以满足消费者对于绿色产品的需求，从而在市场上赢得竞争优势。

环境影响评估与生态设计方法的结合对文化创意产品的可持续性发展提供了战略性的方向。通过不断改进设计方法，引入更为先进的环境科技，文化创意产品能够逐步实现更为零排放、低能耗、高回收的生产方式。这种战略性的方向有助于为文化创意产品打造更为可持续的产业生态系统，促进其在未来的发展。

环境影响评估与生态设计方法的协同应用为文化创意产品的设计提供了切实可行的框架。通过科学的评估、创新的设计理念以及对环境友好的实践，文化创意产品可以更好地实现艺术创新与生态可持续性的共存。这种协同将文化创意产品的设计提升到一个更高的水平，为可持续发展注入了新的动力。

（二）循环经济原则与文化创意产业

文化创意产业在追求可持续性的过程中，借鉴和应用循环经济原则成为一种重要的生态设计方法。循环经济强调通过减少资源浪费、最大化资源价值和降低对环境的负面影响，实现经济与生态的良性互动。在文化创意产品的设计和生产中，采用循环经济原则有助于实现更加环保和可持续的发展。

通过材料的循环利用实现资源的最大化价值。文化创意产品设计中，可以采用可回收的材料，降低对自然资源的依赖。设计师可以考虑采用模块化设计，使得产品更易于拆卸和分解，方便材料的回收和再利用。这有助于建立一个更加可持续的材料循环系统，减少对环境的负担。

产品生命周期管理是循环经济原则在文化创意产业中的关键环节。通过考虑产品的整个生命周期，包括设计、生产、使用和废弃阶段，可以更好地实现资源的有效利用和减少废弃物的生成。设计师可以采用可持续的生产工艺，注重产品的维修和再制造，延长产品的寿命，减少对环境的负面影响。

文化创意产品的包装设计也是循环经济原则的一个应用点。采用可循环利用的包装材料，减少一次性包装的使用，以及设计更易于回收的包装结构，有助于减少包装废弃物对环境的压力。通过推动包装的循环利用，文化创意产业可以更好地适应循环经济的理念。

循环经济原则还要求产品设计考虑到用户需求和习惯的变化，以适应不断变化的市场。设计师可以通过提供可定制的文化创意产品，使用户更有可能选择使用产品较长时间，减少产品被淘汰的速度。这种个性化定制的设计理念有助于降低资源的浪费，同时提高用户对产品的满意度。

在循环经济原则的指导下，文化创意产业还可以通过推动数字化技术的应用，实现更加智能、高效的生产过程。数字化技术可以帮助设计师更精准地计算所需材料、优化生产流程，减少浪费和能源消耗。数字化技术也为文化创意产品提供了新的展示和销售渠道，减少了传统制造业中所需的大量物理空间。

文化创意产业可以通过建立共享平台，实现资源共享和循环利用。设计师、制造商和用户之间可以通过共享平台进行合作，实现资源的最大化利用。这种合作模式有助于打破传统的线性生产和消费模式，推动产业向更为循环和共享的方向发展。

循环经济原则与文化创意产业的生态设计方法相辅相成，为实现更加环保和可持续的发展提供了有力的指导。通过在产品设计、生产、包装等方面的创新，文化创意产业可以更好地适应循环经济的理念，为产业的可持续性发展奠定坚实基础。

（三）生态设计的跨学科合作与创新

生态设计在文化创意产品领域的应用需要跨学科合作与创新的方法。这种跨学科合作不仅涉及到设计领域的专业知识，还需要整合环境科学、社会学、经济学等多个学科的视角，以促进创新的生态设计方法的出现。

跨学科合作为文化创意产品的生态设计提供了更全面的视角。环境科学家、社会学家、设计师等多领域的专业人士可以共同参与产品设计的全过程，从不同的角度审视产品对环境和社会的影响。这种全面性的跨学科合作有助于更好地理解生态系统的复杂性，同时也为设计师提供了更为深刻的洞察，使得文化创意产品的生态设计更加全面、可行和可持续。

跨学科合作在文化创意产品的生态设计中促进了创新的方法论。来自不同学科的专业知识相互交流与碰撞，往往能够激发出更为创新和独特的设计理念。例如，环境科学家的生态系统理论可能为设计师提供新的灵感，社会学家的文化认同理论可能影响产品的社会设计。这种多学科的创新方法有助于文化创意产品从传统的角度跳脱出来，实现更为前瞻性和具有突破性的设计。

跨学科合作也促进了文化创意产品生态设计的可持续性。在合作中，各专业人士能够共同关注产品的整个生命周期，从原材料采集、生产、使用到废弃的全过程进行全面考量。这种综合性的思考有助于制定更为全面和可行的生态设计策略，确保产品的生态足迹尽可能小，促使文化创意产品的可持续性得以实现。

跨学科合作也有助于提高设计师对于文化传承的敏感性。社会学家、人类学家等专业人士的参与，有助于设计师更深入地了解不同文化的传统、价值观念和审美观念。通过在设计中融入文化传承元素，文化创意产品得以更好地融合传统与现代，使产品更具有本土特色和文化深度。

生态设计的创新方法还可以通过数字技术的引入实现。计算机科学家和设计师的协同工作，可以借助先进的模拟、仿真和数据分析技术，对产品的生命周期进行更为精准的评估和优化。数字化手段可以为跨学科合作提供更为高效和精确的工具，促进设计过程中对生态和文化因素的全面考量。

在文化创意产品的生态设计中，跨学科合作和创新方法的结合，推动了产品设计从单一学科的视角转向全方位的、综合性的思考。这种跨学科合作不仅促进了生态设计的创新，也有助于文化创意产品在面临复杂的社会、环境问题时更好地找到平衡点。通过不同领域专业人士的协同努力，文化创意产品的生态设计得以更好地符合可持续性原则，同时也充分体现了文化传承与生态设计的协同发展。

第二节　材料选择与可持续性

一、文化创意产品的材料选择

（一）材料选择在文化创意产品中的重要性

文化创意产品的材料选择在产品设计中占据至关重要的地位。材料不仅影响产品的外观和质感，更直接关系到产品的环保性、可持续性以及文化内涵的表达。材料的选择不仅仅是为了满足产品的功能需求，更是为了在材料的纹理、色彩和质地中体现独特的文化氛围。

材料选择直接影响文化创意产品的可持续性。可持续性要求产品的生产和使用不对环境造成过多的负担。在材料选择上，优先考虑可再生材料、回收材料以及生产过程中的能源消耗等因素，有助于降低产品对环境的不良影响。通过选择经济、环保的材料，文化创意产品能够更好地融入社会的可持续发展理念。

材料对于表达文化创意产品的特色和独特性至关重要。不同的文化背景赋予了材料不同的象征意义和文化内涵。通过巧妙地选择材料，设计者能够在产品中表达出特定文化的传统、历史或者独特的审美观。材料的纹理、颜色、质感等特性能够直接传递文化的情感和精神内涵，使产品具有更为深层次的文化意义。

材料选择对于产品的功能性和实用性也有着至关重要的影响。不同的材料具有不同的物理性质和工艺特性，直接决定了产品的耐久性、舒适性以及使用寿命。在文化创意产品中，材料的选择要考虑到产品的实际使用场景和目标用户，以确保产品在满足文化表达的也能够实现实用性和耐用性的平衡。

在材料选择的原则方面，首先要注重材料的环保性。优先选择可再生、可循环、可回收的材料，减少对自然资源的过度消耗。要考虑材料的生命周期分析，全面评估材料从采集、生产到废弃的环境影响，以确保选择的材料符合环保的要求。

材料的本地性也是一个重要的原则。选择来自本地的材料有助于降低运输成本和碳排放，同时能够更好地体现文化创意产品与当地文化的紧密联系。通过利用当地的传统材料和工艺，文化创意产品能够更好地传递地域文化的特色，实现文化的传承与创新。

材料的可塑性和可变性也是材料选择的重要考量因素。选择能够灵活塑造、适应多样设计需求的材料，有助于设计者创造更富有创意的文化创意产品。材料的可变性能够为产品提供更多的表达方式，使设计更富有层次感和独特性。

材料的文化传承性也是一个重要原则。选择能够传承和体现当地文化传统的材料，有助于弘扬和传承文化的精髓。通过传统材料的运用，文化创意产品能够在现代设计中融入传统元素，实现文化的传统与创新的有机结合。

文化创意产品的材料选择不仅仅是产品设计的技术层面问题，更是在文化表达、可持续发展和实用性之间进行权衡的艺术。通过在材料选择上注重环保性、本地性、可塑性、可变性和文化传承性等原则，设计者能够创造出更具独特性、深度文化内涵和可持续性的文化创意产品。

（二）可再生材料的优势与选择

可再生材料的优势在于其自然循环的特性。这类材料具有可生物降解的特点，有助于减少对环境的负面影响。相比于传统的非可再生材料，可再生材料更容易融入生态系统，循环利用，减少资源浪费。选择可再生材料符合生态设计的原则，有助于建立更加可持续的文化创意产品制造模式。

选择可再生材料还有助于减少对非可再生资源的依赖。由于可再生材料能够自然再生，不会耗尽，因此在长期内有助于减轻对有限自然资源的需求。这符合环保原则，有助于推动文化创意产品行业转向更加可持续的发展方向。选择可再生材料不仅有助于降低对非可再生资源的开采压力，还可以促使相关产业更多地关注环境可持续性。

可再生材料的选择有助于减少碳足迹。由于可再生材料通常在生长过程中吸收二氧化碳，其生产和使用过程中产生的碳排放相对较低。相比之下，传统的非可再生材料生产和使用过程中可能会产生大量的碳排放。选择可再生材料有助于文化创意产品制造业减少对气候变化的负面影响。

选择可再生材料的原则还包括考虑其社会影响。例如，一些可再生材料的生产可能涉及到农业和林业等领域，这可能对当地社区产生积极的社会效益。通过支持农民和林业从业者，有助于实现可再生材料的可持续生产。这种社会影响的积极性有助于构建具有社会责任感的文化创意产品产业。

创新性也是选择可再生材料的重要原则之一。随着科技的发展，不断涌现出新型的可再生材料，这些材料不仅具备环保特性，还可能在产品设计中提供更多的创新可能性。通过引入新型可再生材料，文化创意产品不仅能够满足市场需求，还能够推动整个产业的发展和创新。

选择可再生材料是文化创意产品制造过程中的一项重要决策。这种选择基于对材料的生命周期、环境友好性、社会影响和创新性等方面的综合考虑。通过遵循这些原则，文化创意产品产业可以更好地实现可持续发展，为未来提供更为环保和创新的产品。

（三）循环利用和回收材料的考量

文化创意产品的材料选择原则中，循环利用和回收材料的考量是至关重要的方面。这一原则不仅与可持续性密切相关，也体现了对资源的有效管理和环境保护的责任感。

循环利用材料是文化创意产品材料选择的基本原则之一。通过采用可以重复利用的材料，可以减少对自然资源的过度开采，降低环境的负担。这种材料选择原则有助于构建更为可持续的生产链条，减少对自然环境的不可逆破坏，从而推动文化创意产品的可持续发展。

回收材料的使用不仅减少了废弃物的产生，还为废弃物赋予了新的价值。通过回收利用废弃材料，文化创意产品制作者可以创造出具有独特美感和文化内涵的作品。这种创作方式不仅降低了对新原材料的需求，也为废弃材料提供了再生的机会，实现了资源的有效循环利用。

材料选择原则中还要考虑到材料的生态足迹。通过评估材料在采集、生产、使用和废弃阶段对环境的影响，选择对环境负担较小的材料。这需要全面考虑材料的全生命周期，从而实现在文化创意产品制造过程中对环境的最小影响。

在文化创意产品设计中，考虑到材料的文化性也是一个重要方面。选择具有本地传统文化特色的材料，既能够体现当地文化的独特性，也促进了传统手工艺的传承。这种文化性的材料选择不仅有助于产品的市场认可，还在一定程度上推动了本土文化的传播。

　　文化创意产品的材料选择也需要充分考虑材料的可塑性和可加工性。选择易于加工和塑形的材料，有助于设计师更好地表达创意和实现独特的设计效果。这种材料选择的灵活性有助于文化创意产品在设计上更具创新性和艺术性。

　　在材料选择中，还需要考虑到材料的稳定性和耐久性。选择耐久性强的材料可以延长产品的寿命，减少过度消费，符合可持续发展的理念。稳定性的考虑有助于产品在不同环境中保持一致的品质，提高产品的市场竞争力。

　　材料选择还需要考虑到成本效益。选择具有合理价格和性能的材料，有助于产品在市场上更具竞争力。这种成本效益的考虑不仅关乎企业的经济可行性，也直接影响到文化创意产品的市场定位和受众群体。

　　文化创意产品的材料选择原则中，循环利用和回收材料的考量是一项十分重要的任务。通过选择可循环利用的材料，回收利用废弃材料，考虑材料的生态足迹、文化性、可塑性、稳定性、耐久性以及成本效益等多方面因素，可以实现文化创意产品的可持续发展，既满足人们对于创意的追求，又对环境和资源具有更好的保护和管理。

二、文化创意产品的可持续性

（一）材料供应链中的社会责任

　　文化创意产品在可持续性和材料创新方面的发展需要建立具有社会责任的材料供应链。材料供应链中的社会责任不仅关乎环境友好和可持续性，还涉及到对从业人员的尊重、公正的生产条件以及社会公益的关注。通过关注社会责任，文化创意产品能够更好地实现可持续性发展和推动材料创新。

　　社会责任在材料供应链中的体现体现为对从业人员权益的尊重。合理的薪酬、工时、劳动条件以及职业安全是社会责任的基本体现。材料供应链中的制造商和供应商应当致力于提供安全、健康、公正的工作环境，确保从业人员的基本权益得到保障。这种关注从业人员权益的社会责任观念有助于在文化创意产品的制造过程中建立公正、尊重的生产条件，为可持续发展奠定基础。

　　社会责任体现为对当地社区和文化的尊重。在材料的获取和生产中，必须关注对当地社区和文化的影响，避免对环境和社区造成负面的影响。材料供应链的参与者应当与当地社区进行积极的合作，尊重当地文化传统，确保生产过程对社区的积极影响。通过与社区的共同努力，文化创意产品能够更好地融入当地文化，实现与社区的共生共荣。

　　社会责任还涉及到对供应链的透明度和合规性的追求。材料供应链的各个环节都应当秉持合法合规的原则，避免使用非法或不道德的手段获取材料。通过建立透明的供应链管理系统，确保材料的来源、生产过程等信息对消费者和利益相关方透明可见。这种透明度有助于提高供应链的合规性，降低潜在的社会和法律风险。

社会责任还包括关注和支持社会公益事业。在文化创意产品的材料供应链中，企业可以通过捐赠、支持社区发展项目等方式，回馈社会。这种公益支持有助于提升企业的社会形象，同时也推动社会的可持续发展。通过社会责任的实践，文化创意产品不仅仅是商业产品，更成为社会的一部分，与社会共同成长。

在材料创新方面，社会责任驱动了材料的绿色和可持续发展。通过在材料研发和生产中采用环保的工艺和技术，文化创意产品能够实现对环境的最小化影响。材料的创新也包括对可降解材料、生物可降解材料的研究，以减轻材料对环境的负担。社会责任推动材料供应链的创新方向，从而实现文化创意产品在材料选择上的可持续性发展。

社会责任强调了材料选择中的多元性。在文化创意产品的材料创新中，应当考虑到不同文化和社会需求的多样性。通过在材料选择上体现多元文化，设计者可以创造出更具包容性和共鸣性的文化创意产品，满足不同社会群体的需求，促进文化的多元交流。

社会责任在文化创意产品的可持续性与材料创新中发挥着关键作用。通过对从业人员权益的尊重、对当地社区和文化的尊重、供应链透明度和合规性的追求、对社会公益事业的支持，以及对多元文化的关注，文化创意产品能够在材料选择上实现可持续性与创新的平衡，为产业的长期发展打下坚实基础。

（二）可持续性与材料创新

1. 可持续性标准对材料创新的影响

可持续性标准强调环保性。在材料创新中，文化创意产品的设计师越来越注重选择环保的材料。可持续性标准对产品所使用的材料提出了更严格的要求，推动了对环保性的考虑。例如，可持续性标准可能要求减少对有毒或难降解材料的使用，鼓励选择可循环利用和可生物降解的材料。这种环保性的要求对材料创新提出了更高的挑战，也促使产业寻找更具可持续性的材料。

社会责任成为可持续性标准中一个重要的方面。材料的创新需要考虑到对社会的影响，包括生产过程中的劳工条件、供应链的透明度和产品的社会影响等。可持续性标准通过要求制造商遵循良好的社会责任实践，推动了对社会影响的更全面的考虑。这也催生了一些新的材料创新方向，例如支持社会公正的原材料选择和生产方式。

经济可行性是可持续性标准中不可忽视的一环。文化创意产品作为一个产业，需要在经济层面上具备可行性，否则可持续性就难以维持。材料创新需要在满足环保和社会责任要求的保持对经济可行性的关注。可持续性标准的出现促使产业在材料创新中更加注重成本效益和市场竞争力，推动了经济可行性与可持续性的平衡。

可持续性标准也对文化创意产品的设计和生产提出了更高的创新要求。创新不仅仅体现在材料的选择上，还包括设计理念、生产工艺和产品功能等方面。通过引入可持续性标准，产业被迫不断创新以满足不断提高的要求。这也带动了材料创新的不断推陈出新，促进了整个产业的发展。

可持续性标准的引入也对文化创意产品的市场影响产生了深远的影响。消费者越来越关注产品的可持续性，可持续性标准的采纳成为市场竞争的一个关键因素。在这个趋势下，文化创意产品制造商被迫更加注重对材料创新的研发，以满足市场的需求。这也催生了一系列以可持续性为基础的新型文化创意产品，推动了整个产业的向前发展。

可持续性标准对文化创意产品的材料创新产生了深刻影响。在环保、社会责任和经济可行性等多方面的考量下，可持续性标准推动了材料创新的发展，并对整个文化创意产业的可持续性发展起到了推动作用。这一过程不仅提升了产业的创新水平，也引领了更为可持续的发展路径。

2. 先进技术对材料选择的影响

先进技术为材料的采集提供了更为精细和高效的手段。通过卫星遥感、无人机技术等先进工具，可以对自然资源进行更为精确的勘测和监测。这有助于科学家和设计师更全面地了解资源的分布和状态，从而制定更为合理和可持续的采集计划。这种先进技术的应用有助于降低资源开采的盲目性，最大程度地减少对自然环境的影响。

先进技术在材料创新中发挥了积极作用。通过纳米技术、生物技术等前沿领域的突破，设计师可以创造出新型材料，拓展了文化创意产品设计的可能性。这些创新的材料不仅具有更好的性能，还往往能够满足产品设计中更为独特和复杂的需求。例如，可生物降解的材料、具有自愈合功能的材料等，都是先进技术在材料创新中的成果，为可持续性发展提供了更为可行的解决方案。

先进技术在材料的生产过程中提供了更高效和环保的手段。数字化制造、智能制造等技术的应用，使得材料的生产更为精细化和可控制。这不仅提高了生产效率，还减少了资源浪费和能源消耗。通过先进技术的引入，文化创意产品的生产过程不仅更为高效，也更符合可持续性发展的原则。

先进技术在文化创意产品设计中提供了更广阔的创作空间。虚拟现实、增强现实等技术的运用，使得设计师可以在数字化平台上进行更为灵活和创新的设计。这有助于设计师更好地模拟和测试材料的性能，提前发现潜在的问题，从而在产品制造前进行更为全面的优化。这种数字化的设计过程不仅提高了设计效率，也减少了试错的可能性，有助于推动文化创意产品设计的可持续性。

先进技术的应用还拓展了文化创意产品的交互性和体验性。智能材料、可穿戴技术等的运用，使得文化创意产品不再局限于传统的材质和形态。这种技术的引入有助于设计更富有创意和科技感的产品，满足了当代消费者对于个性化和科技体验的需求。这也提升了文化创意产品的附加值，使得产品更具市场吸引力。

先进技术在文化创意产品的包装和运输中也发挥了积极的作用。通过智能物流系统、绿色包装技术等，可以降低产品在运输过程中的碳排放，减少包装废弃物的产生。这种全方位的考量有助于文化创意产品在全球范围内推广和销售时更为环保，符合可持续性发展的要求。

先进技术对文化创意产品的材料选择、可持续性和材料创新都产生了深远的影响。从资源的采集到产品的设计、制造，再到包装和运输，先进技术的运用提高了整个生产链的效率和环保程度。这种影响不仅推动了文化创意产品领域的创新发展，也为实现可持续性发展目标提供了更为科技化和可行的途径。

第三节　节能与资源效率

一、文化创意产品的节能原则

（一）节能在文化创意产品中的意义

文化创意产品中的节能原则具有深远的意义，不仅有助于减少能源消耗和对环境的不良影响，更是推动文化创意产业向更加可持续的方向发展的重要举措。

节能在文化创意产品中的意义体现在对资源的有效利用。文化创意产品的设计和制造过程中往往需要大量的能源和原材料，而通过节能原则，可以最大限度地减少能源的使用，有效降低制造过程中的能源浪费。合理的能源管理有助于节约资源、降低生产成本，进而提高产品的竞争力，形成可持续的经济发展模式。

文化创意产品的节能原则还能够降低对环境的不利影响。文化创意产业作为一个涉及广泛的产业领域，其发展对环境的影响不可忽视。通过采用节能原则，减少能源消耗和碳排放，可以有效减缓对大气、水资源和土壤的污染，降低生态系统的负担。这有助于建立绿色、环保的文化创意产业生态系统，推动产业可持续发展。

文化创意产品的节能原则还能够满足不断增长的社会对可持续性的需求。在当今社会，可持续发展已经成为社会发展的主流方向，而节能作为可持续发展的重要组成部分，能够符合人们对环保、绿色生活的追求。文化创意产品通过采用节能原则，不仅满足了社会的环保期望，同时也能够更好地适应市场需求，提升产品在市场中的竞争力。

文化创意产品的节能原则也有助于降低能源成本。随着能源价格的不断上涨，能源成本已经成为企业生产的重要成本之一。通过采用更为节能的生产工艺和技术，文化创意产业能够降低能源的使用，减少生产成本，提高企业的盈利能力。这为文化创意产业提供了更为经济有效的发展途径，有助于推动整个行业的可持续发展。

在文化创意产品的设计与制造中，节能原则的实践需要从多个方面入手。采用节能技术和设备是重要手段。在生产过程中，引入先进的生产技术和能效设备，能够有效提高能源利用率，减少浪费，降低生产过程中的能源消耗。

优化产品设计也是实施节能原则的关键步骤。通过设计更为节能的产品结构、材料选择和生产工艺，可以降低产品在使用阶段的能源消耗，延长产品的使用寿命。设计者可以考虑采用轻量化设计、模块化设计等方式，减少材料使用量，提高产品的能源效率。

推动产业链的绿色转型也是实现文化创意产品节能的有效途径。鼓励供应商采用绿色、可持续的原材料，推动整个供应链的节能改造，有助于形成更为环保的产业生态系统。建立绿色供应链有助于提高整个产业的竞争力，推动文化创意产品行业向更加可持续的方向发展。

加强能源管理与监控也是实施节能原则的关键环节。通过建立科学的能源管理体系，监测和评估能源使用情况，及时发现和解决潜在的能源浪费问题。科技手段的引入，如智能化监控系统、能源数据分析技术等，有助于提高能源使用的透明度和管理水平，为文化创意产业实现节能提供有力支持。

文化创意产品的节能原则不仅有助于减少资源浪费、降低环境污染，还能够满足社会对可持续发展的期望，提高企业的竞争力。通过在生产工艺、产品设计和供应链管理等方面实施节能原则，文化创意产品产业能够在可持续性发展的道路上迈出更为坚实的步伐。

（二）设计中的能源效率考量

1. 节能设计的基本原则

文化创意产品在设计过程中的节能原则是促进可持续性发展的关键方面。节能设计旨在减少能源消耗，降低对环境的不良影响，提高产品的能源利用效率。在文化创意产品中，通过遵循一系列基本的节能原则，不仅可以实现对环境的积极贡献，还可以为产业的可持续发展奠定基础。

材料的选择是文化创意产品节能设计中的一个重要方面。选用轻量、易于加工的材料有助于降低产品的制造能耗。优先选择可回收和可再生材料，减少对有限资源的依赖，推动循环经济的发展。通过材料的合理选择，文化创意产品可以在设计阶段就降低能源消耗，实现节能的目标。

产品的设计结构也是一个关键的节能设计原则。采用简化、模块化的设计结构有助于降低制造过程中的能源需求。简化结构不仅减少了制造的复杂性，还提高了产品的可维修性和可升级性，延长了产品寿命周期，从而减少了资源浪费。通过在设计阶段考虑产品的整体结构，可以有效地实现节能设计的目标。

在制造和生产过程中，高效的生产工艺是节能设计的重要组成部分。采用先进的制造技术，减少不必要的能源消耗，提高生产效率，是节能设计的关键。通过引入数字化技术、自动化设备等，文化创意产品制造商可以降低生产过程中的能源浪费，提高生产效益，实现可持续生产。

节能设计还需要考虑产品的使用阶段。在产品使用中，采用高效能源的设计，例如 LED 灯、节能芯片等，有助于减少能源的消耗。设计师可以通过提高产品的能效，减少电能的损耗，从而达到在使用阶段降低对能源的依赖的目的。产品使用寿命的延长也是节能设计的一部分，通过设计更为耐用的产品，减少更替频率，降低了资源和能源的浪费。

考虑到产品的包装也是文化创意产品节能设计的一个方面。采用轻量化、可循环利用的包装材料，减少不必要的包装，降低了运输和处理过程中的能源消耗。合理设计包装结构，使其更易于回收和再利用，有助于减少废弃物对环境的负面影响。

文化创意产品的节能设计还需要注重生命周期管理。通过对产品整个生命周期的全面考虑，包括设计、制造、使用和废弃阶段，可以更全面地实现节能的目标。产品设计师需要与生产商、供应商等各个环节的合作，确保产品在整个生命周期中都能够最大限度地减少对能源的需求。

文化创意产品的节能设计原则涵盖了从材料选择、产品结构设计、生产工艺、使用阶段到包装和生命周期管理等多个方面。通过在设计中充分考虑这些节能原则，文化创意产品不仅能够在环保方面取得积极成果，还能够为产业的可持续发展奠定坚实的基础。

2. 产品功能与能源利用的优化

文化创意产品的设计中，节能原则是至关重要的一环。产品功能与能源利用的优化不仅能够降低产品的能源消耗，也有助于推动文化创意产品的可持续性发展。

产品功能的优化对于节能具有决定性的影响。通过设计更为高效和智能的产品功能，可以在满足用户需求的同时最大程度地降低能源的消耗。例如，通过采用先进的感应技术、智能控制系统等，使产品在使用过程中能够更好地适应用户的实际需求，实现智能化管理和精准调节。这种节能的功能优化有助于减少能源浪费，提高产品的能源利用效率。

材料的选择与能源利用紧密相连。通过选择轻量化、高强度的材料，产品在制造过程中能够减少对能源的需求。轻量化材料不仅降低了产品的总重量，减少了运输过程中的能源消耗，同时也减少了材料生产和制造的能源投入。这种材料选择的节能原则有助于降低产品的生命周期能源成本，符合可持续发展的要求。

产品设计中还应考虑到能源的回收与再利用。通过引入能源回收技术，如太阳能光伏板、热能回收系统等，可以将产品使用过程中产生的能量重新转化为电力或热能，减轻了产品对外部能源的依赖。这种能源回收的设计不仅降低了产品的环境影响，还提高了产品的能源利用效率。

产品在使用阶段的能源消耗也需要得到重点关注。通过提高产品的能效水平，优化能源利用的效果。例如，通过改进电器设备的效能，减少待机能耗，采用更为高效的照明方案等，都可以在产品的实际使用中降低能源的浪费，实现能源利用的优化。

在文化创意产品设计中，还可以考虑将可再生能源技术应用于产品中。通过整合太阳能、风能等可再生能源，为产品提供源源不断的清洁能源。这种可再生能源的运用不仅有助于减少对有限资源的依赖，还降低了产品在使用阶段对非可再生能源的需求。

产品设计中还可以引入低能耗的LED等照明技术，以及先进的节能电子元件，从而减少产品在使用中的能源开销。通过运用智能控制系统，产品能够根据环境条件和用户需求实时调整能耗，降低不必要的能源浪费。

在整个产品生命周期中，从设计、生产到使用和废弃，产品功能与能源利用的优化都是实现节能的重要手段。通过全面考虑产品设计、材料选择、能源回收与再利用、可再生能源技术应用以及智能控制系统的引入，文化创意产品得以在节能方面发挥更大的潜力，实现对能源的更为有效的利用。这种节能原则的贯彻不仅符合环保理念，也为文化创意产品的可持续发展奠定了坚实的基础。

二、文化创意产品的资源效率利用原则

（一）生产中的资源利用效率

文化创意产品的资源效率原则是产业可持续发展的核心之一。资源效率体现在生产过程中对各类资源的合理利用，不仅有助于减少资源浪费，提高生产效益，更能够推动文化创意产业向更为可持续的方向发展。

资源效率原则体现在对原材料的科学利用。文化创意产品的设计制造离不开各种原材料，而对原材料的高效利用是实现资源效率的关键。通过采用先进的生产技术和工艺，可以减少原材料的浪费，提高利用率。通过材料的轻量化设计和模块化组装，能够更好地满足产品设计的多样性需求，减少原材料的不必要消耗。

资源效率原则在生产过程中对能源的优化利用上发挥着重要作用。能源在文化创意产品的生产过程中占据着重要地位，而合理的能源管理是提高资源效率的重要途径。通过引入先进的能源管理技术，如智能化监控系统、能源数据分析等手段，可以实现对能源的实时监测和优化调配，提高生产过程中的能源利用效率。

资源效率原则还表现在生产过程中对人力资源的合理配置和利用。文化创意产品的设计与制造需要各类专业人才的协同合作，而人力资源的高效利用是推动产业发展的关键。通过科学的组织管理和培训，能够充分发挥员工的潜力，提高工作效率。采用先进的生产设备和技术，能够降低对劳动力的依赖，提高整体的资源利用效率。

在资源效率原则的指导下，文化创意产品的生产过程还需注重对水资源的合理利用。水是生产过程中不可或缺的资源之一，而在文化创意产业中，对水资源的浪费常常不容忽视。通过引入节水技术和工艺，建立科学的水资源管理体系，能够有效减少水资源的浪费，实现对水资源的高效利用。

资源效率原则还要求在生产过程中关注废弃物的管理。废弃物的合理处理不仅有助于减轻环境负担，还能够实现对资源的再利用。通过建立科学的废弃物管理体系，实施废物分类、回收利用，降低废弃物对环境的污染，推动资源的循环利用。

资源效率原则还需要文化创意产业在产品生命周期的各个阶段都进行综合考虑。从产品的设计、制造、使用到废弃，都要在每个环节注重资源的高效利用。通过全面考虑产品生命周期的各个方面，能够更好地实现资源效率的提升，推动文化创意产品实现更为可持续的发展。

文化创意产品的资源效率原则是促使产业实现可持续发展的关键因素之一。通过对原材料、能源、人力资源、水资源等的科学管理和高效利用，能够实现生产过程的资源优化配置，提高生产效益，降低对环境的不良影响。在资源效率的引导下，文化创意产业能够更好地适应市场需求，提升企业的竞争力，为整个产业的长期发展奠定坚实基础。

（二）使用阶段的资源效率设计

文化创意产品在使用阶段的资源效率设计是实现可持续发展的重要方面。资源效率设计的目标是最大化产品在使用阶段的性能，同时最小化对资源的消耗。通过在设计阶段考虑产品的使用过程中的资源利用效率，文化创意产品可以降低对自然资源的需求，减少对环境的负面影响。

产品的功能设计是资源效率设计的核心。通过合理的功能设计，文化创意产品可以在满足用户需求的同时最大限度地减少资源的使用。设计师需要深入了解用户的实际需求，避免过度设计和功能冗余，确保产品的功能与性能达到最佳的平衡点。这有助于提高产品的使用效率，降低资源浪费。

设计师在选择材料时需要考虑其对资源的影响。选用轻量、高强度的材料可以减少产品的重量，降低运输和使用阶段的能源消耗。选择可循环利用和可生物降解的材料有助于减少对自然资源的依赖，推动循环经济的发展。通过合理选择材料，文化创意产品可以实现在使用阶段更加高效的资源利用。

产品的生产工艺也是资源效率设计的重要组成部分。采用先进的生产技术，减少生产过程中的废弃物和能源消耗，有助于提高资源利用效率。数字化技术和自动化生产设备的应用可以提高生产的精准度，减少生产中的浪费。通过对生产工艺的不断优化，文化创意产品可以在使用阶段实现更高效的资源利用。

产品的维护和维修性也是资源效率设计的考虑因素之一。设计师可以通过模块化设计，使产品更易于维修和升级，延长产品的使用寿命，减少资源的消耗。提供用户友好的使用手册和培训，有助于用户更好地理解和使用产品，减少不必要的资源浪费。

在产品的使用阶段，能源效率设计是资源效率设计中至关重要的一环。通过采用高效能源的设计，例如 LED 灯、节能芯片等，可以降低产品在使用过程中的能源消耗。考虑到产品的使用寿命，设计师可以引入智能控制技术，使产品能够在不同的使用场景下自动调整能源的使用，提高整体能源利用效率。

产品的包装设计也是资源效率设计的一个重要方面。采用轻量化、可循环利用的包装材料，减少不必要的包装，降低了运输和处理过程中的能源消耗。设计师还可以考虑采用可降解的包装材料，减少包装废弃物对环境的负面影响。通过合理设计包装结构，使其更易于回收和再利用，有助于减少对资源的消耗。

产品的终端处理也是资源效率设计的重要环节。通过考虑产品在寿命周期末期的回收和处理方式，设计师可以实现更加高效的资源利用。设计师可以采用可回收的材料，设计易于分解和分拆的产品结构，以方便材料的回收和再利用。通过推动回收和再制造的工艺，文化创意产品的终端处理也可以成为资源的再生利用过程。

文化创意产品在使用阶段的资源效率设计需要全方位地考虑产品的功能设计、材料选择、生产工艺、能源效率、包装设计和终端处理等方面。通过在设计中充分考虑这些资源效率的原则，文化创意产品可以在使用阶段实现更加高效的资源利用，为产业的可持续发展提供了坚实的基础。

（三）文化创意产品的可持续消费教育

可持续消费教育注重提高消费者的环保意识。通过教育活动、宣传推广等手段，向消费者传递环保信息，使其更加关注产品的环境友好性和社会责任。这种教育有助于引导消费者在购物时更注重产品的环保性能，从而推动文化创意产品制造企业更加重视资源的有效利用。

可持续消费教育强调产品寿命周期的观念。通过向消费者普及产品的寿命周期概念，使其更明晰了解产品的生命周期从采集原材料、生产制造、使用到废弃的整个过程。这种教育有助于引导消费者在购物时更注重产品的耐用性和可维修性，减少了产品在使用阶段的能源和资源消耗。

可持续消费教育倡导购物行为的理性化。通过教育，引导消费者审慎对待购物决策，避免不必要的消费行为。这种理性化的购物观念有助于减少文化创意产品的浪费，降低了过度消费对资源的需求，促进了资源的更为有效的利用。

可持续消费教育还注重传递文化创意产品背后的价值观。通过强调产品的文化内涵、创意设计和背后的社会责任，使消费者更加了解产品的独特性和价值。这种价值观的传递有助于提高消费者对于文化创意产品的珍惜程度，减少了过早淘汰产品的可能性，延长了产品的使用寿命，实现了资源的更为有效的利用。

可持续消费教育推动了消费者对于再生和循环利用的关注。通过向消费者宣传再生材料的应用、废弃产品的回收和再利用等信息，使其更加关注产品的可持续性。这种教育有助于引导消费者在购物时选择更环保的产品，推动文化创意产品制造企业更广泛地采用可再生和回收材料，实现资源的更为有效的循环利用。

可持续消费教育强调了消费者对于品牌社会责任的关注。通过普及企业的社会责任信息，使其更加关注品牌在环保、社会公益等方面的表现。这种关注有助于引导消费者选择那些注重社会责任的品牌和产品，推动整个文化创意产品产业更为注重资源效率和社会可持续性。

文化创意产品的可持续消费教育是一种推动资源效率的有效手段。通过提升消费者的环保意识、引导理性购物、强调产品价值观、关注再生利用和品牌社会责任，可持续消费教育在潜移默化中影响了消费者的购物决策和消费习惯，促进了整个文化创意产品产业在资源利用上更为高效和可持续的发展。

第四节　可持续供应链管理与产品生命周期分析

一、文化创意产品的可持续供应链管理

（一）可持续供应链管理在产业链中的作用

可持续供应链管理在文化创意产品的产业链中具有关键的作用，它不仅有助于提高生产效率，降低成本，还能够推动整个产业向更为可持续的方向发展。

可持续供应链管理通过优化物流与运输，实现了对资源的有效利用。通过合理的货物运输规划和流程优化，可以降低运输过程中的能源消耗，减少碳排放，进而降低对环境的不良影响。通过建立高效的物流网络，能够提高供应链的运输效率，减少库存积压，实现对资源的最大程度利用。

可持续供应链管理强调对供应商的选择与管理，推动整个供应链的绿色转型。通过与绿色、可持续的供应商合作，文化创意产品产业能够更好地推动绿色技术和材料的应用，降低产品制造过程中的环境影响。通过对供应商的认证和培训，提高供应商的环保意识，推动整个供应链向更为可持续的方向发展。

可持续供应链管理关注对废弃物的处理与回收利用。通过建立科学的废弃物管理体系，实施废物分类和再循环利用，可以减少对环境的污染，降低对自然资源的依赖。通过与回收企业的合作，推动产业链上下游企业共同参与废物回收，实现对废弃物的最大程度利用。

在人力资源方面，可持续供应链管理注重员工的培训与激励，提高整个供应链的工作效率。通过科学的员工培训，不仅能够提高员工的专业素养，还能够增强员工的环保意识，推动供应链朝着更为可持续的方向发展。通过激励机制，能够更好地激发员工的积极性，提高整个供应链的生产效率。

可持续供应链管理还注重对信息流的管理与创新。通过引入先进的信息技术和管理系统，能够实现对供应链信息的实时监控与分析。这有助于提高供应链的

响应速度，减少生产过程中的不必要的延误，推动整个供应链更为流畅、高效地运转。

可持续供应链管理强调对风险的预防和应对。通过建立风险管理体系，对供应链中的各种风险进行全面评估和有效应对，能够提高整个供应链的稳定性和可靠性。这有助于降低生产过程中的不确定性，推动供应链更好地适应市场的变化。

可持续供应链管理还注重合作伙伴关系的建立与维护。通过与各个环节的合作伙伴密切合作，能够更好地实现信息共享、资源整合，提高整个供应链的协同效应。通过建立长期稳定的合作伙伴关系，能够增强整个产业链的竞争力，推动整个行业向更为可持续的方向发展。

可持续供应链管理是文化创意产品产业链中的重要一环，通过对物流、供应商、废弃物、人力资源、信息流、风险和合作伙伴关系的综合管理，能够提高整个产业链的效率，降低对资源的依赖，推动文化创意产业向更为可持续的方向发展。

（二）供应链透明度对可持续性的影响

供应链透明度对原材料采购方面的可持续性有着直接的影响。通过透明的供应链，文化创意产品制造商能够清晰了解原材料的来源，包括采集、生产和运输的全过程。这有助于避免使用来自不合规或破坏环境的原材料，从而推动采用更可持续、环保的原材料，减轻对自然资源的压力。

供应链透明度有助于降低生产环节的不可持续性。通过了解供应链中每一个环节的生产条件、能源消耗和排放情况，企业可以识别出不可持续的实践并寻求替代方案。例如，优化生产工艺，采用更节能环保的技术，减少废弃物产生，提高资源利用效率，从而降低生产过程中的不可持续性。

透明的供应链还有助于提升产品的质量和可追溯性。通过了解每个环节的生产条件和质检标准，制造商能够确保产品的符合性和质量一致性。这对于文化创意产品来说尤为关键，因为产品的独特性和艺术性需要更高的生产标准。提升产品的可追溯性有助于防范可能存在的质量问题，提升品牌信誉。

在物流和运输阶段，透明的供应链管理可以帮助企业降低碳排放。通过选择更为环保的运输方式，优化运输路线，减少运输中的能源消耗，企业能够实现更为可持续的物流管理。这有助于提升企业的社会责任感，降低对环境的不良影响。

供应链透明度对于社会责任的履行也有着积极的作用。通过揭示供应链中的劳工条件，企业可以确保生产过程中遵守公平劳动标准，防范人权侵犯问题。透明度使得企业能够更好地管理供应链中的社会责任风险，促进社会责任的履行。

供应链透明度有助于建立可持续发展的合作关系。通过与供应商、合作伙伴之间的信息共享，企业能够共同努力解决供应链中的可持续性问题。这种合作关系不仅有助于提高整个供应链的可持续性水平，还可以为文化创意产业的可持续发展树立示范。

供应链透明度对文化创意产品的可持续供应链管理产生了深远的影响。通过全面了解和把握整个供应链过程，企业能够更有针对性地制定可持续性策略，从而在产品制造过程中降低对环境和社会的不良影响，实现更加可持续的发展路径。

（三）环保材料与供应链选择

环保材料的选择是可持续供应链管理的基石。通过采用可再生和可回收的材料，企业能够减少对有限资源的依赖，降低原材料开采的环境影响。这种材料选择不仅有助于降低产品的生产成本，也符合现代消费者对环保的日益增强的需求。通过整合环保材料，企业实现了从产品设计到生产制造的全生命周期的环保策略，推动可持续供应链的建设。

供应链选择在可持续性管理中具有重要地位。通过选择环保友好的供应商和合作伙伴，企业能够确保整个供应链体系的可持续性。合作伙伴的选择应基于他们的环保政策、生产流程以及对环保材料的应用程度。这有助于建立一个符合环保原则的供应链体系，推动企业在可持续性方面的整体表现。

企业可以通过优化运输和物流环节来减少对能源的依赖。选择更为环保的运输方式，采用更为高效的物流管理系统，能够降低产品在运输过程中的碳排放。这种环保的物流选择不仅有助于减少企业的环境影响，也提高了供应链的整体效率，促进了可持续供应链管理的实施。

在环保材料和供应链选择中，企业还可以考虑通过数字化技术提高供应链的可见性和透明度。通过引入先进的信息系统和数据分析工具，企业能够更好地监测供应链中的环保指标，追踪材料的来源和去向，优化生产和供应链的运作。这种数字化的手段有助于企业更精细化地管理资源，降低不必要的浪费，提升整个供应链的可持续性。

企业还可以通过推动供应商的环保认证和培训，提高他们对环保材料的认知和应用水平。这种合作关系的建立不仅有助于提高整个供应链的环保水平，还促使了产业链上下游的共同发展。通过共同努力，整个供应链体系得以实现从环保材料的选择到生产和运输的全面可持续管理。

文化创意产品的可持续供应链管理需要企业在环保材料选择和供应链策略上做出明智的决策。通过引入可再生和可回收的材料，建立环保友好的供应链体系，优化运输和物流环节，数字化管理和推动供应商的环保认证，企业能够在可持续性发展上实现更好的平衡。这种全面的可持续供应链管理助力企业降低对有限资源的依赖，推动环保材料的应用，实现文化创意产品生产和供应链的更为可持续的发展。

二、文化创意产品的产品生命周期分析

（一）产品生命周期分析的意义

文化创意产品的产品生命周期分析是一种综合的方法，对产品从设计、生产、使用到废弃的整个生命周期进行全面的评估。这种分析具有重要的意义，既能够帮助企业更好地理解产品的环境和社会影响，又有助于推动产业向更为可持续的方向发展。产品生命周期分析有助于全面了解产品对环境的影响。通过对产品生命周期各个阶段的分析，可以清晰地了解产品在原材料采集、生产制造、运输、使用和废弃处理等方面对环境的影响。这有助于企业深入了解产品的环境热点，有针对性地采取措施减少负面影响，推动生产过程朝着更为可持续的方向发展。

产品生命周期分析有助于提高资源利用效率。通过深入了解生命周期各个环节的资源消耗和浪费情况，企业可以采取相应的措施，优化生产工艺、提高材料利用率，从而降低资源消耗。这有助于提高企业的生产效益，推动产业链的资源利用效率的提升。

产品生命周期分析能够指导产品设计的改进。通过对产品整个生命周期的综合评估，企业可以发现在设计阶段就能够采取措施减少环境和社会影响的方法。优化设计可以降低产品的制造和使用阶段的能源消耗，延长产品的寿命周期，提高产品的可维修性和可回收性，推动产品的更为可持续的设计。

产品生命周期分析有助于满足消费者对可持续产品的需求。随着社会对可持续发展的关注不断增强，消费者对产品的环保性能有着更高的期望。通过清晰地展示产品整个生命周期中的环境和社会影响，企业能够增加产品的透明度，提高消费者对产品的信任度，满足市场对可持续产品的需求，提升企业品牌价值。

产品生命周期分析也有助于企业规遍成本管理。通过全面了解生命周期各个环节的成本分布，企业能够更好地掌握产品生产过程中的成本构成。这有助于企业降低生产成本，提高产品的竞争力，推动产业向更为经济高效的方向发展。

产品生命周期分析能够推动产业链的协同改进。通过与产业链上下游企业共同开展产品生命周期分析，可以形成更为全面的评估和认知。这有助于企业之间的合作，共同推动整个产业链向更为可持续的方向发展。通过共同的努力，可以实现资源的共享、技术的创新，推动整个产业链的可持续性发展。

产品生命周期分析对文化创意产品的产业链发展有着重要的意义。通过全面了解产品的影响和成本，有助于企业在经济、环境和社会方面取得更为平衡的发

展，推动整个产业链向更为可持续的方向迈进。

（二）产品设计阶段的生命周期考量

1. 材料选择与环境影响评估

文化创意产品的产品生命周期分析中，材料选择与环境影响评估是至关重要的环节。这一过程涵盖了产品从原材料采购、生产制造、使用阶段到废弃处理的全过程，对于制造业可持续性发展至关重要。材料选择在产品生命周期分析中占据关键地位。不同的材料具有不同的环境影响，包括资源消耗、能源利用、排放等方面。在产品设计阶段，需要仔细权衡不同材料的环境性能。优先选择可循环利用、可生物降解的材料，有助于减轻对有限资源的依赖，降低产品整体的环境负担。

环境影响评估是产品生命周期分析的重要组成部分。通过对产品生命周期各个阶段的环境影响进行定量评估，企业可以全面了解产品对环境的潜在影响。这包括对能源消耗、温室气体排放、水资源利用等方面的评估。环境影响评估为企业提供了科学依据，帮助其制定合理的环保策略，降低产品生命周期的环境负荷。

在产品的设计和生产阶段，考虑到环境影响，采用轻量化设计和生产工艺优化是降低产品整体环境负荷的有效手段。轻量化设计可以减少运输和制造过程中的能源消耗，降低产品的碳足迹。通过优化生产工艺，减少废弃物的生成，提高资源利用效率，实现环境友好型生产。

在产品的使用阶段，通过提高产品的能效，延长使用寿命，也是降低产品生命周期环境影响的关键策略。产品的能效设计有助于减少能源消耗，延长使用寿命可以减少更替频率，降低废弃物产生。设计易于维修和升级的产品结构，也是推动产品可持续性的重要措施。

废弃处理阶段是产品生命周期分析中不容忽视的环节。采用可回收材料、提倡循环经济原则，有助于减少产品的末端环境负担。设计易于分解和分拆的产品结构，有助于提高废弃物的回收率，降低对环境的负面影响。

材料选择与环境影响评估是文化创意产品生命周期分析的关键环节。通过优化材料选择、生产工艺和产品设计，企业可以最大限度地降低产品对环境的不良影响，实现可持续性发展。这一过程不仅有助于企业满足日益严格的环境法规要求，也为产品在市场上树立环保形象，提高企业的竞争力。

2. 创新设计对产品寿命周期的影响

文化创意产品的生命周期分析体现了创新设计对产品寿命周期的深远影响。生命周期分析是一种系统性的方法，旨在评估产品从原材料采集、生产、使用到废弃的整个过程中对环境、社会和经济的影响。在这一过程中，创新设计在各个阶段均发挥了积极的作用。在产品设计阶段，创新设计直接塑造了产品的整体特性。通过引入新的材料、工艺和形式，创新设计不仅可以提高产品的功能性和美观度，更能在原材料的选择上实现环保和可持续性。选择可再生、可回收的材料，降低产品对有限资源的依赖，是创新设计在产品设计阶段的主要贡献之一。

在生产制造阶段，创新设计也为提高生产效率和降低能源消耗提供了方向。通过优化设计，减少组件数量和复杂度，提高生产过程的自动化程度，创新设计有助于降低生产过程中的碳排放和废弃物产生。这种创新在提高资源利用效率和减少环境负担方面发挥了关键作用。

在产品的使用阶段，创新设计也直接影响着产品的能效和维护性。通过引入智能控制系统、节能技术和易维护设计，创新设计可以降低产品在使用过程中的能源开销，延长产品寿命周期。用户友好的设计可以提高用户满意度，减少早期淘汰的可能性，进一步推动产品的可持续使用。

在废弃阶段，创新设计也有助于减少产品的环境影响。通过设计易于拆解和回收的结构，创新设计降低了产品废弃时的资源浪费。考虑到废弃后的环境友好处理，创新设计还可以减少产品废弃对环境的污染，实现对废弃物的最大程度再利用。

创新设计对文化创意产品的生命周期产生了深刻影响。在产品设计阶段，创新设计通过引入环保材料和可持续设计理念，为产品的环保和可持续性奠定了基础。在生产制造阶段，创新设计通过提高生产效率和降低能源消耗，实现了对环境影响的最小化。在使用阶段，创新设计通过提高产品的能效和用户友好性，延长了产品的使用寿命。在废弃阶段，创新设计通过考虑产品废弃的环保处理方式，降低了对环境的负面影响。创新设计在文化创意产品的生命周期中发挥着至关重要的作用，是实现产品可持续性发展的关键因素。

第五章 文化创意产品的设计思维与创新

第一节 设计思维与创意方法

一、文化创意产品的设计思维

（一）设计思维在文化创意产品中的应用价值

文化创意产品的设计思维是一种跨学科、跨界面的创新方法，它不仅关注产品的外观和功能，更注重从用户需求出发，通过深入了解用户体验和情感，实现对产品的全面优化。设计思维在文化创意产品中的应用价值体现在多个方面。

设计思维有助于更好地理解用户需求。通过深入与用户的互动，设计思维方法能够收集到更为全面、深入的用户信息。这包括用户的喜好、行为习惯、文化背景等方面，有助于设计者深刻理解用户的真实需求，从而更好地满足用户的期望，提高产品的市场竞争力。

设计思维注重迭代和快速原型的制作。通过快速制作原型，设计者能够在较短时间内验证和改进设计方案。这有助于迅速发现问题和优化解决方案，提高产品的设计效率和灵活性。快速迭代的设计思维方法能够更好地适应文化创意产品的创新性和快速变化的市场需求。

设计思维强调与不同领域的专业人士合作。在文化创意产品的设计中，涉及到艺术、文学、技术等多个领域的知识。通过与不同领域的专业人士紧密合作，设计者能够获取更为广泛的创意灵感，融合多元文化元素，创造出更具创新性和独特性的产品。

设计思维强调用户体验的重要性。在文化创意产品中，用户体验不仅仅体现在产品的功能性上，更关注用户的情感共鸣和感知体验。通过深入了解用户的情感需求，设计者能够更好地通过文化元素传递情感，打造引人入胜的产品体验，提高产品的文化附加值。

设计思维也注重在解决问题的过程中不断追问和挑战。在文化创意产品的设计中，问题可能涉及到对传统文化的创新、对用户行为的理解等多个方面。通过不断追问，设计者能够深入挖掘问题的本质，发现更为创新的解决方案，推动产品设计朝着更为前沿和独特的方向发展。

设计思维注重用户参与和沟通。在文化创意产品的设计中，用户通常有着丰富的文化背景和体验。通过让用户参与到设计过程中，设计者能够更好地获取用户的反馈和意见，从而打破设计的单一视角，创造更为符合多元文化需求的产品。

设计思维有助于建立可持续的创新文化。在文化创意产品的设计中，追求创新是持续推动产业发展的动力。设计思维方法通过培养团队创新意识、激发创造力，建立起一个能够不断推陈出新、持续创新的文化创意团队。

设计思维在文化创意产品中的应用价值体现在全面理解用户需求、快速原型制作、跨领域合作、注重用户体验、不断追问和挑战、用户参与和沟通、建立创新文化等多个方面。这种方法有助于推动文化创意产品更贴近用户需求，更具创新性和竞争力。

（二）设计思维在文化创意产品中的应用

1. 文化创意产品中的用户体验设计

用户体验设计在文化创意产品中扮演着至关重要的角色，是一个全面而深刻的设计思维。文化创意产品的设计需要紧密关注用户的需求、感受和体验，通过创新的设计思维为用户提供令人愉悦、深刻的文化体验。

用户体验设计要关注产品的整体感官体验。通过巧妙的色彩搭配、视觉元素设计和材料选择，文化创意产品能够引发用户的视觉冲击和审美享受。这要求设计者从用户的角度出发，深入挖掘不同文化传承的视觉语言，以及用户对于美的独特感知，使产品在外观上融合文化元素，激发用户的兴趣。

情感共鸣是用户体验设计的重要方面。文化创意产品的设计要追求在情感上与用户建立深厚的连接。通过揉合文化符号、历史背景，设计者可以创造出更具情感共鸣的产品。这要求设计者在设计过程中深入了解目标用户的文化背景、价值观，将这些元素融入到产品中，使用户在使用产品时能够感受到文化传承的深厚内涵。

在功能设计上，用户体验设计要注重产品的实用性和易用性。文化创意产品往往植根于特定的文化传统，因此产品功能的设计需要贴合用户的使用习惯和文化背景。设计者要通过人性化的界面设计、操作流程优化，使用户能够轻松自如地使用产品，提升用户的整体体验感。

与此互动设计是用户体验设计的关键方面。通过巧妙的交互设计，文化创意产品能够与用户建立更为深刻的互动关系。这包括产品的触摸感应、声音互动、虚拟现实等方面的设计，以创造更为丰富的用户体验。设计者需要深入了解用户的习惯和期望，通过创新的互动方式，使用户在使用产品时感到愉悦和惊喜。

文化创意产品的可持续性也需要纳入用户体验设计的考虑。通过考虑产品的寿命周期、可维护性和可升级性，设计者可以为用户提供更长久的使用价值，减少资源浪费，提高用户满意度。这需要设计者在整个产品设计阶段都将可持续性考虑为核心因素，使用户体验与环保理念相辅相成。

用户参与是用户体验设计的一项关键要素。设计者需要通过用户调研、反馈收集等手段，不断了解用户需求和期望。将用户的声音融入到产品设计中，可以更好地满足他们的实际需求，提升产品的用户体验。这种设计思维强调用户是设计的核心，他们的反馈和参与是产品不断优化的动力源泉。

用户体验设计是文化创意产品设计思维中的重要一环。通过关注整体感官体验、情感共鸣、功能设计、互动设计、可持续性和用户参与等方面，设计者能够为用户创造出更具文化内涵的、令人难忘的产品体验。这种以用户为中心的设计思维不仅提高了产品的市场竞争力，也为文化创意产品的可持续发展奠定了坚实的基础。

2. 设计思维与文化传承的融合

设计思维在文化创意产品中的应用价值不仅在于创新产品的外观和功能，更在于其与文化传承的融合，为产品注入更深层次的内涵和情感价值。设计思维通过关注用户需求、情感共鸣和文化传承，推动文化创意产品设计更加贴近人心、更具历史渊源。

设计思维的第一个价值体现在对用户需求的关注。通过深入了解用户的生活方式、价值观念和文化背景，设计思维能够以用户为中心，打造更贴合其需求的文化创意产品。这种关注用户的设计过程不仅提高了产品的实用性和用户体验，还使产品更容易被接受和喜爱。

设计思维注重情感共鸣，使文化创意产品更具个性和情感价值。通过挖掘文化元素中的情感元素，设计思维能够赋予产品更深层次的意义和情感内涵。这样的设计使得产品不仅仅是一种物质形式，更是一种情感的表达和文化的传递。

设计思维的第三个价值在于促进文化传承。通过融入传统文化元素，设计思维能够以创新的方式传承和演绎传统文化。这种传承不仅使得文化得以保留，同时也为新一代的用户呈现出更具现代感的文化创意产品。这种融合的设计思维不仅丰富了文化产品的表现形式，也推动着文化的传统走向当代。

设计思维的价值还体现在其强调多学科融合，促进了文化创意产品的综合性和创新性。设计思维汇聚了艺术、科技、人文等多个领域的思维方式，促使设计师在文化创意产品的设计过程中更加全面地考虑产品的外观、功能、用户体验等多个方面，从而打破传统的设计边界，为产品注入更多的可能性。

设计思维通过强调原型制作和用户反馈，提高了文化创意产品的创新效率。通过快速迭代和不断优化的设计过程，设计思维使得产品更加贴近市场需求，同时也降低了产品设计的风险。这种敏捷的设计方法有助于提高文化创意产品的市场竞争力，使其更好地适应社会变革和用户需求的变化。

设计思维在文化创意产品中的应用价值主要体现在对用户需求的关注、情感共鸣的注入、促进文化传承、多学科融合和提高创新效率等方面。通过这样的设计思维，文化创意产品不仅能够满足用户的实际需求，更能够传达深厚的文化内涵，实现文化传承和创新的双赢。

二、文化创意产品的创意方法

（一）传统创意方法的演变

创意方法在文化创意产品的发展中经历了持续演变，传统创意方法在这个演变过程中不断拓展和丰富，以适应不断变化的市场需求和创新要求。

传统创意方法首先强调的是对传统文化的保护与传承。在早期，文化创意产品的创作更多地受到传统文化的启发，强调对传统技艺、历史故事和艺术形式的尊重。艺术家们通过继承传统技艺，将古老的文化元素融入到当代创意产品中，以弘扬传统文化的精髓。

随着社会发展和文化交流的加深，创意方法逐渐开始融入更多的现代元素。传统与现代的结合成为创意设计的一个重要方向，艺术家们通过创新的手法和表达方式，使传统文化焕发出更为现代、时尚的氛围。这种创意方法在文化创意产品中推动了传统文化的更新和再生。

传统创意方法也注重在产品中表达独特的文化身份。在文化创意产品的设计中，强调地域文化的独特性，通过地域特有的风土人情、传统手工艺和当地的历史传承，打造具有独特文化韵味的产品。这种方法不仅有助于保护和传承当地文化，也能够在市场中脱颖而出，形成独特的文化品牌。

随着科技的不断发展，传统创意方法逐渐融入数字化、智能化的元素。艺术家们开始运用先进的科技手段，如虚拟现实（VR）、增强现实（AR）、人工智能（AI）等，使文化创意产品更具前沿性和科技感。这种创新手法丰富了文化创意产品的呈现形式，拓展了产品的体验边界。

在市场竞争日益激烈的背景下，传统创意方法还强调品牌的建设与推广。通过建立独特的品牌形象，形成明确的品牌定位，文化创意产品能够更好地在市场中立足。品牌建设也使得产品更容易获得用户认可，推动文化创意产品的市场影响力的提升。

社交媒体的兴起对传统创意方法的演变也产生了深远的影响。传统创意产品的推广逐渐从传统媒体向社交媒体转移，艺术家和设计师通过社交媒体平台展示作品，与用户互动，形成更为广泛的影响力。这种互动式的创意方法使得文化创意产品更具参与性和社交性。

文化创意产品的创意方法经历了从对传统文化的保护与传承，到与现代元素的融合，再到数字化、智能化手段的运用，以及品牌建设和社交媒体的影响等多个层面的演变。这一演变过程不仅满足了不同时期的需求，也使得文化创意产品在不断变化的市场中能够更为灵活地适应和创新。

（二）创意方法在不同阶段的应用

文化创意产品的创意方法在不同阶段的应用，是一项富有挑战性的任务。从概念的孵化到最终的实现，每个阶段都需要独特的创意方法来推动进程。在这个过程中，创意的种子需要被精心培育，不断地受到启发和调整，以确保最终的作品能够在文化市场中脱颖而出。

概念的孵化阶段是创意过程中的关键。在这个阶段，创作者需要敏锐地捕捉到文化的脉络和社会的脉搏，从而找到与时代相契合的灵感。这一阶段的创意方法主要集中在观察、感知和反思。通过观察社会现象、深入了解目标受众的需求和喜好，以及对历史文化的回顾，创作者可以在头脑中构建起初步的创意框架。这个阶段的关键在于开放心态，不断地接受新的信息和启发，从而拓展创意的可能性。

接下来是概念的扩展阶段。在这个阶段，创作者需要将初步的想法逐步扩展和深化，使之具备足够的内涵和吸引力。创意方法在这个阶段的应用主要体现在联想和拓展。创作者可以通过与其他领域的知识和文化元素进行联想，将不同的概念进行融合，从而产生出独具一格的创意。创作者还可以通过不断地迭代和反复推敲，逐步完善和丰富概念的内涵，使之更加立体和丰富。

随后是概念的具体化阶段。在这个阶段，创作者需要将抽象的想法具体化为可实施的方案和形式。创意方法在这个阶段的应用主要体现在设计和实践中。创作者需要借助各种设计工具和技术，将概念转化为可见的形式，包括文字、图像、音频、视频等。创作者还需要在实践中不断地调整和完善作品，确保其符合预期的效果和要求。这个阶段的关键在于注重细节，不断地追求完美，从而使作品达到最佳的呈现效果。

最后是作品的推广和传播阶段。在这个阶段，创作者需要将作品推向市场，使之能够获得更广泛的认可和影响。创意方法在这个阶段的应用主要体现在营销和传播中。创作者需要制定合适的营销策略，选择适当的渠道和平台，将作品推送给目标受众。创作者还需要关注作品的口碑和用户反馈，不断地优化和调整推广策略，以提升作品的知名度和影响力。这个阶段的关键在于善于传播，善于借助外部资源和力量，将作品推广得更远、更广。

文化创意产品的创意方法在不同阶段的应用具有其独特的特点和要求。创作者需要根据不同阶段的任务和目标，灵活运用各种创意方法，不断地调整和完善作品，以确保最终的成功和成就。

（三）文化创意产品中的创意方法选择

在文化创意产品中，创意方法的选择是至关重要的。文化创意产品的独特之处在于其需要融合文化元素和创意理念，以产生具有深度和影响力的作品。创意方法的选择不仅关乎产品的原创性和创新性，还直接影响到产品的传播效果和市场反响。在选择创意方法时，需要综合考虑多种因素，包括文化背景、受众需求、技术手段等。文化创意产品的创意方法应当注重对当地文化的深度挖掘和理解。通过深入研究当地的历史、传统、习俗等文化元素，可以发现许多具有潜在创意的灵感来源。例如，可以从民间传说中汲取灵感，创作出富有想象力和神秘感的文化产品；也可以从当地特色手工艺品中获取创意，将传统工艺与现代设计相结合，打造出独具魅力的文化创意产品。

创意方法的选择还需要考虑到受众的需求和喜好。文化创意产品的成功离不开受众的认可和支持，因此在选择创意方法时，需要充分了解目标受众的特点和偏好。通过市场调研和用户反馈，可以更好地把握受众的需求，从而针对性地开展创意设计和产品开发。例如，针对年轻人群体，可以采用时尚、前卫的设计风格，吸引他们的注意力；而对于老年人群体，则可以注重产品的传统性和文化内涵，让他们感受到传统文化的魅力。

创意方法的选择还需要考虑到技术手段和表现形式。随着科技的不断发展，文化创意产品的表现形式也越来越丰富多样。可以运用数字技术、虚拟现实等先进技术手段，为文化创意产品赋予全新的表现形式和体验方式。例如，可以利用虚拟现实技术重现历史场景，让用户身临其境地感受历史文化的魅力；也可以利用人工智能技术打造智能化的文化创意产品，提升产品的互动性和趣味性。

文化创意产品的创意方法选择涉及多方面的因素，需要综合考虑文化背景、受众需求、技术手段等各个方面的因素。只有在深入挖掘文化内涵的基础上，结合受众的需求和技术手段的发展趋势，才能创造出真正具有影响力和传播力的文化创意产品。

第二节　用户参与与可持续产品创新

一、文化创意产品的用户参与

（一）文化创意产品中用户参与的独特性

文化创意产品往往具有一种开放性和包容性的特质，这使得用户能够在产品中找到共鸣并投入其中。这种开放性可能体现在产品的设计理念中，例如以用户为中心，倾听用户的声音，并将用户的意见融入产品的设计之中。这种设计理念的体现，使得用户感到自己被尊重和重视，从而更愿意参与到产品的使用和改进中去。

文化创意产品往往具有一种灵活性和可塑性，这使得用户能够通过自己的参与和互动来塑造产品的形态和内涵。这种灵活性体现在产品的设计架构中，例如采用开放式的设计平台，鼓励用户进行个性化定制和创意设计。用户可以通过自己的想象力和创造力，将产品变成自己想要的样子，从而实现与产品的情感共鸣和深度互动。

文化创意产品的用户参与是一个持续的过程，而不是一次性的事件。这种持续性体现在产品的更新迭代中，例如不断引入新的功能和互动模式，以满足用户不断变化的需求和期待。用户可以通过持续的参与和反馈，促使产品不断进化和完善，从而保持与用户的紧密联系和持久吸引力。

文化创意产品的用户参与是其独特魅力的体现，体现在产品的开放性和包容性、灵活性和可塑性、以及持续性和更新迭代性等方面。这种参与不仅仅是一种体验，更是一种共同创造的过程，使得用户能够真正成为产品的主人和参与者，共同书写产品的故事，塑造产品的未来。

（二）创新工作坊与用户体验设计

创新工作坊是一个开放的、互动的空间，通过创意激发和集体合作，为参与者提供了共同探索和实践的机会。用户体验设计在文化创意产品中的用户参与方面至关重要。用户参与意味着将用户纳入设计过程中，以更好地理解他们的需求、期望和体验，从而打造出更加贴近用户需求的文化创意产品。

创新工作坊为用户参与文化创意产品的设计提供了一个理想的场所。在这样的环境中，参与者可以自由地表达想法和观点，共同探讨文化元素与创意理念的结合方式。创新工作坊的开放性和互动性为用户提供了一个积极参与的平台，激发了他们的创造力和想象力。通过共同的头脑风暴和讨论，参与者可以汲取灵感，拓展思维，为文化创意产品的设计提供丰富的创意资源。

用户体验设计强调以用户为中心的设计理念，将用户的需求和期望置于设计的核心位置。在文化创意产品的设计过程中，用户体验设计需要通过深入的用户调研和用户测试，了解用户的需求和反馈，不断优化产品的设计和功能。通过用户参与设计的过程，设计者可以更加准确地把握用户的需求和喜好，从而设计出更加符合用户期待的文化创意产品。

用户参与设计不仅可以为文化创意产品提供更加丰富的创意资源，还可以增强用户对产品的认同感和归属感。通过参与设计过程，用户可以感受到自己的意见和建议得到了重视，从而更加愿意支持和推广文化创意产品。用户参与设计还可以促进用户与产品之间的情感联系，使用户在使用产品时产生更加深刻的情感体验和情感共鸣。

创新工作坊和用户体验设计在文化创意产品的用户参与方面发挥着重要作用。创新工作坊为用户提供了一个开放、互动的平台，激发了他们的创造力和想象力；而用户体验设计则强调以用户为中心的设计理念，通过深入的用户调研和用户测试，了解用户的需求和期望，从而设计出更加符合用户期待的文化创意产品。通过用户参与设计的过程，不仅可以为文化创意产品提供更加丰富的创意资源，还可以增强用户对产品的认同感和归属感，促进用户与产品之间的情感联系。

（三）用户参与在文化创意产品生命周期中的角色

文化创意产品的生命周期中，用户参与起着至关重要的作用。用户不仅仅是被动的接受者，更是创意产品发展过程中的重要参与者和推动者。他们的反馈、参与和互动，直接影响着产品的发展方向和最终的呈现形式。

用户在文化创意产品的初期阶段扮演着寻找和接受创新的角色。他们可能是通过社交媒体、艺术展览或者其他文化活动了解到新的创意产品。在这个阶段，用户的关注和兴趣对于产品的传播和推广至关重要。他们的分享和口碑能够让更多的人了解到产品，并可能成为产品的潜在用户。

在文化创意产品的设计和开发阶段，用户的参与更加深入和实质化。他们可能参与到产品的测试和反馈过程中，提出宝贵的意见和建议。这些反馈能够帮助创作者更好地了解用户的需求和偏好，从而优化和完善产品的设计。一些用户可能还会参与到产品的共创过程中，与创作者共同打磨出更具创意和实用性的作品。

在文化创意产品推向市场之后，用户的角色更加多样化和丰富化。他们不仅仅是产品的消费者，更是产品的体验者和传播者。通过使用产品并分享使用体验，用户能够让更多的人了解到产品，并可能成为产品的忠实粉丝和推广者。用户的反馈和评价也是创作者改进产品的重要依据，可以帮助产品不断地与时俱进，适应市场的需求和变化。

在文化创意产品的成熟阶段，用户的参与仍然至关重要。他们可能会成为产品的忠实用户，并参与到产品的社区和生态系统中。在这个阶段，用户的互动和共享能够进一步丰富产品的内涵和体验，形成良性的用户生态圈。用户的反馈和意见仍然是创作者改进产品的重要动力，可以帮助产品保持持续的创新和竞争优势。

文化创意产品的用户参与是产品生命周期中不可或缺的一部分。用户不仅是产品的消费者，更是产品发展过程中的重要参与者和推动者。他们的反馈、参与和互动，直接影响着产品的发展方向和最终的呈现形式。创作者应该重视用户的参与，不断地与用户进行沟通和互动，共同打造出更具创意和价值的文化产品。

二、文化创意产品的可持续产品创新

（一）文化创意产品中可持续性的独特挑战

文化创意产品在可持续性方面面临着独特的挑战。这些挑战不仅来自于产品本身的特点，还受到外部环境和市场条件的影响。文化创意产品的可持续性创新需要综合考虑多种因素，包括资源利用、环境影响、社会责任等。

文化创意产品的可持续性首先受到资源利用的限制。许多文化创意产品依赖于特定的材料和技术，而这些材料和技术往往是有限的资源。如何在产品设计和生产过程中合理利用资源，减少浪费，成为了一项重要的挑战。还需要考虑到资源的再生利用和循环利用，以实现产品生命周期的可持续发展。

文化创意产品的可持续性还受到环境影响的制约。许多文化创意产品的生产过程会产生大量的废水、废气和固体废物，对环境造成污染和破坏。如何减少生产过程中的环境影响，采用清洁生产技术和绿色材料，成为了一个亟待解决的问题。还需要考虑到产品的使用过程和废弃处理，以减少对环境的负面影响。

文化创意产品的可持续性还受到社会责任的考量。许多文化创意产品涉及到文化遗产和传统知识，需要尊重和保护当地的文化和社会利益。在产品设计和营销过程中需要考虑到文化的多样性和尊重，避免对当地文化的侵害和破坏。还需要考虑到产品的社会影响和价值观，促进社会公平和可持续发展。

文化创意产品的可持续性创新面临着诸多挑战，需要在资源利用、环境影响和社会责任等方面进行综合考量和平衡。只有充分认识到这些挑战的存在，并采取相应的措施和策略，才能够实现文化创意产品的可持续发展，为人类社会的可持续发展做出积极贡献。

（二）可持续设计对文化创意产品的指导

可持续设计对文化创意产品具有重要的指导作用。文化创意产品的可持续产品创新需要考虑环境、社会和经济方面的可持续性，以实现长期的发展和影响力。可持续设计强调在产品设计和生产过程中最大限度地减少对环境的影响，同时考虑到社会责任和经济效益的平衡。文化创意产品的可持续产品创新需要在传统文化的基础上，注重创新和环保理念的融合，从而实现文化传承和环境保护的双重目标。

可持续设计提倡以环境为中心的设计理念，致力于减少对自然资源的消耗和环境污染。在文化创意产品的设计和制造过程中，应当采用环保材料和绿色工艺，减少能源消耗和废弃物排放。例如，可以选择可再生材料和可降解材料，降低产品的碳足迹和生态影响。还可以采用节能技术和循环利用的生产模式，实现资源的最大化利用和循环再生，从而实现文化创意产品的可持续发展。

可持续设计注重社会责任和文化传承的结合。文化创意产品作为传播文化的载体，应当承担起传承和弘扬传统文化的责任。在产品设计和营销过程中，应当尊重当地文化和传统知识，避免对传统文化的侵犯和扭曲。还应当关注当地社区的利益和发展，积极参与社会公益事业，为社会做出积极贡献。通过将文化创意产品与社会责任和文化传承相结合，可以增强产品的社会认同感和品牌形象，提升产品的竞争力和市场影响力。

可持续设计强调经济效益与环境保护的平衡。文化创意产品的可持续产品创新需要在环保理念的指导下，兼顾经济可行性和商业竞争力。在产品设计和市场定位方面，应当注重产品的独特性和市场需求，确保产品具有良好的销售和盈利能力。还应当注重产品的品质和服务体验，提升产品的附加值和用户满意度。通过实现经济效益与环境保护的平衡，可以实现文化创意产品的可持续发展和商业成功。

可持续设计对文化创意产品的可持续产品创新具有重要的指导作用。文化创意产品的可持续发展需要在环境、社会和经济方面实现平衡和协调，通过环保材料和绿色工艺、社会责任和文化传承的结合、经济效益与环境保护的平衡，实现文化创意产品的长期发展和影响力。

（三）可持续材料在文化创意产品中的实践

可持续材料的应用在文化创意产品中具有重要的意义。这些材料通常来自可再生资源，或者具有较低的环境影响。通过选择这些材料，可以减少对自然资源的消耗，降低对环境的损害，实现可持续发展的目标。可持续材料的使用也可以为产品赋予独特的品质和故事，与文化创意的理念相契合，吸引更多消费者的关注和认可。

可持续材料的应用需要创意产品设计者和制造者的共同努力。他们需要深入研究不同材料的特性和适用性，探索创新的设计和制造技术，以确保产品的质量和功能不受影响的情况下，实现材料的可持续性目标。在这个过程中，创意团队需要与材料供应商和制造商密切合作，共同寻找适合的解决方案，确保产品的可持续性和市场竞争力。

可持续材料的应用也需要消费者的支持和认可。消费者对于环保和可持续发展的意识逐渐增强，他们更倾向于选择符合自己价值观的产品。创意产品的设计者和制造者需要向消费者传达可持续材料的重要性，并提供相关的信息和证明，以增强消费者的信任和认可。只有消费者认可了可持续材料的价值，才能真正推动其在文化创意产品中的应用和发展。

可持续材料的应用还需要政府和社会的支持和引导。政府可以通过政策和法规的制定，鼓励和支持创意产业采用可持续材料，提供相应的奖励和优惠政策，促进可持续材料的研发和应用。社会各界也可以通过宣传和教育活动，提升公众对于可持续发展的认识和理解，促进文化创意产业向可持续发展的方向迈进。

可持续材料在文化创意产品中的应用是一种创新实践，为产品的生命周期提供了可持续性解决方案。创意产品设计者和制造者需要与材料供应商和制造商紧密合作，共同寻找适合的解决方案，消费者和政府也需要给予支持和认可，才能推动可持续材料在文化创意产品中的广泛应用和发展。

第三节　艺术、设计与社会创新

一、文化创意产品的艺术与设计

（一）艺术元素在文化创意产品中的表现

文化创意产品中的艺术元素扮演着重要的角色，不仅仅是产品的外在表现，更是产品内在精神的体现。艺术与设计在文化创意产品中相互交融，共同构建出独特而丰富的体验。

艺术在文化创意产品中扮演着塑造情感和传达意境的重要角色。通过绘画、雕塑、音乐等艺术形式，文化创意产品能够表达出丰富的情感和内涵，触动人心，引发共鸣。艺术的表现形式和风格，往往能够吸引用户的注意力，激发用户的兴趣和情感，从而加深用户与产品之间的情感联系。

设计在文化创意产品中扮演着实现创意和提升体验的关键角色。通过精心的设计和布局，文化创意产品能够呈现出独特的美学感受和视觉享受，吸引用户的眼球，引导用户的注意力。设计的巧妙之处在于将艺术元素融入产品的功能和结构之中，使得产品不仅具有美感，更具有实用性和功能性，从而提升用户的使用体验和满意度。

艺术与设计在文化创意产品中共同营造出独特的文化氛围和品牌形象。通过艺术的表现和设计的构思，文化创意产品能够塑造出独特的文化符号和品牌形象，树立起与众不同的品牌形象和文化标识。这种文化氛围不仅能够吸引用户的关注，还能够赋予产品独特的文化价值和情感内涵，成为用户的心灵寄托和情感表达的载体。

艺术与设计在文化创意产品中发挥着重要作用，不仅能够塑造产品的情感内涵和美学感受，更能够提升产品的功能性和实用性，营造出独特的文化氛围和品牌形象。只有充分认识到艺术与设计的重要性，并将其融入到产品的各个环节和方面，才能够实现文化创意产品的艺术与设计的最大价值和潜力。

（二）文化创意产品的设计原则与风格

1. 文化创意产品设计的基本原则

文化创意产品设计的基本原则和艺术与设计之间的关系密不可分。文化创意产品设计的基本原则包括尊重文化、创新设计、注重用户体验和追求艺术与功能的平衡。艺术与设计在文化创意产品中扮演着重要角色，既需要体现艺术的审美追求，又需要具备设计的实用性和功能性。文化创意产品设计的基本原则和艺术与设计之间的相互作用，共同塑造了文化创意产品的独特魅力和影响力。文化创意产品设计的基本原则之一是尊重文化。文化创意产品的设计应当充分尊重当地文化和传统，体现文化的多样性和独特性。设计师需要深入了解当地的历史、传统和价值观，从而将文化元素融入产品设计中，体现文化的独特魅力和韵味。通过尊重文化，可以使文化创意产品更加贴近当地的文化环境和受众需求，增强产品的认同感和吸引力。

文化创意产品设计需要具备创新性。创新是文化创意产品设计的重要原则之一，是推动文化创意产业发展的关键动力。设计师需要不断挖掘新的文化元素和设计理念，不断突破传统的设计模式和思维定式，打破创新的界限，实现文化创意产品的更新换代。通过创新设计，可以为文化创意产品注入新的活力和魅力，吸引更多的用户和观众。

文化创意产品设计需要注重用户体验。用户体验是文化创意产品设计的重要指标之一，直接影响产品的使用效果和用户的满意度。设计师需要从用户的角度出发，考虑用户的需求和期望，优化产品的设计和功能，提升产品的易用性和便利性。通过注重用户体验，可以使文化创意产品更加贴近用户的生活和需求，增强产品的市场竞争力和用户忠诚度。

文化创意产品设计需要追求艺术与功能的平衡。艺术与设计之间既有着密切的关系，又有着各自独特的特点和追求。设计师需要在追求艺术表现力的兼顾产品的实用性和功能性，实现艺术与设计的有机结合。通过艺术与功能的平衡，可以使文化创意产品既具备艺术品的审美价值，又具备实用性和功能性，实现文化创意产品的全面发展和持续影响。

文化创意产品设计的基本原则和艺术与设计之间存在着密切的关系和相互作用。尊重文化、创新设计、注重用户体验和追求艺术与功能的平衡是文化创意产品设计的基本原则，通过艺术与设计的结合，共同塑造了文化创意产品的独特魅力和影响力。

2. 设计风格对市场认知的影响

设计风格是文化创意产品的灵魂。艺术与设计的结合能够赋予产品独特的个性和魅力，使之与众不同，引人注目。不同的设计风格代表着不同的文化内涵和审美观念，能够吸引不同类型的消费者。设计风格的选择需要与目标市场相契合，以确保产品能够获得广泛的认可和接受。

设计风格直接影响着产品的市场定位和竞争优势。通过设计风格的差异化，产品能够在竞争激烈的市场中脱颖而出，形成独特的竞争优势。艺术与设计的精湛融合可以使产品在同类产品中脱颖而出，吸引消费者的眼球，增强产品的品牌认知度和美誉度。设计风格的选择应该结合产品的定位和目标市场需求，使之能够在市场中获得更大的竞争优势。

设计风格也是文化创意产品传达文化价值和情感共鸣的重要途径。通过设计风格的精心塑造，产品能够更好地表达创作者的文化观念和情感体验，引发消费者的共鸣和情感联结。艺术与设计的融合可以赋予产品更深层次的文化内涵和情感体验，使之成为消费者心目中的文化符号和精神寄托。

设计风格也是文化创意产品持续发展的动力和推动力。艺术与设计的不断创新和突破可以为产品注入新的活力和生命力，使之与时俱进，适应市场的变化和需求。创作者需要不断地探索和尝试新的设计理念和风格，与时代保持同步，以确保产品能够保持竞争力并赢得消费者的青睐。

文化创意产品的艺术与设计在市场认知中起着至关重要的作用。设计风格不仅影响着产品的外在形象和美感，更体现了产品的文化内涵和情感共鸣，是产品市场定位和竞争优势的重要表现形式。创作者需要结合产品定位和市场需求，精心选择和塑造设计风格，使之能够在竞争激烈的市场中脱颖而出，赢得消费者的认可和青睐。

二、文化创意产品的社会创新

（一）社会创新对文化创意产品可持续发展的贡献

文化创意产品的可持续发展离不开社会创新的贡献。社会创新在文化创意产品的生态系统中扮演着重要的角色，促进了产品的创新和发展，推动了产业的进步和社会的繁荣。

社会创新通过引入新的思想和理念，推动了文化创意产品的发展。通过社会创新，人们能够不断地挖掘和创造新的文化资源，激发了人们的创造力和创新意识。这种创新不仅体现在产品的设计和制造过程中，更体现在产品的营销和推广策略中。社会创新能够引导消费者改变传统的消费观念和购买习惯，使得文化创意产品能够更好地融入人们的生活和文化环境之中。

社会创新通过构建多元化的合作网络，推动了文化创意产品的跨界合作和创新发展。通过社会创新，不同领域的人们能够共同协作，共同探索，共同创造，从而打破了传统的行业壁垒和思维定式，促进了产业的融合和创新。这种合作网络不仅能够为文化创意产品的研发和生产提供更多的资源和支持，更能够为产品的推广和营销拓展更广阔的市场和受众群体。

社会创新通过倡导可持续发展理念，促进了文化创意产品的可持续发展。通过社会创新，人们能够更加重视文化创意产品的生态环境和社会责任，积极探索可持续发展的新路径和新模式。这种可持续发展理念不仅体现在产品的设计和生产过程中，更体现在产品的使用和废弃处理过程中。社会创新能够引导人们改变消费方式和生活习惯，促进产品的循环利用和资源再生利用，实现产品生命周期的可持续发展。

社会创新对文化创意产品的可持续发展具有重要的贡献。通过引入新的思想和理念，构建多元化的合作网络，倡导可持续发展理念，社会创新为文化创意产品的创新和发展提供了新的动力和契机，为产业的进步和社会的繁荣注入了新的活力和动力。只有不断推动社会创新，才能够实现文化创意产品的可持续发展，为人类社会的可持续发展做出积极贡献。

（二）社会公平与文化创意产品设计

社会公平在文化创意产品设计中扮演着重要角色，促进了文化创意产品的社会创新。文化创意产品的设计应当关注社会公平，通过创新的设计理念和实践，为社会带来积极的变革和影响。文化创意产品的社会创新体现在对社会问题的关注、对弱势群体的支持以及对社会文化的推动。

文化创意产品设计应当关注社会公平，关注社会问题并通过设计创新来解决这些问题。设计师应当深入了解社会现实和社会问题，关注贫困、教育、环境等方面的挑战和需求，将社会问题融入到产品设计的过程中。通过创新的设计理念和技术手段，设计师可以为解决社会问题提供新的思路和解决方案，推动社会的公平与进步。

文化创意产品设计可以通过支持弱势群体来促进社会公平。弱势群体包括残障人士、儿童、老年人等在社会中处于劣势地位的群体。设计师可以通过创新的设计理念和技术手段，为弱势群体设计定制化的文化创意产品，提升他们的生活品质和社会参与度。通过支持弱势群体，文化创意产品可以成为社会公平的推动者，为社会带来更多的包容与关爱。

文化创意产品设计可以通过推动社会文化的传承和创新来促进社会公平。文化创意产品是文化传承与创新的载体，可以通过设计创新的文化产品来传承和弘扬优秀的传统文化，激发人们对文化的热爱和认同。设计师还可以创造出具有时代特色和社会关注的新型文化产品，推动社会文化的创新和发展。通过推动社会文化的传承与创新，文化创意产品可以促进社会公平，促进社会各界的交流与融合。

社会公平在文化创意产品设计中扮演着重要角色，促进了文化创意产品的社会创新。文化创意产品设计应当关注社会问题、支持弱势群体以及推动社会文化的传承与创新，通过创新的设计理念和实践，为社会带来积极的变革和影响，促进社会的公平与进步。

（三）社会创新导向的文化创意企业

文化创意企业在社会创新方面的努力是社会发展的关键组成部分。社会创新意味着企业以创新的方式解决社会问题，提升社会福祉，并在经济和社会之间取得平衡。文化创意企业通过其产品和服务，以及其运营模式和社会责任实践，积极参与社会创新，推动社会进步和可持续发展。文化创意产品的社会创新体现在对社会问题的关注和解决上。这些企业致力于通过创新的文化产品和服务，回应社会的需求和挑战，解决社会存在的问题，促进社会的发展和进步。例如，一些文化创意企业通过设计和制作环保材料的艺术品，致力于推动环保意识的提升，促进可持续发展的实现。他们的产品和服务不仅仅满足了消费者的审美需求，更在意识形态和社会责任层面发挥着重要作用。

文化创意企业的社会创新体现在其经营模式和社会责任实践中。这些企业不仅仅追求经济利益，更注重对员工、社区和环境的尊重和关爱。他们可能采用公平贸易的原则，保障生产者的利益和权益；或者积极参与社区公益活动，回馈社会，促进社区的发展和稳定。这些经营模式和社会责任实践体现了企业的社会责任意识和价值观，为社会创新提供了可持续的动力和支持。

文化创意企业的社会创新还体现在对文化传统的保护和传承上。这些企业致力于通过创新的方式传承和发展传统文化，推动文化产业的繁荣和创新。他们可能通过数字化技术将传统文化产品转化为现代的艺术品，拓展其在市场上的影响力和知名度；或者通过文化教育和活动，传承和弘扬传统文化，提升公众对文化的认知和理解。这种对文化传统的保护和传承，不仅有助于文化的传承和发展，更为社会创新注入了新的活力和动力。

文化创意企业的社会创新需要政府、社会和行业的支持和引导。政府可以通过制定相关政策和法规，为文化创意企业提供发展的政策环境和制度保障；社会各界可以通过支持和鼓励，为文化创意企业创造更多的发展机会和资源支持；行业组织和协会可以通过促进合作和交流，提升文化创意企业的整体竞争力和影响力。只有政府、社会和行业共同努力，才能够推动文化创意企业的社会创新，实现经济和社会的双重效益。

文化创意企业在社会创新方面的努力是社会发展的重要组成部分。他们通过创新的文化产品和服务，以及其经营模式和社会责任实践，积极参与社会创新，推动社会进步和可持续发展。政府、社会和行业应该共同支持和引导文化创意企业的社会创新，为社会的发展和进步提供更多的动力和支持。

第四节　跨学科合作与创意产品开发

一、跨学科合作在文化创意产品中的意义

（一）跨学科合作与文化创意产业的关联

文化创意产业的繁荣与跨学科合作密不可分。跨学科合作打破了学科之间的界限，促进了不同领域的交流与合作，为文化创意产品的创新与发展提供了广阔的空间与可能。

跨学科合作促进了创新的融合与碰撞。不同学科领域的专业知识和技能相互交织，形成了新的思维模式和创新理念。艺术与科技、设计与工程、人文与自然等领域的融合，使得文化创意产品得以在不同领域的交汇处焕发出新的生机与活力。跨学科合作将各领域的专业人才汇聚在一起，为文化创意产品的创新提供了更为丰富的资源和更为广阔的视野。

跨学科合作促进了文化创意产品的多元化与普及化。通过跨学科合作，文化创意产品能够更好地融入到人们的生活和社会环境之中，满足不同群体和不同需求的文化消费需求。不同学科领域的专业知识和技能相互交流，使得文化创意产品的设计和制作更加多样化和个性化，能够更好地满足不同用户群体的需求和期待，提高了产品的市场竞争力和社会影响力。

跨学科合作促进了文化创意产业的可持续发展。通过跨学科合作，文化创意产业能够更好地应对外部环境和市场竞争的挑战，不断创新和改进产品和服务，保持行业的活力和竞争力。跨学科合作能够促进产业的技术创新和管理创新，提高产品的品质和市场竞争力，为产业的可持续发展奠定了坚实的基础和保障。

跨学科合作促进了文化创意产品的国际交流与合作。通过跨学科合作，不同国家和地区的文化创意产业能够更好地互通有无，分享资源和经验，促进了产业的全球化和国际化发展。跨学科合作能够促进产业之间的合作与交流，推动产业的共同发展和繁荣，为构建人类命运共同体作出了积极的贡献。

跨学科合作对文化创意产业的发展具有重要意义。它不仅促进了创新的融合与碰撞，推动了文化创意产品的多元化与普及化，还促进了产业的可持续发展和国际交流与合作。只有不断推动跨学科合作，才能够实现文化创意产业的持续繁

荣与发展，为人类社会的进步和发展做出积极贡献。

（二）文化创意产品开发中的关键学科

文化创意产品开发中的关键学科跨学科合作对于产品的创新和发展至关重要。文化创意产品的开发涉及诸多学科领域，包括文化研究、艺术设计、工程技术、市场营销等，需要不同学科之间的跨学科合作，才能充分发挥各自的优势，实现文化创意产品的多元化和创新性。跨学科合作能够汇聚多方智慧，促进文化创意产品的创新。文化创意产品的开发需要各种不同的专业知识和技能，单一学科往往难以满足产品的全面需求。通过跨学科合作，可以将不同学科的专业知识和技能进行整合和交叉应用，为产品的创新提供更广阔的空间和更丰富的资源。例如，文化研究学科可以提供丰富的文化背景和历史资料，艺术设计学科可以提供创意的设计理念和审美价值，工程技术学科可以提供实现设计构想的技术支持，市场营销学科可以提供产品推广和营销策略等方面的支持，各学科之间相互融合，共同推动文化创意产品的创新和发展。

跨学科合作有助于提升文化创意产品的综合性能。文化创意产品的开发涉及多个层面和环节，需要综合考虑产品的文化内涵、艺术表现、技术实现和市场需求等因素。单一学科往往只能局限于某一方面的视角和需求，难以全面把握产品的综合性能。通过跨学科合作，可以集聚各学科的专业优势和经验，形成强大的团队力量，共同解决产品开发过程中遇到的各种问题和挑战，实现产品的综合性能优化。通过合作协同，不同学科之间能够相互借鉴、协同创新，为文化创意产品的发展注入新的活力和动力。

跨学科合作有助于促进文化创意产业的跨界融合与发展。文化创意产业是一个涉及多个领域和行业的复合型产业，需要不同学科之间的跨界融合与合作，才能实现产业链的全面发展和优化升级。通过跨学科合作，可以打破学科壁垒和行业界限，促进不同学科和行业之间的交流与合作，推动文化创意产业的跨界融合与发展。例如，文化创意产品的设计需要艺术设计与工程技术的结合，产品的营销需要市场营销与文化传播的共同努力，跨学科合作为文化创意产业的发展提供了良好的契机和平台。

文化创意产品开发中的关键学科跨学科合作对于产品的创新和发展具有重要意义。通过跨学科合作，可以汇聚多方智慧，促进文化创意产品的创新；提升产品的综合性能；促进文化创意产业的跨界融合与发展。跨学科合作为文化创意产品的发展提供了广阔的空间和丰富的资源，是推动文化创意产业持续健康发展的重要动力和保障。

（三）团队建设与沟通在跨学科合作中的重要性

跨学科合作在文化创意产品中具有重要的意义，团队建设与沟通在这一过程中发挥着关键作用。跨学科合作能够汇集不同领域的专业知识和技能，促进创意的碰撞和融合，推动创新的产生和发展。团队建设和沟通则是跨学科合作的基石，能够促进团队成员之间的理解和合作，提高团队的效率和创造力，从而推动文化创意产品的发展和成功。

跨学科合作为文化创意产品带来了多元的视角和创意的碰撞。不同学科领域的专业知识和技能在跨学科合作中得到充分发挥，为文化创意产品的创新和发展提供了丰富的资源和可能性。团队成员之间的交流和合作，能够促进不同学科之间的互动和融合，引发新的思维火花和创意灵感，为文化创意产品的设计和实现提供了更广阔的空间和可能性。

团队建设能够促进跨学科合作团队的凝聚力和合作效率。通过团队建设活动和训练，团队成员之间的关系得到加强，相互之间的信任和尊重得到建立，提高了团队的凝聚力和合作意识。团队成员能够更好地理解和认同团队的共同目标和愿景，共同努力，共同奋斗，推动文化创意产品的开发和实现。团队建设还能够帮助团队成员更好地发现和发挥自己的潜力，发挥出团队的整体力量和创造力。

良好的沟通机制是跨学科合作团队取得成功的关键。在跨学科合作过程中，团队成员来自不同的学科和背景，他们之间可能存在着语言、文化和思维方式上的差异。建立有效的沟通机制尤为重要。团队成员需要学会倾听和理解彼此的观点和想法，及时沟通和协调团队的工作计划和进度，解决团队工作中出现的问题和挑战，确保团队的合作顺利进行，文化创意产品能够按时高质量完成。

跨学科合作为文化创意产品带来了更广阔的发展空间和潜力。通过跨学科合作，不同领域的专业知识和技能得到充分结合和应用，为文化创意产品的创新和发展打开了新的可能性和路径。团队成员之间的合作和互动，促进了文化创意产品的跨界融合和创新实践，使产品在市场中具备更强的竞争力和吸引力，推动文化创意产业的持续发展和壮大。

跨学科合作在文化创意产品中具有重要的意义，团队建设与沟通在这一过程中发挥着关键作用。跨学科合作为文化创意产品带来了多元的视角和创意的碰撞，促进了团队的凝聚力和合作效率，为产品的创新和发展提供了更广阔的空间和可能性。良好的沟通机制是团队取得成功的关键，而跨学科合作为文化创意产品带来了更广阔的发展空间和潜力，推动了文化创意产业的持续发展和壮大。

二、文化创意产品开发中的跨学科合作实践

（一）跨学科团队构建与管理

跨学科团队的构建需要注重成员的多样性和互补性。团队成员应来自不同领域和专业背景，拥有各自独特的技能和知识。这种多样性能够为团队带来不同的视角和思维方式，有助于创造出更加丰富和创新的文化创意产品。

跨学科团队的管理需要强调沟通与协作。团队成员之间需要建立良好的沟通渠道和协作机制，确保信息的及时流动和问题的有效解决。团队领导者应激励成员之间的互相尊重和合作精神，营造良好的团队氛围和工作环境。

跨学科团队的管理需要注重目标的明确与任务的分工。团队成员应明确项目的目标和任务，明确各自的职责和角色，确保团队的工作高效有序。团队领导者应设立明确的项目里程碑和时间表，监督和指导团队成员的工作进展，确保项目按计划顺利推进。

跨学科团队的管理需要重视创新与共享。团队成员应鼓励提出新的想法和观点，鼓励尝试新的方法和技术，不断推动项目的创新和发展。团队领导者应鼓励成员之间的知识共享和经验交流，促进团队的学习与成长。

跨学科团队的管理需要注重反馈与评估。团队成员应定期进行项目进展的评估和总结，分析项目的优势和不足，及时调整和优化工作计划。团队领导者应鼓励成员之间的互相反馈和学习，促进团队的持续改进和提升。

文化创意产品开发中的跨学科合作实践需要建立多样性和互补性的团队，强调沟通与协作，明确目标与任务，重视创新与共享，注重反馈与评估。只有通过良好的团队构建和管理，才能够实现文化创意产品开发的成功和可持续发展。

（二）跨学科融合与创新方法

1. 设计思维在跨学科合作中的应用

设计思维在跨学科合作中具有重要的应用价值，尤其在文化创意产品开发的跨学科合作实践中，设计思维的运用能够促进团队创新、问题解决和用户体验的提升。设计思维强调以用户为中心的创新思维方式，注重观察、理解、洞察用户需求，并通过迭代式的解决方案开发过程，不断优化产品设计。在跨学科合作中，设计思维能够促进各学科间的有效沟通和协作，提高团队的创造力和创新能力，推动文化创意产品的跨学科合作实践。设计思维能够促进团队创新。设计思维强调以用户为中心的创新理念，鼓励团队成员跳出传统思维模式，挑战现有框架，从用户的需求和体验出发，寻找创新的解决方案。在跨学科合作中，设计思维能够激发团队成员的创造力和想象力，促进不同学科间的交流和碰撞，为文化创意

产品的开发提供新的视角和思路。

　　设计思维能够推动问题解决。设计思维强调迭代式的解决方案开发过程，通过不断的实验和反馈，不断优化和完善产品设计。在跨学科合作中，团队成员可以共同分析和理解问题，共同制定解决方案，并通过不断的实践和反馈，逐步改进和完善产品设计。设计思维的应用使团队能够更加高效地解决问题，更加灵活地应对复杂的挑战，推动文化创意产品的跨学科合作实践取得良好的成果。

　　设计思维能够提升用户体验。设计思维强调以用户为中心，注重用户需求和体验的理解和满足。在跨学科合作中，设计思维能够帮助团队成员更加深入地理解用户的需求和期望，从而设计出更加贴近用户心理和行为习惯的文化创意产品。通过用户调研、原型测试等方法，团队成员可以及时获取用户反馈，并根据反馈意见进行产品设计的调整和优化，从而提高产品的用户体验和满意度。

　　设计思维在跨学科合作中具有重要的应用价值，尤其在文化创意产品开发的跨学科合作实践中发挥着重要作用。设计思维能够促进团队创新，推动问题解决，提升用户体验，为文化创意产品的开发和推广提供了有效的方法和手段。在跨学科合作中，团队成员应当积极运用设计思维的理念和方法，不断探索和实践，共同推动文化创意产品的跨学科合作实践取得更加丰硕的成果。

　　2.跨学科方法对文化创意产品开发的影响

　　跨学科方法的影响首先体现在开放的思维范式和多元的视角。通过跨学科合作，来自不同领域的专家和团队成员能够共同参与到产品开发的各个阶段，各自以独特的视角和专业知识为产品提供丰富的思维资源。这种开放的思维范式和多元的视角能够激发创意的碰撞与融合，为文化创意产品的发展提供了新的思路和可能性。

　　跨学科方法促进了知识的交叉与创新。不同学科领域的专家在跨学科合作中能够相互借鉴、交流和合作，将各自领域的专业知识与技能进行交叉融合，创造出全新的理念和解决方案。这种知识的交叉与创新能够为文化创意产品的开发注入新的活力和动力，使产品在市场上更具竞争力和吸引力。

　　跨学科方法强调团队合作与沟通的重要性。在跨学科合作中，团队成员之间需要建立良好的合作关系和沟通机制，充分发挥团队的集体智慧和协作能力。通过有效的沟通和协作，团队成员能够更好地理解彼此的想法和需求，及时解决问题和挑战，确保项目顺利进行。团队合作与沟通的重要性不仅体现在项目的进展和成果上，更体现在团队成员之间的信任和团结，为未来的合作打下良好的基础。

　　跨学科方法推动了文化创意产品的综合性发展与创新。文化创意产品往往涉及多个学科领域，需要多方面的专业知识和技能进行支持和合作。跨学科合作能够将不同领域的专业知识和技能进行有机整合，为产品的全面发展提供了保障。通过跨学科合作，文化创意产品不仅在艺术设计上更加精湛，也在技术应用、市场推广等方面更具创新性和竞争力，从而更好地满足消费者的需求和市场的需求。

　　跨学科方法对文化创意产品开发产生了深远影响。它不仅拓展了产品开发的思维方式和视角，促进了知识的交叉与创新，也强调了团队合作与沟通的重要性，推动了文化创意产品的综合性发展与创新。跨学科合作为文化创意产品的发展提供了新的动力和机遇，将为文化创意产业的繁荣与发展注入新的活力和动力。

第六章　文化多样性与产品设计

第一节　文化多样性的重要性

一、文化创意产品中的文化多样性概述

（一）文化多样性对文化创意产品的影响

文化多样性对文化创意产品产生了深远的影响。文化多样性意味着来自不同地域、民族、宗教、传统和价值观的丰富文化元素相互交融，为文化创意产品的创作、设计和表达提供了丰富的资源和灵感。文化多样性激发了创新和创意。不同文化背景之间的交流和碰撞，为创意的涌现提供了肥沃的土壤。从不同文化中汲取灵感和元素，使得文化创意产品更加多样化和独特化，能够吸引更广泛的受众群体。文化多样性促使人们打破传统的思维定式和艺术表达形式，勇于探索和创新，推动了文化创意产品的发展和壮大。

文化多样性丰富了文化创意产品的内涵和情感表达。不同文化传统和价值观的融合，使得文化创意产品能够更加丰富地表达人类的情感和思想。文化多样性赋予了文化创意产品不同的情感色彩和文化符号，使得产品能够更加深入地触动人们的内心，引起人们的共鸣和思考，提升了产品的艺术价值和审美感受。

文化多样性促进了文化创意产品的全球化和国际化发展。不同文化之间的交流和融合，加速了文化创意产品的传播和扩散。通过各种渠道和平台，文化创意产品得以跨越国界和文化障碍，走向世界各地，获得更广泛的认可和欢迎。文化多样性为文化创意产品的全球市场开拓和国际交流合作提供了更广阔的空间和更丰富的资源，推动了文化创意产业的健康发展和国际竞争力的提升。

文化多样性促进了文化创意产品的社会价值和意义。不同文化背景和价值观的交流和对话，有助于促进文化理解和和谐共处。文化创意产品作为文化的载体和表达形式，能够传递文化信息和情感体验，弘扬文化精神和人文价值，促进社会的多元发展和文化的繁荣。文化多样性使得文化创意产品不仅仅是商品和娱乐，

更是一种文化认同和情感共鸣的表达，为社会的和谐与进步作出了积极贡献。

文化多样性对文化创意产品产生了深远的影响，促进了创新和创意的涌现，丰富了产品的内涵和情感表达，推动了产品的全球化和国际化发展，提升了产品的社会价值和意义。只有充分认识到文化多样性的重要性，并将其融入到文化创意产品的设计、创作和传播过程中，才能够实现产品的持续创新和发展，为人类社会的文化繁荣和进步做出积极贡献。

（二）文化多样性的重要性与可持续性

1. 文化多样性与社会认同感

文化多样性与社会认同感密不可分。文化多样性指的是社会中存在着不同的文化传统、价值观念、生活方式和习俗等多种多样的文化形态。社会认同感是个体对所属社会的归属感和认同感受。文化多样性为社会带来了丰富性和独特性，同时也在一定程度上影响着个体的社会认同感。人们在面对文化多样性时，往往会寻求自我认同和社会认同，从而形成一种共同的社会认同感，促进社会的和谐与稳定。文化多样性为社会带来了丰富性和创造力。不同文化之间的交流和融合，促进了文化的创新和发展。在一个多元文化的社会中，人们可以接触到不同国家、民族、宗教和民间文化等多种文化形式，从而丰富了自己的生活体验和思想视野。文化多样性激发了人们的创造力和想象力，为社会带来了更多的艺术作品、文学作品和科技成果，丰富了社会的文化生活，提升了社会的综合素质和国际竞争力。

文化多样性也可能引发社会认同感的困扰和挑战。在一个多元文化的社会中，不同文化之间可能存在着差异和冲突，个体可能会面临文化认同的困惑和焦虑。在这种情况下，个体往往会寻求一种自我认同和社会认同，寻求与周围环境的共鸣和联系，以维护自身的社会认同感和归属感。社会认同感的缺失可能导致个体的心理失衡和社会不稳定，社会需要寻求一种共同的社会认同感，以促进社会的和谐与发展。

社会认同感的形成与文化多样性之间存在着密切的关系。社会认同感是基于个体对文化、历史、传统和价值观念的认同，是个体对自身所处社会的归属感和认同感受。在一个多元文化的社会中，个体往往会面临各种文化选择和认同问题，需要在不同文化中寻求自我认同和社会认同。通过对多种文化形态的接触和体验，个体逐渐形成了自己的文化认同和社会认同，从而促进了社会的和谐与稳定。

文化多样性与社会认同感之间并非简单的对立关系，而是相辅相成、相互促进的关系。文化多样性为社会带来了丰富性和创造力，同时也为个体的社会认同感提供了更多的选择和可能性。在一个多元文化的社会中，个体需要在不同文化中寻求自我认同和社会认同，形成一种共同的社会认同感，促进社会的和谐与发展。文化多样性与社会认同感之间的相互关系是社会发展和文化进步的重要基石，值得我们深入思考和探讨。

2. 文化多样性在文化创意产品中的可持续性实践

文化多样性在文化创意产品中扮演着重要角色，其可持续性实践对于文化产业的发展至关重要。文化多样性不仅丰富了文化创意产品的内容和形式，还推动了社会的包容性和可持续发展。

文化多样性促进了创意产品的创新与丰富。不同文化背景和传统的融合为创意产品注入了新的灵感和想法。文化多样性激发了创作者的想象力和创造力，带来了丰富多彩的作品。这种跨文化的交流与融合使得文化创意产品具有独特的魅力和吸引力，吸引着更广泛的受众群体，为文化产业的发展注入了新的活力。

文化多样性促进了社会的包容性与多元化。文化创意产品的多样性反映了社会的多元文化和价值观。它们为不同文化背景和群体提供了表达自我和交流的平台，促进了不同文化之间的理解与尊重。通过文化创意产品的交流与分享，人们能够更好地感知和体验不同文化的魅力，增进跨文化的沟通与交流，推动社会的和谐与包容。

文化多样性对文化创意产品的可持续发展起到了关键作用。保护和传承文化多样性不仅是对文化遗产的尊重和保护，也是对人类文明的继承和发展。通过将传统文化元素融入到创意产品中，可以实现文化的传承和创新。这种对传统文化的重新诠释和再创造不仅使文化得到传承，也使文化创意产品具有更长久的生命力和影响力，为文化产业的可持续发展奠定了坚实基础。

文化多样性也为文化创意产品的国际化发展提供了契机与支持。随着全球化进程的加速，人们对不同文化的认知和需求也越来越广泛。具有鲜明本土特色和文化传统的创意产品在国际市场上有着巨大的吸引力和竞争优势。通过文化创意产品的国际化推广，可以更好地展示和传播本土文化的魅力与特色，促进文化的交流与互鉴，提升国家在全球文化产业中的影响力和竞争力。

文化多样性在文化创意产品中的可持续性实践具有重要意义。它不仅促进了创意产品的创新与丰富，也推动了社会的包容性与多元化。文化多样性对文化创意产品的可持续发展起到了关键作用，为文化产业的发展注入了新的活力与动力。保护和传承文化多样性，促进跨文化交流与合作，是文化创意产品可持续发展的重要保障和基础。

二、文化创意产品中促进文化多样性的策略

（一）多元文化的融合与创新

文化创意产品在促进文化多样性方面扮演着重要角色，其融合与创新助力着多元文化的发展。文化创意产品可以采取融合式的策略，将不同文化元素相互融合，创造出独特而具有丰富文化内涵的作品。这种融合式策略能够突破传统的文化边界，让不同文化之间的交流与碰撞成为可能，为文化创意产品的创新打下坚实基础。

文化创意产品可以采取开放式的策略，鼓励跨文化的合作与交流。通过与不同地域、民族和文化背景的艺术家、设计师和创意人士合作，文化创意产品能够吸纳多元文化的精华，从而创造出更具包容性和多样性的作品。这种开放式策略能够打破文化壁垒，促进文化多样性的发展和传播。

文化创意产品可以采取挖掘式的策略，发掘和保护各种民族和地区的传统文化和艺术形式。通过挖掘和重新诠释传统文化的精髓，文化创意产品能够为传统文化注入新的生机和活力，从而实现传统与现代的有机结合。这种挖掘式策略不仅有助于弘扬民族文化，更能够激发创意的灵感，促进文化创意产品的创新发展。

文化创意产品可以采取包容式的策略，为各种文化传统和价值观提供平等的展示和表达空间。通过包容不同文化背景的艺术作品和创意设计，文化创意产品能够打破文化的偏见和局限，实现文化多元性的和谐共生。这种包容式策略能够促进文化的交流与对话，增进人们对不同文化的理解与尊重。

文化创意产品可以采取教育式的策略，通过举办文化活动和展览，推动公众对文化多样性的认知与关注。通过举办各种文化主题的活动和展览，文化创意产品能够向公众传递文化多样性的重要性，引导人们关注和保护文化遗产，促进文化多元性的发展和传承。这种教育式策略能够激发公众的文化兴趣和参与热情，推动文化创意产品的创新和发展。

文化创意产品在促进文化多样性方面可以采取融合式、开放式、挖掘式、包容式和教育式等多种策略。这些策略相互交织、相互促进，共同推动文化多元性的融合与创新，为人类社会的文化繁荣和进步做出积极贡献。

（二）文化多样性与用户参与

文化多样性是社会的一种重要特征，它涵盖了不同民族、地域、宗教、语言、习俗等多种文化元素。在文化创意产品中，促进文化多样性是实现产品的丰富性和包容性的关键。用户参与是促进文化多样性的重要策略之一，通过引导用户参与文化创意产品的设计、生产和传播过程，可以充分体现不同文化的特点和价值

观，推动文化多样性的展现和发展。

文化创意产品应该鼓励用户参与设计和创意过程。通过举办创意大赛、征集用户意见、组织设计工作坊等方式，让用户参与到文化创意产品的设计和创意过程中，充分发挥他们的想象力和创造力，从而提供更加多样化和丰富化的文化元素。用户参与设计过程不仅能够满足用户个性化需求，还能够激发创新思维，促进文化创意产品的不断更新和升级。

文化创意产品需要注重用户体验和互动性。通过提供丰富多样的用户体验和互动方式，吸引不同文化背景的用户参与到产品的使用和体验中来。例如，可以设计具有文化特色的互动体验活动，开发具有教育和娱乐性质的文化创意产品，促使用户更加深入地了解和体验不同文化，增强对文化多样性的认知和理解。

文化创意产品的营销和宣传也应该重视用户参与。通过运用社交媒体、线上线下活动等方式，让用户成为产品的参与者和传播者，分享自己的使用体验和感受，吸引更多的用户加入到文化创意产品的使用和推广中来。用户参与营销和宣传过程不仅可以提高产品的曝光度和影响力，还能够促进不同文化之间的交流和互动，推动文化多样性的传播和交流。

文化创意产品的设计和生产过程中应该重视用户的反馈和意见。通过收集用户的反馈和意见，及时调整和优化产品设计，满足用户的需求和期待，提升产品的用户体验和满意度。还可以利用用户反馈和意见来不断丰富产品的文化内涵，推动文化多样性的展现和发展。

用户参与是促进文化多样性的重要策略之一。通过鼓励用户参与产品的设计、生产、体验和传播过程，可以充分体现不同文化的特点和价值观，推动文化多样性的展现和发展。在文化创意产品的开发和推广过程中，应该重视用户参与，激发用户的创造力和创新思维，共同促进文化多样性的繁荣与发展。

（三）文化多样性的市场营销与传播

文化多样性在市场营销与传播中扮演着重要角色，促进文化创意产品的发展与传播。在文化创意产品的市场营销与传播过程中，采取一系列策略来促进文化多样性的传播和认知，既可以丰富消费者的文化体验，又能够提升产品的竞争力和影响力。

通过文化多样性的展示与体验来吸引消费者。在市场营销与传播中，文化创意产品可以通过展示丰富多样的文化元素和特色来吸引消费者的注意力。这包括利用不同的文化符号、传统手工艺、民族风情等元素来设计产品，展现产品的独特魅力和文化内涵。通过丰富多样的文化体验，消费者能够更加深入地了解产品背后的文化故事和意义，增加对产品的认同感和好奇心。

　　注重跨文化交流与合作，拓展市场传播渠道。跨文化交流与合作是促进文化多样性的重要途径之一。文化创意产品可以通过与不同地区、不同文化背景的合作伙伴进行合作，拓展市场传播渠道，实现跨地域、跨文化的传播。例如，可以与国际艺术家、设计师或文化组织合作，共同推出跨文化主题展览或活动，让更多的人了解和体验不同文化的魅力与特色。

　　注重数字化媒体与社交平台的运用，提升传播效果。随着数字化技术的不断发展，数字化媒体和社交平台成为了重要的传播渠道。文化创意产品可以通过互联网、社交媒体等渠道，将产品的文化元素和故事进行精准定位和有针对性地推广，吸引更多的目标受众。通过定制化的内容和互动体验，可以更好地与消费者进行沟通和互动，增强消费者对产品的认知和好感度，从而提升产品的市场影响力和竞争力。

　　重视文化教育与推广，培养消费者的文化品味与意识。文化创意产品的市场营销与传播不仅仅是产品推销，更应该是对文化的传承和推广。通过举办文化讲座、艺术展览、手工体验等活动，可以向消费者传递更多关于文化多样性的知识和信息，提升消费者的文化品味和意识。这种文化教育与推广不仅有助于增加消费者对产品的了解和认同，也能够培养消费者的文化素养和审美观念，促进文化多样性的传播和发展。

　　注重产品体验与情感共鸣，深化消费者对文化多样性的认知与体验。在市场营销与传播中，除了关注产品的外在表现和文化元素外，还应该注重产品的情感共鸣和体验。文化创意产品应该能够触动消费者的内心，引发情感共鸣，激发消费者的情感需求和购买欲望。通过打造独特的产品体验和情感连接，可以深化消费者对文化多样性的认知和体验，增强消费者对产品的认同和忠诚度。

　　文化多样性在市场营销与传播中发挥着重要作用，其促进文化创意产品的发展与传播。通过展示文化多样性、跨文化交流合作、数字化媒体运用、文化教育推广、产品体验与情感共鸣等策略，可以有效促进文化多样性在市场营销与传播中的传播与认知，提升产品的竞争力和影响力，实现文化创意产品的可持续发展。

第二节　文化敏感设计与本土化

一、文化创意产品的文化敏感设计

（一）文化敏感设计与文化创意产品的关系

文化敏感设计是文化创意产品成功的关键因素之一。通过文化敏感设计，产品设计者能够深入了解不同文化的特点和要求，充分考虑到不同文化群体的文化习惯、审美观念和价值取向，从而设计出更加符合用户需求和喜好的产品。文化敏感设计能够使文化创意产品更具有包容性和亲和力，提高产品的市场竞争力和用户满意度。

文化敏感设计能够促进文化创意产品的创新和发展。通过对不同文化的深入了解和研究，产品设计者能够发现文化中蕴含的丰富创意和设计灵感，从而开发出更具有创新性和独特性的产品。文化敏感设计能够激发产品设计者的创造力和想象力，推动产品设计的不断突破和进步，为文化创意产品的发展注入新的活力和动力。

文化敏感设计能够提升文化创意产品的社会影响力和文化价值。通过文化敏感设计，产品设计者能够更好地传达产品背后的文化内涵和情感表达，引导用户对不同文化的理解和尊重，促进文化交流与对话，加深人们对文化多样性的认识和体验。文化敏感设计能够使文化创意产品成为文化传播和价值观传递的重要载体，推动文化的交流与传播，促进社会的和谐与进步。

文化敏感设计能够增强文化创意产品的国际竞争力和国际影响力。通过对不同国家和地区文化的深入了解和研究，产品设计者能够开发出具有国际视野和国际标准的文化创意产品，提升产品的国际化水平和市场竞争力。文化敏感设计能够使文化创意产品更具有全球视野和全球影响力，推动产品在国际市场的拓展和发展，实现文化创意产品的跨越式发展和持续增长。

文化敏感设计与文化创意产品之间是一种密切相关的关系。文化敏感设计不仅是文化创意产品成功的关键因素，更是推动文化创意产品创新和发展的重要动力。只有充分重视文化敏感设计，将其融入到文化创意产品的设计和开发过程中，才能够实现产品的可持续发展和社会价值的最大化。

（二）文化敏感设计在用户体验中的体现

文化敏感设计是一种注重尊重、理解和体现多元文化特征的设计理念和实践方法。在文化创意产品中，文化敏感设计的体现直接关系到用户体验的质量和产品的市场影响。文化敏感设计不仅要考虑产品的功能和美学，还需要考虑到用户的文化背景、价值观念和情感需求，以确保产品能够充分地满足用户的多样化需求，并在不同文化环境中得到认可和欣赏。文化敏感设计体现在产品的文化符号和象征中。文化创意产品应该尊重和体现不同文化的符号、象征和意义，避免使用可能会冒犯或误解的文化元素。通过深入研究和理解不同文化的特点和表达方式，设计师可以合理运用文化符号和象征，使产品更具文化内涵和情感共鸣，提升用户的情感连接和认同感。

文化敏感设计体现在产品的语言和表达方式中。语言是文化的重要载体之一，不同文化背景的用户对语言的理解和表达方式有着不同的习惯和偏好。在文化创意产品的设计中，应该注重语言的文化敏感性，避免使用可能会产生歧义或误解的语言表达方式，尽量采用通俗易懂、贴近用户生活的语言风格，提高产品的传播和接受度。

文化敏感设计体现在产品的功能和用户体验中。文化创意产品的功能和用户体验应该与用户的文化背景和生活习惯相契合，考虑到不同文化之间的差异和特点。例如，可以根据不同地区的气候和环境特点设计产品的功能和使用场景，使产品更加贴近用户的生活和需求，提升用户的使用体验和满意度。

文化敏感设计还体现在产品的社会和环境影响中。文化创意产品的设计和生产过程应该尊重和保护当地的文化遗产和环境资源，避免对文化和环境造成不良影响。可以通过产品的设计和宣传来促进当地文化的传承和发展，提升产品的社会价值和影响力，为社会的文化多样性和可持续发展做出积极贡献。

文化敏感设计在文化创意产品中的体现至关重要。通过尊重、理解和体现不同文化的特点和价值观，设计师可以创造出更具包容性和亲和力的产品，提升用户的体验和情感连接，推动文化创意产品的市场竞争力和社会影响力。在文化创意产品的设计和生产过程中，应该高度重视文化敏感设计，将其纳入到产品开发的全过程中，为用户提供更加丰富、多样和具有文化特色的产品体验。

（三）文化敏感设计在文化创意产品中的应用

文化敏感设计在文化创意产品中具有重要作用，它考虑到了不同文化背景和价值观之间的差异，以确保产品的设计能够尊重、包容和体现多样化的文化特征。文化敏感设计不仅仅是一种设计理念，更是一种对文化多样性的尊重和理解，其在文化创意产品中的应用对于产品的成功与可持续发展至关重要。

文化敏感设计强调了文化背景和价值观的尊重与包容。在文化创意产品的设计过程中，设计者需要充分了解目标受众所处的文化环境和价值体系，以避免设计中可能存在的文化偏见或歧视。通过考虑不同文化群体的需求和偏好，设计出能够被广大受众接受和喜爱的产品，从而确保产品的市场竞争力和可持续发展。

文化敏感设计注重产品的文化传达与表达。文化创意产品不仅仅是商品，更是一种文化符号和表达形式。在设计过程中，设计者需要深入挖掘和理解产品所代表的文化内涵和精神，以确保产品能够准确地传达和表达其所承载的文化信息和意义。通过独特的设计元素和符号语言，能够使产品更加贴近目标受众的文化认知和审美标准，增强产品的文化价值和吸引力。

文化敏感设计强调了用户体验和参与的重要性。在文化创意产品的设计过程中，设计者需要考虑用户的文化背景和体验感受，以确保产品能够满足用户的需求和期待。通过引入用户参与和反馈机制，能够更好地了解用户的需求和偏好，从而优化产品的设计和功能，提升用户体验和满意度。这种用户参与和反馈机制不仅能够增强产品的市场竞争力，还能够促进产品的持续改进和创新。

文化敏感设计还注重产品的社会影响与责任。在设计过程中，设计者需要考虑产品可能带来的社会影响和责任，以确保产品的设计能够对社会产生积极的影响和贡献。通过注重产品的可持续性和社会责任，能够提升产品的品牌形象和社会声誉，增强消费者对产品的信任和认可度，从而实现产品的长期发展和成功。

文化敏感设计在文化创意产品中的应用是至关重要的。它不仅能够确保产品的设计能够尊重和体现多样化的文化特征，还能够提升产品的市场竞争力和用户体验，促进产品的可持续发展和社会影响。在文化创意产品的设计过程中，设计者应该充分认识到文化敏感设计的重要性，将其融入到产品设计的各个环节中，从而创造出更具有文化价值和影响力的产品。

二、文化创意产品的本土化策略

（一）本土化策略对产品市场的影响

本土化策略对产品市场具有深远影响，尤其对文化创意产品而言，本土化策略更显得重要。本土化策略着重于将产品与当地文化和市场需求相结合，以适应特定地域的文化环境和消费者群体的需求，从而实现产品的市场定位和竞争优势。

本土化策略能够增强文化创意产品与当地消费者之间的情感联系和认同感。通过融入当地文化元素、传统价值观和民族特色，文化创意产品能够更好地引起当地消费者的共鸣和情感认同，从而增强消费者对产品的信任和好感度。本土化策略使产品不再是简单的商品，而是代表着一种文化身份和情感表达的载体，使消费者更加愿意接受和购买。

本土化策略有助于提升文化创意产品在当地市场的竞争力和影响力。通过深入了解和把握当地市场的文化背景、消费习惯和市场趋势，产品设计者能够更好地满足消费者的需求和期待，提供更具有针对性和差异化的产品和服务。本土化策略使文化创意产品能够更好地融入当地市场，获得更多的市场份额和品牌影响力，实现产品在市场上的持续增长和发展。

本土化策略有助于拓展文化创意产品的市场空间和发展机会。通过在当地市场推广和营销，产品设计者能够积极拓展产品的销售渠道和覆盖范围，进一步提升产品的市场知名度和竞争地位。本土化策略能够帮助文化创意产品突破地域限制，拓展国内外市场，实现产品的全球化发展和品牌的国际化影响。

本土化策略有助于促进文化创意产品的可持续发展和社会价值。通过与当地企业、文化机构和社区合作，产品设计者能够充分利用当地资源和人才，推动当地文化产业的发展和繁荣。本土化策略能够促进文化创意产品与当地文化产业的深度融合，为当地经济的增长和社会的进步做出积极贡献，实现产品与社会的双赢局面。

本土化策略对文化创意产品的市场影响是全面而深远的。本土化策略不仅能够增强产品与消费者之间的情感联系和认同感，提升产品在当地市场的竞争力和影响力，拓展产品的市场空间和发展机会，更能够促进产品的可持续发展和社会价值的最大化。只有充分重视本土化策略，将其融入到产品的设计、开发和营销过程中，才能够实现文化创意产品在市场上的长期稳健发展。

（二）本土市场的文化消费特点

1. 消费者行为与文化创意产品

消费者行为和文化创意产品之间存在着密切的关系，而文化创意产品的本土化策略则是在考虑消费者行为和文化因素的基础上，为了适应本地市场需求和文化特点而采取的一系列措施。消费者行为是指消费者在购买、使用和评价产品时所表现出的行为模式和心理特征，而文化创意产品的本土化策略旨在更好地满足消费者的需求、习惯和文化背景，从而提高产品的市场竞争力和消费者满意度。

文化创意产品的本土化策略需要深入了解目标市场的文化特点和消费者行为。通过对目标市场的文化、历史、习俗、价值观等方面的深入调研和了解，可以更准确地把握消费者的需求和偏好，为产品的本土化提供有效的指导和支持。消费者行为的研究可以帮助企业了解消费者的购买决策过程、消费心理和行为动机，为文化创意产品的设计、定位和营销提供重要参考和依据。

文化创意产品的本土化策略需要充分考虑目标市场的文化和社会背景。在产品的设计、包装、营销和服务等方面，需要结合当地的文化特点和习惯，采取针对性的策略和措施。例如，可以根据当地的节日和传统习俗设计产品的包装和营销活动，或者针对当地的消费习惯和口味调整产品的配方和口味，以提高产品在本地市场的接受度和认可度。

文化创意产品的本土化策略还需要考虑消费者的文化认同和情感连接。通过在产品中融入当地的文化元素和情感符号，可以增强消费者对产品的认同感和归属感，提高产品的品牌忠诚度和口碑传播效应。可以通过文化创意产品的营销和宣传活动来强化产品与消费者之间的情感连接，激发消费者的购买欲望和参与热情，从而促进产品的销售和市场份额的提升。

文化创意产品的本土化策略需要持续不断地优化和调整。随着市场环境和消费者需求的变化，企业需要不断地跟踪和分析市场动态，及时调整和优化产品的本土化策略，保持产品的市场竞争力和用户满意度。还需要不断地创新和提升产品的文化品质和附加值，以适应消费者对文化创意产品的不断升级和需求的不断变化。

消费者行为和文化创意产品之间存在着密切的关系，而文化创意产品的本土化策略则是在考虑消费者行为和文化因素的基础上，为了适应本地市场需求和文化特点而采取的一系列措施。通过深入了解目标市场的文化特点和消费者行为、充分考虑当地的文化和社会背景、加强消费者的文化认同和情感连接，以及持续不断地优化和调整产品的本土化策略，可以有效地提高文化创意产品在本地市场的竞争力和影响力，实现市场的持续发展和品牌的长期增值。

2. 本土市场的文化审美趋势

本土市场的文化审美趋势对文化创意产品的本土化策略有着重要影响。本土市场的文化审美趋势是指在特定地域和文化背景下，人们对美的理解和追求的共同特征和倾向。文化创意产品的本土化策略需要充分考虑本土市场的文化审美趋势，以提高产品的市场适应性和竞争力，满足消费者的需求和偏好。本土市场的文化审美趋势是文化创意产品本土化的重要依据和指导。在特定地域和文化环境下，人们对美的理解和欣赏存在着共性和一致性，这种共性和一致性构成了本土市场的文化审美趋势。了解和把握本土市场的文化审美趋势，有助于设计者更好地把握消费者的心理预期和审美需求，从而设计出更符合本土市场口味和文化情感的文化创意产品。

文化创意产品的本土化策略需要深入挖掘和运用本土文化元素和传统工艺。本土文化元素和传统工艺是本土市场的文化基因和精神象征，具有丰富的历史和文化内涵。在文化创意产品的设计和制作过程中，运用本土文化元素和传统工艺，能够赋予产品独特的地域特色和文化魅力，增强产品的认同感和吸引力，提高产品的市场竞争力和影响力。

本土市场的文化审美趋势强调产品的生活化和实用化。在文化创意产品的本土化过程中，设计者需要将产品的设计理念与本土市场消费者的生活方式和实际需求相结合，打造出符合消费者日常生活和使用习惯的产品。通过强调产品的实用性和生活化，能够增强产品的市场适应性和用户体验，提升产品的市场竞争力和用户满意度。

本土市场的文化审美趋势也强调产品的情感共鸣和文化认同。在文化创意产品的本土化过程中，设计者需要注重产品与消费者之间的情感连接和文化共鸣，引发消费者的情感共鸣和文化认同，从而增强消费者对产品的认同感和忠诚度。通过打造具有情感共鸣和文化认同的产品，能够建立起稳固的品牌形象和用户基础，实现产品的长期发展和成功。

本土市场的文化审美趋势对文化创意产品的本土化策略具有重要意义。了解和把握本土市场的文化审美趋势，有助于设计者更好地把握消费者的审美需求和文化情感，设计出更具有本土特色和文化魅力的文化创意产品。通过深入挖掘和运用本土文化元素和传统工艺，强调产品的生活化和实用化，以及注重产品的情感共鸣和文化认同，能够实现文化创意产品的本土化，提升产品的市场竞争力和影响力，满足消费者的需求和期待。

第三节　文化传承与可持续发展

一、文化创意产品设计中的文化传承

（一）文化传承对社会的重要性

文化传承是社会发展中的重要组成部分，对社会具有深远的重要性。在文化创意产品设计中，文化传承更是承载着历史记忆和文化精神，具有不可替代的价值和意义。

文化传承是社会认同和凝聚力的重要来源。通过传承和弘扬历史文化遗产、传统技艺和民族风情，社会成员能够建立起共同的文化认同和归属感，增强社会凝聚力和团结力。文化传承使得人们能够从历史中汲取智慧和力量，形成共同的文化价值观念和行为准则，促进社会的和谐稳定发展。

文化传承是文化多样性和创新发展的重要保障。通过传承和弘扬不同民族、地域和历史时期的文化传统和风情，社会能够保持文化的多样性和丰富性，促进文化的交流和融合，推动文化的创新和发展。文化传承为文化创意产品设计提供了丰富的创作资源和灵感源泉，激发设计者的创新意识和创作热情，促进产品的不断更新和升级。

文化传承是历史记忆和文化认同的重要载体。通过传承和弘扬历史文化遗产和传统价值观念，社会能够传承和保存历史的记忆和经验，弘扬和传播民族的文化精神和民族的优秀传统。文化传承使得人们能够深刻理解和认识自己的历史和文化，增强对文化传统的自豪感和珍惜感，从而塑造个体和社会的文化认同和自我价值。

文化传承是社会文明和进步的重要标志。通过传承和弘扬文化传统和精髓，社会能够不断吸取前人的智慧和经验，借鉴他人的成功和失败，推动社会的文明进步和社会的持续发展。文化传承使得社会能够不断积累和创造新的文化财富和人文资源，为社会的繁荣和进步注入强大的文化动力和精神力量。

文化传承对社会的重要性不言而喻。在文化创意产品设计中，文化传承更是承载着历史记忆和文化精神，具有不可替代的价值和意义。只有充分重视文化传承，将其融入到产品设计的方方面面，才能够实现文化创意产品的创新发展和社会价值的最大化，为人类社会的文明进步和文化繁荣做出更大的贡献。

（二）传统工艺与文化创意产品

1. 传统工艺在文化创意产品中的应用

传统工艺在文化创意产品中扮演着重要角色，它是文化传承和创新的重要载体。文化创意产品设计中的文化传承不仅是对传统工艺的一种延续和发展，更是对文化价值和历史记忆的传承和弘扬。传统工艺作为一种历史积淀和文化遗产，通过在文化创意产品设计中的应用，能够为产品赋予独特的文化韵味，激发人们对传统文化的认知和情感连接。

传统工艺在文化创意产品中的应用能够保护和传承民族文化的独特魅力。传统工艺是一个民族文化的重要组成部分，它承载着民族的历史、传统和智慧，具有独特的艺术价值和审美特色。通过将传统工艺融入文化创意产品的设计中，不仅能够保护和传承传统工艺的技艺和技法，还能够让更多的人了解和欣赏传统工艺的魅力，促进传统工艺的传承和发展。

传统工艺在文化创意产品设计中的应用能够激发创新和创意。传统工艺虽然具有悠久的历史和丰富的文化内涵，但并不意味着它们与时代脱节，相反，传统工艺可以与现代设计相结合，创造出更具创意和时尚感的文化创意产品。通过对传统工艺的重新解读和再创造，可以赋予产品全新的设计语言和审美表达，满足现代消费者对个性化和创新的需求，促进传统工艺与当代生活的融合和发展。

传统工艺在文化创意产品设计中的应用能够促进产业振兴和经济发展。传统工艺作为一个重要的文化产业，具有丰富的市场潜力和经济价值。通过将传统工艺与现代生产技术相结合，可以打造出更具市场竞争力和品牌影响力的文化创意产品，拓展传统工艺的市场空间和发展前景，促进传统工艺产业的振兴和升级。

传统工艺在文化创意产品设计中的应用能够弘扬民族精神和文化自信。传统工艺是一个民族文化的重要标志，它体现了民族的智慧和创造力，展示了民族文化的独特魅力和魅力。通过将传统工艺融入文化创意产品的设计中，不仅能够弘扬民族精神和文化自信，还能够提升民族文化在国际舞台上的影响力和竞争力，增强民族凝聚力和认同感。

传统工艺在文化创意产品设计中的应用是一种重要的文化传承和创新方式。通过保护和传承传统工艺的独特魅力，激发创新和创意，促进产业振兴和经济发展，弘扬民族精神和文化自信，可以为文化创意产品赋予更加丰富的文化内涵和情感价值，推动传统工艺与现代生活的融合和发展，实现文化传承与时代发展的有机统一。

2. 文化传承与工艺创新的平衡

文化传承与工艺创新的平衡在文化创意产品设计中扮演着关键角色。文化传承是对历史和传统的尊重与继承，而工艺创新则是推动文化发展和产业进步的重要力量。在文化创意产品设计中，平衡文化传承与工艺创新，既可以保护和传承传统文化，又能够注入新的创意和活力，促进文化创意产品的发展与创新。文化传承是文化创意产品设计的重要基础。传统文化是一个国家或地区的文化基因和精神财富，对于文化创意产品设计具有重要的指导意义和启发作用。通过传承传统文化，设计者能够深入挖掘和发掘文化资源，汲取传统工艺和艺术的精髓和智慧，为产品设计提供丰富的灵感和素材。这种文化传承不仅有助于传承和弘扬民族文化，也能够赋予产品独特的文化内涵和历史意义，增强产品的文化认同感和艺术价值。

工艺创新是文化创意产品设计的重要动力。随着社会和科技的不断发展，传统工艺和技术不断向前推进，为文化创意产品的设计和制作提供了更多的可能性和机遇。工艺创新能够引入新的材料、工艺和技术，使产品在设计和制作上更加灵活多样，创意更加独特新颖。通过工艺创新，设计者能够打破传统束缚，开拓创新思路，设计出更具有时代特色和市场竞争力的文化创意产品。

文化传承与工艺创新需要取得平衡。过度追求创新可能会导致文化传统的丧失和文化价值的淡化,而过度沉湎于传统可能会限制产品的创新空间和发展潜力。在文化创意产品设计中,设计者需要在传承和创新之间找到平衡点,既要尊重和保护传统文化,又要注入新的创意和活力,使传统文化与现代需求相结合,实现文化传承和工艺创新的有机融合。

注重文化创意产品设计中的可持续发展。文化传承与工艺创新的平衡不仅需要考虑产品的设计和制作过程,还需要考虑产品的生命周期和社会影响。设计者应该注重产品的可持续发展,采用环保材料和工艺,减少资源消耗和环境污染,推动文化创意产品的可持续发展和社会责任。

文化传承与工艺创新的平衡是文化创意产品设计中的重要课题。通过平衡文化传承与工艺创新,设计者能够充分发挥传统文化的魅力和艺术价值,又能够引入新的创意和技术,推动文化创意产品的发展与创新。这种平衡不仅有助于传承和弘扬传统文化,也能够促进文化创意产业的繁荣与发展,实现传统文化与现代社会的和谐共生。

二、文化创意产品设计与可持续发展

(一)可持续发展对文化创意产业的影响

可持续发展要求文化创意产业实现经济、社会和环境的协调发展。在文化创意产品设计中,必须考虑到产品生命周期的各个阶段对环境和社会的影响,注重资源的合理利用和环境的保护。通过采用环保材料和技术,降低能源消耗和污染排放,文化创意产品能够减少对环境的负面影响,实现经济增长与环境保护的良性循环。

可持续发展要求文化创意产业实现产业链的可持续发展和价值链的升级。在文化创意产品设计中,需要注重产业链的整合和优化,加强各个环节之间的协同合作和信息共享。通过建立健全的供应链和销售网络,文化创意产品能够实现生产、流通和消费的有机结合,实现价值链的最大化和产业链的持续发展。

可持续发展要求文化创意产业实现文化传承和创新发展的有机结合。在文化创意产品设计中,需要注重传统文化的保护和创新发展的融合,将传统文化元素与现代设计理念相结合,创造出具有传统文化特色和现代审美感的产品。通过挖掘和利用传统文化的精髓和魅力,文化创意产品能够实现文化传承与创新发展的有机结合,满足不同群体的文化需求和审美追求。

可持续发展要求文化创意产业实现国际化和本土化的有机结合。在文化创意产品设计中,需要注重吸收国际先进的设计理念和技术手段,同时保持本土文化的独特性和特色。通过开展国际合作和交流，文化创意产品能够吸取外部经验和资源，不断拓展产品的国际市场和影响力；通过弘扬本土文化和民族特色，文化创意产品能够提升产品的文化认同和市场竞争力。

可持续发展对文化创意产业的影响是全方位的。文化创意产品设计与可持续发展之间有着密切的联系和相互影响。只有充分认识到可持续发展的重要性，并将其融入到文化创意产品设计的方方面面，才能够实现产业的持续发展和社会的共同进步。

（二）可持续材料在文化创意产品设计中的作用

可持续材料在文化创意产品设计中具有重要作用。它们是推动文化创意产品设计与可持续发展相结合的关键因素之一。可持续材料具有较低的环境影响和更好的资源利用效率，可以降低产品的生产成本和环境负担，同时也能够体现企业的社会责任和环保理念。可持续材料的应用能够减少对自然资源的消耗。传统材料的开采和加工往往会造成环境污染和资源浪费，而可持续材料往往是通过可再生资源或循环利用的方式获取，能够有效地减少对自然资源的消耗，降低对生态环境的破坏。通过选择可持续材料作为文化创意产品的原材料，可以有效地减少对自然资源的开采和利用，促进资源的可持续利用和循环利用，推动可持续发展理念的落实。

可持续材料的应用有助于降低产品的环境影响。传统材料的生产和加工过程往往会产生大量的废弃物和污染物，对环境造成严重的污染和破坏。而可持续材料往往具有更低的能耗和排放，能够减少生产过程中的环境污染和能源消耗。通过选择可持续材料作为文化创意产品的原材料，可以降低产品的生产过程对环境的影响，减少对环境的负面影响，保护生态环境，实现可持续发展的目标。

可持续材料的应用还可以提升产品的品质和竞争力。可持续材料往往具有更好的品质和性能，能够满足消费者对产品质量和功能的需求。选择可持续材料作为文化创意产品的原材料，不仅可以提升产品的品质和用户体验，还可以提高产品的竞争力和市场占有率。消费者越来越重视产品的环保性和可持续性，选择可持续材料制作的产品往往更受消费者青睐，有利于企业树立良好的品牌形象和企业形象，拓展市场空间，实现经济效益和社会效益的双赢。

可持续材料的应用有助于推动文化创意产品设计与可持续发展的融合。文化创意产品设计应该更加关注社会和环境的可持续发展，通过选择可持续材料、优化产品设计和生产过程，实现产品的经济效益、社会效益和环境效益的统一。通过将可持续发展理念融入文化创意产品的设计中，可以促进产品的创新和升级，推动产业转型升级，实现经济发展和社会进步的良性循环。

可持续材料在文化创意产品设计中的应用是推动文化创意产品设计与可持续发展相结合的重要途径。通过选择可持续材料、降低产品的环境影响、提升产品的品质和竞争力，可以实现产品的经济效益、社会效益和环境效益的统一，推动文化创意产品设计与可持续发展的融合，为社会的可持续发展和文化传承注入新的活力和动力。

（三）设计中的生态意识与可持续发展

设计中的生态意识与可持续发展是文化创意产品设计的重要考量因素。生态意识是对自然环境的关注和尊重，可持续发展是实现经济、社会和环境的和谐统一。在文化创意产品设计中，融入生态意识与可持续发展理念，不仅能够保护环境资源，还能够提高产品的品质和市场竞争力。

生态意识在文化创意产品设计中扮演着重要角色。设计者需要关注生态环境的可持续发展，避免使用对环境造成负面影响的材料和工艺。选择可再生材料、环保工艺和资源节约技术，能够降低产品的生产成本，减少对自然资源的消耗，减少环境污染和生态破坏，实现生态系统的平衡与稳定。

可持续发展理念指导着文化创意产品设计的方向与目标。设计者应该注重产品的全生命周期管理，从设计、生产、使用到回收的每个环节都要考虑环境和社会的影响。通过推广循环经济和绿色设计理念，可以实现资源的有效利用和循环利用，降低对环境的负荷，促进经济的可持续发展和社会的稳定。

生态意识与可持续发展是提高产品品质和市场竞争力的重要保障。消费者对环保和可持续发展的关注度不断提高，对具有生态意识的文化创意产品更加青睐。设计者通过注入生态意识与可持续发展理念，能够提高产品的品质和附加值，增强产品的市场竞争力，拓展产品的销售渠道，实现产品的可持续发展和商业价值。

生态意识与可持续发展也为设计创新提供了新的机遇和挑战。在设计过程中，设计者需要充分考虑产品的环保性、可持续性和社会责任，创新出符合市场需求和环保要求的文化创意产品。通过绿色设计和生态创新，能够推动产业结构的转型升级，促进文化创意产业的可持续发展和绿色转型，实现经济效益和社会效益的双赢。

生态意识与可持续发展是文化创意产品设计的重要指导原则和发展方向。通过融入生态意识与可持续发展理念，能够实现文化创意产品的生产与消费过程的环境友好和社会责任，提升产品的品质和市场竞争力，促进产业的可持续发展和绿色转型，推动经济、社会和环境的和谐发展。设计者应该深入贯彻生态意识与可持续发展理念，积极探索绿色设计和生态创新的路径和方式，推动文化创意产品的可持续发展，为人类的美好未来做出更大的贡献。

第四节　跨文化沟通与产品设计

一、跨文化沟通在文化创意产品设计中的重要性

（一）跨文化沟通与文化创意产品设计的紧密联系

跨文化沟通与文化创意产品设计之间存在着密切的联系和重要的关系。在当今全球化的背景下，不同文化之间的交流与互动日益频繁，文化创意产品设计需要考虑到不同文化背景、价值观念和传统习俗，因此跨文化沟通显得至关重要。

跨文化沟通能够帮助设计者深入了解不同文化背景下的消费者需求和偏好。通过有效的跨文化沟通，设计者可以与不同文化背景的人进行互动和交流，了解他们的生活方式、审美观念、文化情感等方面的差异和共通之处。这种了解能够帮助设计者更好地把握目标受众的需求和期待，有针对性地进行文化创意产品的设计和开发。

跨文化沟通有助于设计者获取跨文化的灵感和创意。不同文化背景之间的交流和碰撞，往往能够激发出新的创意和设计理念。通过与不同文化背景的人进行交流和合作，设计者可以借鉴他们的文化元素、艺术风格和创作理念，为自己的设计注入新的活力和灵感，创造出更具创意和独特性的文化创意产品。

跨文化沟通有助于设计者避免文化误解和文化冲突。在跨文化交流中，往往会出现因文化差异引起的误解和冲突，如果设计者缺乏足够的跨文化沟通能力，可能会导致设计产品的失误和不当。通过深入了解不同文化的价值观念、礼仪习惯和沟通方式，设计者能够更好地避免文化冲突，建立起相互尊重和理解的沟通桥梁，推动文化创意产品的顺利设计和推广。

跨文化沟通有助于设计者拓展市场和提升竞争力。在全球化的背景下，文化创意产品的市场已经不再局限于国内，而是面向全球。通过有效的跨文化沟通，设计者能够更好了解国际市场的需求和趋势，把握国际市场的机遇和挑战，设计出更具国际化水准和竞争力的文化创意产品，拓展产品的市场空间和影响力，提升企业的竞争力和品牌价值。

跨文化沟通在文化创意产品设计中具有重要的意义和作用。它不仅能够帮助设计者深入了解不同文化背景下的消费者需求和偏好，获取跨文化的灵感和创意，

避免文化误解和文化冲突，还能够拓展市场和提升竞争力，推动文化创意产品的可持续发展和国际化进程。设计者应该重视跨文化沟通能力的培养和提升，将其融入到文化创意产品设计的方方面面，为文化创意产业的发展注入新的活力和动力。

（二）跨文化沟通对设计团队创新力的促进

跨文化沟通对设计团队的创新力有着重要的促进作用。在文化创意产品设计中，跨文化沟通不仅是一种交流方式，更是实现团队协作、创新和成功的关键因素之一。跨文化沟通能够促进设计团队的创新力发挥，提升设计品质和文化创意产品的竞争力。

跨文化沟通能够拓宽设计团队的视野和思维。不同文化背景的设计师拥有不同的价值观、审美观和创作方式，通过跨文化沟通，设计团队可以从不同文化中汲取灵感和启发，拓展设计思维的广度和深度，创造出更具创新性和多样性的作品。跨文化沟通可以帮助设计团队突破地域限制和文化藩篱，激发团队成员的创造力和想象力，促进文化创意产品设计的丰富和多样化。

跨文化沟通有助于增进设计团队成员之间的理解和信任。不同文化背景的团队成员之间存在着语言、习俗、价值观等方面的差异，通过跨文化沟通，可以加深团队成员之间的相互了解和信任，建立起良好的团队合作关系。在跨文化沟通的过程中，团队成员可以学习和尊重彼此的文化差异，增进团队凝聚力和协作效率，共同致力于文化创意产品的设计和创新。

跨文化沟通有助于发现和解决设计过程中的问题和挑战。在文化创意产品的设计过程中，可能会面临来自不同文化背景的团队成员之间的沟通障碍和理解误差，这时候需要进行跨文化沟通，及时发现和解决问题，确保设计工作的顺利进行。通过跨文化沟通，团队成员可以共同探讨和解决设计过程中的技术难题和创意难题，促进设计思路的清晰和明确，提高设计品质和产品竞争力。

跨文化沟通有助于推动文化创意产品的国际化和全球化发展。在全球化的背景下，文化创意产品需要具备跨文化的视野和国际化的设计理念，才能适应不同国家和地区的消费需求和文化特点。通过跨文化沟通，设计团队可以了解和借鉴全球范围内的设计趋势和创新理念，不断提升产品的国际竞争力和影响力，实现文化创意产品的国际化和全球化发展。

跨文化沟通对设计团队的创新力有着重要的促进作用。通过拓宽视野和思维、增进团队成员之间的理解和信任、发现和解决问题、推动产品的国际化和全球化发展等方面的作用，跨文化沟通可以促进设计团队的创新能力发挥，提升设计品质和文化创意产品的竞争力。在文化创意产品的设计过程中，应该高度重视跨文化沟通，加强团队协作和交流，实现设计理念和文化价值的跨越和融合，推动文化创意产品的不断创新和发展。

（三）跨文化沟通在用户研究中的应用

跨文化沟通在用户研究中扮演着重要角色。用户研究旨在了解不同文化背景下的用户需求、偏好和行为，从而指导产品设计与开发。跨文化沟通能够帮助研究人员建立与不同文化背景用户的有效沟通与理解，从而获取准确的用户反馈和洞察，为文化创意产品的设计提供有益指导。跨文化沟通在用户研究中强调文化差异的尊重与理解。不同文化背景下的用户具有不同的价值观、行为习惯和沟通方式，因此需要采用恰当的沟通策略与用户进行有效交流。研究人员应该尊重并理解用户的文化背景和语言特点，避免使用可能引起误解或冲突的词语和表达方式，以建立良好的跨文化沟通基础。

跨文化沟通有助于发现用户的潜在需求与期待。通过深入了解不同文化背景下用户的生活方式、价值观和心理特点，研究人员能够更好地把握用户的真实需求和期待。通过开放式的沟通与交流，能够激发用户的想法和意见，发现隐藏在文化背后的用户洞察，为产品设计与创新提供重要参考。

跨文化沟通有助于解决文化差异带来的挑战与障碍。在不同文化背景下，语言、信仰、习俗等方面的差异可能导致沟通障碍和误解。通过跨文化沟通，研究人员能够主动了解并解决这些挑战，调整研究方法和工具，使其更贴近目标用户的文化环境和语境，提高用户研究的准确性和有效性。

跨文化沟通还能够促进文化创意产品设计的创新与多样性。通过与不同文化背景的用户进行广泛而深入的沟通与交流，设计团队能够获取到来自不同文化背景的创意和灵感，拓展设计思路，促进产品设计的多样化和创新性，提升产品的市场竞争力和用户体验。

跨文化沟通在用户研究中的应用对于文化创意产品的设计与开发具有重要意义。通过尊重文化差异、发现用户需求、解决沟通障碍、促进创新多样性等方面的作用，跨文化沟通为文化创意产品的设计提供了有效的指导和支持，推动产品与用户之间的更深层次的沟通与互动，实现产品的持续优化和用户满意度的提升。

二、文化创意产品设计中的跨文化沟通策略

（一）设计过程中的跨文化沟通

理解和尊重文化差异是设计过程中跨文化沟通的基础。设计者需要深入了解不同文化背景下的价值观念、社会习俗和行为规范，尊重并接受这些差异，不以

自己的文化观念来评判和解释他人的行为和思想。通过理解和尊重文化差异，设计者能够建立起与跨文化团队和客户的信任和共鸣，打下良好的沟通基础。

倾听和沟通是设计过程中跨文化沟通的关键。设计者需要善于倾听不同文化背景下的声音和需求，关注他人的观点和意见，尊重每个人的表达权利。通过积极的沟通和互动，设计者能够了解跨文化团队和客户的需求和期待，促进沟通双方的理解和共识，推动设计过程的顺利进行和最终产品的成功实施。

建立和维护良好的跨文化团队是设计过程中跨文化沟通的重要保障。设计者需要构建一个多元化的团队，包括不同文化背景和专业领域的人员，以确保设计过程中的各个环节都能够得到充分的考虑和协调。通过建立和维护良好的跨文化团队，设计者能够集思广益，融合不同文化的智慧和经验，推动设计过程的不断创新和进步。

灵活应对和妥协是设计过程中跨文化沟通的重要策略。由于不同文化背景之间存在着差异和冲突，设计者需要灵活应对，善于妥协和调解，寻求双赢的解决方案。通过妥协和调解，设计者能够化解跨文化沟通中的矛盾和分歧，推动设计过程的顺利进行和最终产品的成功实施。

持续学习和提升是设计过程中跨文化沟通的持久动力。由于文化背景和社会环境的不断变化，设计者需要不断学习和积累跨文化沟通的经验和技巧，不断提升自己的跨文化沟通能力和水平。通过持续学习和提升，设计者能够不断适应和应对跨文化沟通的挑战，不断拓展自己的视野和思维，推动设计过程的不断创新和进步。

设计过程中的跨文化沟通是确保文化创意产品成功的关键因素。设计者需要运用一系列的跨文化沟通策略，包括理解和尊重文化差异、倾听和沟通、建立和维护良好的跨文化团队、灵活应对和妥协，以及持续学习和提升等，确保设计过程的顺利进行和最终产品的成功推出。只有充分重视跨文化沟通，将其融入到设计过程的方方面面，才能够实现文化创意产品设计的成功和价值的最大化。

（二）产品传播与市场营销的跨文化考量

1. 跨文化品牌传播的挑战与机遇

跨文化品牌传播面临着诸多挑战和机遇，而文化创意产品设计中的跨文化沟通策略是解决这些挑战和抓住机遇的关键之一。

跨文化品牌传播的挑战主要包括语言障碍、文化差异、传播渠道多样化等方面。语言障碍是跨文化品牌传播的首要挑战，不同文化背景的消费者使用不同的语言，如果品牌不能有效地进行跨文化沟通，就难以实现信息的传递和理解。文化差异是另一个重要的挑战，不同文化有着不同的价值观、习俗和信仰，如果品牌不能充分了解并尊重目标文化的特点，就可能会出现文化冲突和误解。传播渠道多样化也是跨文化品牌传播面临的挑战之一，不同文化背景的消费者可能使用不同的传播渠道和媒介，品牌需要根据目标文化的特点选择合适的传播渠道和媒介，才能更好地传播品牌信息和价值观。

跨文化品牌传播也带来了许多机遇。随着全球化的发展，消费者对跨文化品牌的需求日益增加，品牌可以通过跨文化传播扩大市场份额，增强品牌影响力。跨文化品牌传播也有助于提升品牌形象和竞争力，品牌可以通过传播文化创意产品的独特魅力和文化价值，赢得消费者的信任和认可，树立起良好的品牌形象和企业形象在文化创意产品设计中，采取有效的跨文化沟通策略至关重要。要深入了解目标文化的特点和消费者的需求，了解目标文化的语言、习俗、价值观等方面的特点，为产品设计和品牌传播提供有效的参考和支持。

要建立多元化的传播渠道和媒介，根据目标文化的特点选择合适的传播渠道和媒介，确保产品信息和品牌形象能够全面和准确地传播到目标消费者群体中。要加强团队的跨文化沟通和合作，建立开放、包容的团队氛围，鼓励团队成员之间的交流和合作，共同推动文化创意产品的设计和品牌传播。

跨文化品牌传播面临着挑战和机遇，文化创意产品设计中的跨文化沟通策略是解决挑战和抓住机遇的关键之一。通过深入了解目标文化、建立多元化的传播渠道和媒介、加强团队的跨文化沟通和合作，可以更好地实现文化创意产品的设计和品牌传播，提升产品的竞争力和市场影响力。

2. 跨文化传播对产品认知与接受的影响

跨文化传播在产品认知与接受方面具有重要影响。文化创意产品设计中的跨文化沟通策略，对于产品在不同文化背景下的认知与接受起着关键作用。跨文化传播涉及多种因素，包括语言、价值观、符号和传统等，这些因素影响着产品在不同文化中的理解和接受程度。跨文化传播影响着产品在不同文化中的认知与理解。不同文化背景下的人们对于产品的认知方式和理解程度可能存在较大差异。跨文化传播需要考虑到这些差异，以便更好地传达产品的核心价值和特点。通过适应性的传播策略，能够使产品信息更贴近目标文化的语言、符号和文化背景，提高产品在不同文化中的认知度和理解度。

跨文化传播影响着产品在不同文化中的接受与欢迎程度。不同文化背景下的人们对于产品的接受程度受到其文化认同和价值观的影响。跨文化传播需深入了解目标文化的特点和用户需求，设计相应的传播策略和沟通方式，以增强产品在目标文化中的接受度和欢迎程度。通过寻找共鸣点和创新点，能够使产品更好地融入目标文化，获得用户的认同与支持。

　　跨文化传播还需要关注文化差异带来的挑战与障碍。不同文化之间存在着语言、习俗、信仰等方面的差异，这些差异可能导致传播信息的误解和不适应。跨文化传播需要针对这些挑战采取相应的应对措施，比如通过语言翻译、文化适应等方式，减少传播过程中可能出现的文化冲突和沟通障碍，确保产品信息能够被准确传达和理解。

　　跨文化沟通策略在文化创意产品设计中至关重要。设计团队需要充分考虑目标文化的特点和用户需求，制定相应的跨文化沟通策略，以确保产品能够在不同文化中获得良好的认知和接受。通过建立多元化的沟通渠道，加强与目标文化的互动和交流，能够更好地了解用户的需求和反馈，不断优化产品设计和传播方式，提高产品的市场竞争力和用户满意度。

　　跨文化传播对产品认知与接受具有重要影响。在文化创意产品设计中，跨文化沟通策略应当成为设计团队关注的重点，以确保产品能够在不同文化背景下获得良好的认知和接受，实现产品的成功推广与营销。

第七章　可持续设计与时尚产业

第一节　时尚产业的可持续性挑战

一、时尚产业的可持续性挑战概述

（一）生产与供应链的环境影响

时尚产业的可持续性面临诸多挑战，其中生产与供应链的环境影响是其中之一。时尚产业的生产过程和供应链管理对环境造成的影响十分巨大，这些影响主要体现在资源消耗、污染排放、生态破坏等方面。

时尚产业的生产过程大量消耗自然资源。纺织品的生产需要大量的水资源和能源，特别是染色和整理环节，会释放大量的有毒化学物质，对水资源造成污染。棉花等原材料的生产需要大量的农药和化肥，对土壤和生态系统造成破坏，导致生态失衡和生物多样性减少。

时尚产业的供应链管理对环境造成的影响主要体现在运输和包装环节。时尚产品的生产通常涉及全球范围内的原材料采购、加工生产、配送销售等环节，需要大量的运输和包装材料，加剧了碳排放和资源浪费。过度依赖快速、廉价的国际运输也会增加环境负担，加剧气候变化和能源消耗。

时尚产业的废弃物处理问题日益严重。由于时尚产业的快速更新换代和大量生产，导致了大量的产品和包装废弃物产生。许多消费者对于时尚产品的购买是基于短期潮流和消费心理，这导致了许多产品的迅速淘汰和废弃，加剧了废弃物处理的难题，对环境造成了更大的压力。

时尚产业的不可持续生产和消费模式导致了环境和社会的不平衡发展。时尚产业追求快速的生产和高度的消费，导致了资源的过度开采和浪费，加剧了资源的枯竭和环境的恶化。与此由于时尚产业的集中生产和低成本制造，也导致了劳动条件恶劣和劳工权益受损的问题，引发了社会的不公平和不稳定。

时尚产业的可持续性面临着严峻的挑战，其中生产与供应链的环境影响是其中之一。要解决这些挑战，时尚产业需要转变发展模式，推动生产和消费方式的转型升级，加强环境保护和资源利用，促进循环经济和绿色发展，实现经济、社会和环境的可持续平衡发展。

（二）消费模式与资源浪费

消费模式与资源浪费是时尚产业面临的重要挑战之一，对时尚产业的可持续性产生了深远影响。时尚产业的消费模式往往被快速更新和不断变化的潮流所驱动，消费者对时尚产品的需求不断增长，而这种消费模式往往伴随着资源的过度开采和浪费。时尚产业的可持续性挑战主要表现在以下几个方面。

时尚产业的快速更新和不断变化的消费模式导致了资源的过度开采和浪费。为了满足消费者不断变化的需求和追求新潮流的心理，时尚产业不断推出新款式、新设计，加速了资源的消耗和浪费。大量的原材料被用于生产大量的时尚产品，而其中很大一部分往往是短暂流行后被抛弃的，导致了资源的大量浪费和环境的破坏。

时尚产业中存在着生产链条的不透明性和不可持续性。时尚产品的生产过程涉及到全球范围内的原材料采集、加工、生产和运输等环节，其中存在着大量的资源浪费和能源消耗。而由于生产链条的不透明性，消费者往往无法了解产品的生产过程和背后的环境影响，难以对产品的可持续性进行评估和选择。

时尚产业中存在着大量的废弃物和污染物排放。随着生产规模的不断扩大和生产技术的不断进步，时尚产业所产生的废弃物和污染物也在不断增加。大量的废弃物往往无法得到有效处理和利用，造成了环境的污染和资源的浪费，对生态环境造成了严重的破坏。

时尚产业中存在着消费者观念的深层问题和社会文化的影响。消费者往往被商业广告和时尚杂志的宣传所影响，追求名牌、时尚和潮流，忽视了产品的质量和可持续性。社会文化中存在着消费至上、浪费至上的价值观，消费者普遍认为购买更多的时尚产品可以提升自己的社会地位和身份认同，而忽视了对环境和社会的责任和担当。

消费模式与资源浪费是时尚产业面临的重要挑战之一，对时尚产业的可持续性产生了深远影响。为了应对这一挑战，时尚产业需要转变消费模式，推动可持续发展理念的深入人心，减少资源的浪费和环境的污染。需要制定并执行严格的环保政策和法规，加强对生产过程的监管和控制，推动时尚产业向着更加可持续、环保和社会责任的方向发展。也需要加强消费者教育和意识培养，引导消费者理性消费，选择质量好、可持续性强的时尚产品，共同推动时尚产业迈向可持续发展的道路。

（三）社会责任与劳工权益

时尚产业在追求商业利润的也面临着重要的社会责任与劳工权益的可持续性挑战。这些挑战涉及到生产链的各个环节，包括原材料采集、生产工艺、劳动条件、营销策略等，对时尚产业的可持续性发展构成了严峻的考验。

原材料采集是时尚产业可持续性的首要挑战之一。时尚产品的制作过程中，往往需要大量的原材料，例如棉花、皮革、合成纤维等。原材料的获取过程中常涉及到环境破坏和资源枯竭的问题。森林砍伐、水资源过度使用等现象不仅加剧了生态问题，也威胁到了相关社区的生计。时尚产业需要思考如何在原材料采集环节减少对环境的负面影响，推动更可持续的原材料管理。

生产工艺中的环境污染和能源浪费是时尚产业可持续性的另一个挑战。传统的染色、印花和整理工艺中使用的化学物质对环境产生严重的污染，而生产过程中大量的废水排放和能源消耗也加剧了对环境的负担。时尚产业需要寻找更环保、更能源高效的生产工艺，减少对环境的不可逆损害。

在劳动条件方面，时尚产业面临的挑战也不容忽视。许多时尚品牌将生产基地设在一些劳动力成本较低的地区，导致劳工的权益和工作条件常常受到忽视。劳动力的剥削、工时过长、工资低廉等问题引发了社会的广泛关注。时尚产业需要反思并改善劳动条件，确保员工在安全、健康的环境中工作，并获得合理的薪酬和权益保障。

时尚产业在产品销售和营销中也面临一系列的可持续性挑战。快时尚的推动下，很多品牌不断推出新品，导致消费者的购买行为趋向过度消费。这种过度消费模式不仅对环境造成巨大压力，也助长了浪费文化。时尚产业需要反思推动消费的营销策略，引导消费者理性购物，推崇可持续时尚的理念。

时尚产业的供应链透明度是一个亟待解决的问题。由于供应链的复杂性，很多时尚品牌难以了解其产品的真实制造过程，尤其是在劳工权益和环境保护方面的情况。建立透明的供应链对于时尚产业实现可持续性至关重要，它有助于监督和改进生产过程，提高产品的社会责任度。

时尚产业在面临社会责任与劳工权益的可持续性挑战时，需要在原材料采集、生产工艺、劳动条件、销售营销等多个方面进行深刻反思和改进。通过推动环保原材料的使用、实行环保工艺、改善劳工条件、推广透明的供应链等方式，时尚产业能够更好地实现可持续发展，既满足市场需求，又不损害社会和环境的长期利益。

二、时尚产业可持续性的解决方案与实践

（一）环保材料在时尚设计中的应用

时尚设计领域日益关注环境保护，可持续发展已成为行业的关键议题。环保材料的应用是时尚产业可持续性的重要解决方案之一。环保材料包括可回收材料、有机棉、竹纤维等，它们减少了对自然资源的依赖，降低了对环境的损害。通过采用这些材料，时尚设计师可以在保持创新性和时尚感的积极推动产业向更加可持续的方向发展。在实践中，时尚品牌和设计师积极探索各种环保材料的应用。他们与供应商合作，寻找新的可持续材料，拓展设计的可能性。例如，一些品牌开始使用再生纤维，如回收塑料纤维制成的面料，以减少塑料污染并支持循环经济。有机棉的使用也得到了推广，因为它减少了对化学品的依赖，降低了棉花种植对土壤和水资源的影响。

时尚产业还在探索可再生材料的应用，例如竹纤维和大豆纤维等。这些材料具有可再生性和生物降解性，能够减少对非可再生资源的需求，并在产品寿命结束后降解为环境友好的物质，减少了对环境的负担。

除了材料选择，生产过程也是时尚可持续性的关键环节。采用节能和减排技术，优化供应链管理，减少废弃物和能源消耗，都是时尚产业推动可持续发展的重要举措。一些品牌积极实践快时尚的减少，转向生产质量更高、耐穿的产品，延长服装的使用寿命，减少浪费。

教育和消费者意识的提升也是推动时尚产业可持续性发展的重要因素。品牌和设计师通过宣传教育，向消费者传达可持续时尚的重要性，并引导他们做出更加环保的购买选择。消费者的行为和偏好对产业发展具有重要影响，他们的理念转变和行动将推动时尚产业向更加可持续的方向发展。

环保材料在时尚设计中的应用是时尚产业可持续性发展的重要解决方案之一。通过材料选择、生产过程优化和消费者教育等多方面努力，时尚产业正在逐步向更加环保、可持续的方向转变，为未来的可持续发展打下坚实基础。

（二）二手市场与服装再制造

二手市场与服装再制造是时尚产业可持续性的重要解决方案之一，通过有效利用资源和降低环境影响，推动时尚产业向更加可持续的方向发展。二手市场和服装再制造的实践不仅可以延长服装的使用寿命，减少资源的浪费，还能够推动消费者理念的转变，促进时尚产业的可持续发展。

二手市场为消费者提供了一个购买和销售二手服装的平台，通过购买二手服装，消费者可以以更低的价格获得高质量的服装，延长服装的使用寿命，减少新

服装的生产需求，从而降低资源的消耗和环境的压力。通过销售闲置的服装，消费者可以实现资源的再利用，减少服装的废弃和污染，推动资源的循环利用和环境的可持续发展。

服装再制造是将废弃服装重新加工和制造成新的产品，通过提取、分拣、设计和加工等环节，将废弃服装转化为具有新价值的再生产品。服装再制造不仅可以降低原材料的需求，减少资源的消耗，还可以减少废弃物的产生，减轻环境的污染和压力。服装再制造还能够促进就业机会的增加，推动经济的发展和社会的进步，实现经济效益和社会效益的双赢。

二手市场和服装再制造的实践有助于推动消费者理念的转变，培养消费者的可持续消费意识和行为习惯。通过参与二手市场和购买再制造的产品，消费者能够感受到可持续消费的价值和意义，逐渐改变传统的消费观念和行为方式，更加注重产品的质量和可持续性，降低浪费和过度消费的行为，推动时尚产业向着更加可持续的方向发展。

二手市场和服装再制造的实践需要政府、企业和社会各界的共同努力和支持。政府可以制定并实施相关的政策和法规，鼓励和支持二手市场和服装再制造的发展，提供政策和财政支持，搭建平台和渠道，促进资源的再利用和循环利用。企业可以加强技术研发和创新，提高再制造产品的品质和竞争力，拓展市场空间，推动产业的升级和转型。社会各界可以加强宣传和教育，提高消费者的可持续消费意识和行为水平，共同推动时尚产业朝着更加可持续的方向发展。

二手市场与服装再制造是时尚产业可持续性的重要解决方案之一，通过有效利用资源和降低环境影响，推动时尚产业向更加可持续的方向发展。通过建立二手市场和推行服装再制造，延长服装的使用寿命，减少资源的浪费，培养消费者的可持续消费意识，共同推动时尚产业的可持续发展。二手市场和服装再制造的实践不仅具有重要的意义，而且需要政府、企业和社会各界的共同努力和支持，才能取得更好的效果和成果。

（三）可持续时尚品牌的成功案例

创新设计是可持续时尚品牌成功的关键之一。这些品牌不仅注重产品外观的美观与时尚，更注重产品设计的功能性和可持续性。通过推出多样化、耐用、经典的设计，这些品牌吸引了越来越多的消费者，树立了可持续时尚的新形象。

环保材料的运用是可持续时尚品牌的重要策略之一。这些品牌致力于使用环保材料，如有机棉、再生纤维、可降解材料等，减少对环境的负面影响。通过选择可持续材料，这些品牌不仅降低了产品的生产成本，还提升了品牌的环保形象，吸引了越来越多关注环保的消费者。

公平贸易和社会责任也是可持续时尚品牌成功的关键因素。这些品牌与生产者建立了公平贸易关系，确保生产者获得合理的报酬和工作条件。它们积极参与社会公益活动，支持环保组织、社区发展项目等，为社会做出积极贡献，树立了良好的企业形象。

透明供应链是可持续时尚品牌成功的重要保障。这些品牌致力于建立透明的供应链体系，公开产品的生产过程和原材料来源，接受公众监督和评价。通过透明供应链，这些品牌增强了消费者对产品的信任感和认同度，提高了品牌的竞争力和市场份额。

可持续时尚品牌的成功案例为时尚产业可持续性提供了重要启示。创新设计、环保材料、公平贸易和社会责任等方面的实践为时尚产业的可持续发展树立了典范。这些成功案例表明，时尚产业可以通过创新和改革，实现商业利益与社会责任的平衡，为建设可持续发展的时尚产业做出积极贡献。

第二节 可持续时尚设计原则

一、可持续时尚设计原则概述

（一）可持续时尚设计的重要性与意义

可持续时尚设计是当今时尚产业中的重要议题，它具有深远的意义和重要性。可持续时尚设计关注的不仅是产品本身的美感和时尚性，更重要的是考虑了环境、社会和经济方面的影响。这种设计理念的提出反映了人们对于可持续发展的迫切需求，旨在通过创新和实践，引领时尚产业走向更加环保、社会公正和经济可持续的方向。在可持续时尚设计中，有一系列原则被普遍认同和采用。材料选择至关重要。可持续时尚设计倾向于使用环保材料，如有机棉、再生纤维、竹纤维等，这些材料在生产过程中对环境影响较小，且有助于资源的可持续利用。设计师在设计过程中应考虑产品的生命周期。从产品设计、生产、使用到废弃，都应该考虑到对环境的影响，尽量减少资源浪费和环境污染。可持续时尚设计强调产品的耐用性和易维护性，鼓励消费者更加珍惜和长时间使用服装，减少过度消费和浪费。

可持续时尚设计也注重生产过程的可持续性。这包括采用清洁能源、减少废水排放、优化生产流程等措施，以降低对环境的负面影响。关注员工福利、公平贸易也是可持续时尚设计的重要原则之一。保障工人权益、提供合理的工资和工作条件，有助于建立更加公正和可持续的供应链体系。

可持续时尚设计强调社会责任和文化尊重。设计师应该尊重当地文化和传统，避免文化侵略和文化误解，同时在设计中融入当地的环境和特色，促进文化多样性和包容性。

可持续时尚设计在时尚产业中具有重要的意义和价值。它不仅是对环境和资源的保护，更是对社会和文化的尊重和促进。通过遵循可持续时尚设计的原则，时尚产业可以实现自身的可持续发展，为未来创造更加美好的环境和社会。

（二）生命周期思维与设计

1. 产品生命周期分析的方法与应用

产品生命周期分析是一种重要的方法，用于评估和量化产品从原材料提取、生产、使用到废弃处理的整个生命周期中对环境和社会的影响。在可持续时尚设计中，产品生命周期分析被广泛应用，帮助设计师和制造商了解产品生命周期中的环境和社会影响，指导他们采取相应的措施，实现产品的可持续发展。

产品生命周期分析主要包括四个阶段。原材料提取、生产制造、产品使用和废弃处理。在每个阶段，都会产生一定的环境和社会影响，例如资源消耗、能源消耗、污染物排放等。通过对每个阶段进行细致的分析和评估，可以发现产品生命周期中的瓶颈和关键环节，指导设计师和制造商采取相应的措施，降低产品的环境和社会影响，实现可持续发展的目标。

可持续时尚设计原则是在产品生命周期分析的基础上提出的，旨在引导设计师和制造商设计和生产出更加环保、社会责任和经济可行的时尚产品。可持续时尚设计原则主要包括以下几个方面。

减少对自然资源的消耗。通过选用可再生材料、减少材料的使用量、提高材料的利用率等措施，降低产品生命周期中对自然资源的消耗，实现资源的可持续利用和循环利用。

减少能源消耗和排放。优化生产制造过程，采用清洁能源和高效能源设备，减少能源消耗和碳排放，降低对环境的污染和破坏。

延长产品的使用寿命。设计耐用、易于维护和修复的产品，延长产品的使用寿命，减少产品的更新换代，降低资源的浪费和环境的压力。

促进循环经济和闭环生产。设计可回收和可循环利用的产品，提高产品的再生利用率，促进循环经济的发展，减少废弃物的产生和排放。

注重社会责任和公平贸易。关注产品生产过程中的劳工权益和社会公正，确保生产过程中的公平贸易和劳工待遇，推动社会责任意识的提升和实践。

产品生命周期分析的方法与应用可持续时尚设计原则是实现时尚产业可持续发展的重要手段和途径。通过深入分析产品生命周期中的环境和社会影响，制定相应的设计原则和策略，可以降低产品的环境和社会影响，推动时尚产业向更加可持续的方向发展。在时尚设计和生产中，应该重视产品生命周期分析的方法与应用，积极倡导和践行可持续时尚设计原则，共同推动时尚产业的可持续发展。

2. 生命周期设计原则在时尚产业中的实践

生命周期设计原则在时尚产业中的实践是实现可持续时尚设计的关键。这些原则旨在最大程度地减少产品在整个生命周期中对环境和资源的影响，包括原材料采集、生产制造、运输配送、使用阶段以及产品的回收和再利用。通过贯彻生命周期设计原则，时尚产业能够实现产品的持续可持续性，为环境保护和社会发展做出积极贡献。

时尚产业在原材料采集阶段积极践行生命周期设计原则。选择环保和可再生材料，减少对自然资源的消耗和破坏，是关键之一。时尚品牌积极寻找具有认证和可追溯性的材料来源，确保材料的生产过程符合环保标准，减少不可逆转的生态破坏。

生产制造阶段是实践生命周期设计原则的重要环节。时尚品牌致力于推动绿色生产工艺和环保技术的应用，减少能源消耗和废弃物排放。通过优化生产工艺和流程，提高资源利用效率，降低生产过程中的环境污染和碳排放，实现生产制造的可持续性。

在运输配送环节，时尚产业注重减少物流对环境的影响。采取有效的运输和配送方案，减少运输里程和碳排放，优化供应链的布局和管理，降低运输成本和环境压力。推广可持续包装和物流管理方式，减少包装废弃物和资源浪费。

在产品使用阶段，时尚产业鼓励消费者理性使用和维护产品，延长产品的使用寿命和循环利用周期。通过提供高质量、耐用和易维护的产品，激发消费者的环保意识和消费行为转变，减少对新产品的需求，降低资源消耗和废弃物产生。

时尚产业在产品的回收和再利用环节积极推动循环经济模式的实践。通过建立完善的回收体系和再利用机制，实现废弃产品和材料的再生利用和资源循环利用，减少对环境的压力，降低生产成本，提高企业的社会责任感和市场竞争力。

生命周期设计原则在时尚产业中的实践是实现可持续时尚设计的重要路径。时尚产业通过在原材料采集、生产制造、运输配送、产品使用和回收再利用等方面践行生命周期设计原则，实现了产品的可持续性和循环利用，为时尚产业的可持续发展和社会环境的改善做出了积极贡献。这些实践不仅促进了行业的转型升级，也为消费者提供了更加环保和可持续的时尚选择。

二、可持续时尚设计的实践原则

（一）环保生产与供应链管理

环保生产与供应链管理是可持续时尚设计的重要组成部分。在实践中，可持续时尚设计的实践原则贯穿了整个生产与供应链管理过程。生产过程中的环保措施至关重要。采用清洁能源、减少废水排放、优化生产流程等措施有助于降低对环境的负面影响。材料选择是实践可持续时尚设计的关键环节。选择环保材料，如有机棉、再生纤维等，有助于减少对自然资源的消耗，并降低生产过程对环境的损害。

供应链管理也是可持续时尚设计的重要方面。建立透明、高效的供应链体系有助于监督和管理产品的生产过程，确保符合环保和社会责任标准。通过与供应商建立长期合作关系，加强对供应链的管理和监督，有助于确保产品的可追溯性和质量可控性，促进生产过程的可持续发展。

关注员工福利、公平贸易也是可持续时尚设计的实践原则之一。保障工人权益、提供合理的工资和工作条件，有助于建立更加公正和可持续的供应链体系。通过培训和教育员工，提升他们的技能和意识，促进员工参与和满意度，有助于提高生产效率和产品质量，推动产业的可持续发展。

推动创新和技术发展也是可持续时尚设计的实践原则之一。通过引入新的生产技术和工艺，优化生产流程，提高资源利用率和产品品质，有助于降低生产成本，提高产业竞争力，推动产业向更加可持续的方向发展。

可持续时尚设计强调社会责任和文化尊重。设计师应该尊重当地文化和传统，避免文化侵略和文化误解，同时在设计中融入当地的环境和特色，促进文化多样性和包容性。通过与社会各界建立合作关系，共同推动可持续时尚设计的实践，促进产业的可持续发展，为社会和环境创造更大的价值。

环保生产与供应链管理是可持续时尚设计的重要组成部分。通过材料选择、供应链管理、员工福利、技术创新和社会责任等多方面的实践，可持续时尚设计不断探索和实践，推动产业向更加环保、社会公正和经济可持续的方向发展。

（二）循环设计在时尚创意中的体现

循环设计强调材料的再利用和再生。时尚创意可以通过重新利用废弃材料、旧衣物等资源，将它们转化为新的时尚产品。例如，利用废弃布料制作成新的服装、配饰，或者利用旧衣物进行拆解和重新设计，创造出独特的时尚品。这种循环利用材料的做法不仅节约了资源，减少了对新材料的需求，还降低了对环境的影响。

循环设计强调产品的可持续生命周期。时尚产品在设计阶段就应考虑到产品的生命周期，包括使用、维护、修复和废弃等各个环节。设计师可以采用耐用性强、易于修复和升级的设计理念，延长产品的使用寿命，减少产品的更新换代频率，降低资源的消耗和浪费。设计产品时也应考虑到废弃后的处理方式，尽量选择可回收和可循环利用的材料，推动产品的循环经济模式。

循环设计强调创新与可持续发展的结合。时尚创意需要与可持续发展的理念相结合，不断探索新的设计方法和技术，以满足消费者对时尚的需求同时又不损害环境。例如，可以采用3D打印技术、数字化设计等先进技术，降低对原材料的需求，减少生产过程中的能源消耗和污染排放。也可以利用自然材料、可生物降解材料等环保材料，推动时尚产业向更加环保和可持续的方向发展。

循环设计强调合作与共享的精神。时尚创意需要与各个环节的参与者共同合作，共同推动循环设计的实践和发展。这包括设计师、制造商、消费者、政府和非政府组织等各方的合作。设计师可以与制造商合作，推动循环设计的产品生产和推广；消费者可以积极参与循环设计产品的购买和使用，支持可持续时尚的发展；政府和非政府组织可以提供政策支持和资源保障，促进循环设计的实践和推广。

循环设计在时尚创意中的体现体现了可持续时尚设计的实践原则，强调材料的再利用和再生、产品的可持续生命周期、创新与可持续发展的结合以及合作与共享的精神。通过积极探索和实践循环设计的理念，时尚产业可以更好地满足消费者的需求，同时又不损害环境，推动产业向更加可持续的方向发展。循环设计在时尚创意中的应用具有重要的意义和价值。

（三）循环经济理念与时尚产业

循环经济理念在时尚产业中的实践原则是推动可持续时尚设计的核心。循环经济理念旨在最大程度地减少资源的消耗和废弃物的产生，通过循环利用和再生利用的方式实现资源的有效利用和循环利用。在时尚产业中，循环经济理念的实践原则体现在多个方面，包括设计创新、材料选择、生产制造、消费行为以及产品的回收和再利用等方面。设计创新是实践循环经济理念的关键。时尚品牌应该倡导设计理念的转变，从"一次性消费"转向"长久使用"。设计师应该注重产品的耐用性、多功能性和易修复性，设计出更加经典和具有永恒魅力的产品，减少消费者对于时尚品的频繁更换，降低资源的消耗和废弃物的产生。

材料选择是实践循环经济理念的重要环节。时尚产业应该选择环保和可再生材料，减少对自然资源的依赖和破坏。推广使用循环纤维、有机棉、再生塑料等环保材料，减少对环境的负面影响，提高材料的再生利用率和可持续性。

在生产制造方面，时尚产业应该推动绿色生产工艺和环保技术的应用，减少能源消耗和废弃物排放。通过优化生产工艺和流程，提高资源利用效率，降低生产过程中的环境污染和碳排放，实现生产制造的可持续性。

消费者行为也是实践循环经济理念的重要方面。时尚品牌应该鼓励消费者理性购买和消费，倡导"精选而非批量购买"的消费理念，减少不必要的消费和浪费，降低资源的消耗和废弃物的产生。消费者应该积极参与回收和再利用活动，将废弃的产品和材料进行分类、回收和再利用，实现资源的循环利用和再生利用。

在产品的回收和再利用方面，时尚产业应该建立完善的回收体系和再利用机制，实现废弃产品和材料的再生利用和资源循环利用，减少对环境的压力，降低生产成本，提高企业的社会责任感和市场竞争力。

循环经济理念与时尚产业可持续时尚设计的实践原则密不可分。通过设计创新、材料选择、生产制造、消费行为以及产品的回收和再利用等方面的实践，时尚产业能够有效推动循环经济理念的实践，实现资源的有效利用和循环利用，为时尚产业的可持续发展和社会环境的改善做出了积极贡献。这些实践不仅促进了行业的转型升级，也为消费者提供了更加环保和可持续的时尚选择。

第三节　循环经济与时尚产品设计

一、循环经济在时尚产品设计中应用的理论基础

（一）循环经济与时尚产业的关联

循环经济与时尚产业有着密切的关联，它提供了时尚产业实现可持续发展的重要理论基础。循环经济强调资源的有效利用和循环利用，与时尚产业的需求和挑战相契合，为时尚产品设计提供了重要的指导原则。

在循环经济理念中，资源循环利用是核心概念之一。这意味着将资源视为宝贵资产，通过延长产品的生命周期、提高资源利用率和减少废弃物的产生来实现资源的循环利用。在时尚产业中，这意味着设计和生产时尚产品时应考虑材料的再利用和再生利用，以减少对自然资源的消耗和环境的负担。

时尚产品设计中的循环经济理论基础包括几个关键方面。首先是设计产品的耐用性和易修复性。通过设计耐用、易维护的产品，延长产品的使用寿命，减少了消费者的频繁更换，降低了资源消耗和废弃物的产生。其次是材料选择和生产过程的优化。选择可再生、可降解的材料，并采用清洁生产技术和工艺，有助于

减少对环境的影响，促进资源的有效利用和循环利用。再者是循环设计的理念。通过考虑产品的整个生命周期，从设计阶段就考虑到产品的再利用和再生利用，设计出更加环保和可持续的产品。

循环经济理论也强调了供应链管理的重要性。建立透明、高效的供应链体系有助于监督和管理产品的生产过程，确保符合环保和社会责任标准。通过与供应商建立长期合作关系，加强对供应链的管理和监督，有助于确保产品的可追溯性和质量可控性，促进生产过程的可持续发展。

循环经济理论还强调了消费者的角色。消费者的行为和偏好对产业发展具有重要影响，他们的理念转变和行动将推动时尚产业向更加可持续的方向发展。教育和消费者意识的提升也是推动时尚产业可持续性发展的重要因素。

循环经济与时尚产业的关联紧密，为时尚产品设计提供了重要的理论基础。通过设计耐用、易维护的产品、选择可再生、可降解的材料、优化生产过程和供应链管理，以及提升消费者意识，时尚产业可以实现从线性经济模式向循环经济模式的转变，促进产业的可持续发展，为未来创造更加环保和可持续的时尚产业。

（二）时尚产业的资源消耗情况

时尚产业是一个资源密集型行业，其生产过程需要大量的原材料、能源和水资源。时尚产品的生产不仅消耗了大量的自然资源，还产生了大量的废弃物和污染物。随着全球时尚产业的不断发展和扩大规模，其资源消耗情况日益严重，给环境和社会带来了巨大压力和影响。循环经济是解决时尚产业资源消耗问题的重要理论基础。循环经济理论强调将资源的使用和废弃转化为闭环系统，实现资源的最大化利用和循环利用。在时尚产品设计中，循环经济提供了重要的指导原则和实践路径，可以帮助时尚产业降低资源消耗，减少环境污染，实现可持续发展。

循环经济理论强调从源头减少资源消耗。时尚产品设计需要从原材料的选择和采购开始，考虑到资源的可持续性和循环利用性。设计师可以选择可再生材料、环保材料或者回收材料，减少对有限资源的消耗，推动资源的循环利用和再生利用。通过降低原材料的需求，可以有效减少对自然资源的压力，实现资源的可持续利用。

循环经济理论强调设计产品的可持续生命周期。时尚产品设计需要考虑到产品在使用、维护、修复和废弃等各个阶段的影响。设计师可以设计出耐用、易于维护和修复的产品，延长产品的使用寿命，减少产品的更新换代频率，降低资源的消耗和浪费。设计产品时也应考虑到产品的废弃后处理方式，选择可回收和可循环利用的材料，推动产品的循环经济模式。

循环经济理论强调促进循环经济的发展和实践。时尚产业可以通过加强循环经济的政策支持和法律法规，推动企业加强资源管理和节约能源，鼓励企业开展废弃物回收和资源循环利用。时尚产业可以倡导和推广可持续时尚的理念和实践，提高消费者的可持续消费意识和行为水平，共同推动循环经济的发展和实践。

循环经济理论强调产业链的整合和共享。时尚产业可以加强产业链的合作与共享，建立循环经济的产业生态系统，推动各个环节的资源共享和循环利用。通过产业链的整合和共享，可以实现资源的最大化利用，降低生产成本，提高产业的竞争力，推动产业向着更加可持续的方向发展。

循环经济是解决时尚产业资源消耗问题的重要理论基础。通过从源头减少资源消耗、设计产品的可持续生命周期、促进循环经济的发展和实践以及加强产业链的整合和共享，可以有效降低时尚产业的资源消耗，减少环境污染，推动产业向更加可持续的方向发展。循环经济在时尚产品设计中具有重要的意义和价值。

（三）环境影响与可持续时尚的紧迫性

环境影响对可持续时尚的紧迫性凸显了循环经济在时尚产品设计中的理论基础。随着全球工业化进程的加速和消费模式的快速变迁，时尚产业所带来的环境负担日益显著。从原材料采集到产品制造，再到运输、销售和废弃处理，时尚产业的每一个环节都产生了大量的能源消耗、污染排放和资源浪费。环境影响的加剧促使人们意识到必须采取措施，以建立更加可持续的时尚产业。

循环经济作为解决环境影响的理论基础，在时尚产品设计中具有重要意义。循环经济理念强调资源的循环利用和减少废弃物的产生，通过重新设计生产流程和产品生命周期，将废弃物转化为资源，实现资源的最大化利用。在时尚产业中，循环经济为可持续时尚设计提供了理论基础和实践路径。

循环经济强调产品生命周期的全方位管理。时尚产品的设计、生产、销售、使用和废弃都应该被视为一个连续的过程，而不是独立的阶段。通过全面管理产品生命周期，可以最大限度地减少资源的消耗和废弃物的产生，提高产品的可持续性。时尚设计师需要考虑产品的使用寿命、可再生材料的选择、产品的回收和再利用等因素，以确保产品在整个生命周期中对环境的影响最小化。

循环经济强调材料循环利用的重要性。时尚产业需要推动可再生材料和可降解材料的应用，减少对非可再生资源的依赖。通过设计和生产可循环利用的产品，将废弃的材料重新利用，延长资源的使用寿命。时尚产业也需要探索新的材料替代方案，寻找更环保和可持续的生产材料，降低对自然资源的压力和破坏。

循环经济强调产品设计的创新性和多功能性。时尚产品设计应该注重产品的功能性和多样性，提供多种穿搭方式和使用场景，延长产品的使用寿命和价值。通过设计出具有永恒魅力和多功能性的产品，可以减少消费者对于时尚品的频繁更换，降低资源的消耗和废弃物的产生。

循环经济强调社会参与和合作的重要性。时尚产业需要与政府、企业、社会组织和消费者共同合作，推动循环经济理念的落实和实践。政府应该出台相关政策和法规，鼓励企业采用环保和可持续的生产技术和方法。企业应该积极参与社会责任活动，推动可持续时尚的发展。消费者也应该改变消费习惯，选择环保和可持续的产品，促进循环经济的发展和实践。

环境影响与可持续时尚的紧迫性凸显了循环经济在时尚产品设计中的理论基础。通过全面管理产品生命周期、推动材料循环利用、注重产品设计的创新性和多功能性，以及加强社会参与和合作，时尚产业可以实现可持续发展，为环境保护和社会发展做出积极贡献。

二、时尚产品设计中的循环经济实践

（一）环保材料在时尚设计中的使用

时尚设计领域日益关注环境保护，而环保材料在时尚设计中的使用是推动可持续发展的重要举措之一。环保材料包括可回收材料、有机棉、竹纤维等，它们减少了对自然资源的依赖，降低了对环境的损害。时尚设计师通过使用环保材料，不仅保持了创新性和时尚感，还积极推动产业向更加可持续的方向发展。

在实践中，时尚品牌和设计师积极探索各种环保材料的应用。他们与供应商合作，寻找新的可持续材料，拓展设计的可能性。例如，一些品牌开始使用再生纤维，如回收塑料纤维制成的面料，以减少塑料污染并支持循环经济。有机棉的使用也得到了推广，因为它减少了对化学品的依赖，降低了棉花种植对土壤和水资源的影响。

时尚产业还在探索可再生材料的应用，例如竹纤维和大豆纤维等。这些材料具有可再生性和生物降解性，能够减少对非可再生资源的需求，并在产品寿命结束后降解为环境友好的物质，减少了对环境的负担。

时尚产品设计中的循环经济实践是推动产业可持续发展的重要手段之一。循环经济理念强调资源的有效利用和循环利用，与时尚产业的需求和挑战相契合。在时尚产品设计中，循环经济实践体现在多个方面。

首先是设计产品的耐用性和易修复性。设计耐用、易维护的产品有助于延长产品的使用寿命，减少了消费者的频繁更换，降低了资源消耗和废弃物的产生。

其次是材料选择和生产过程的优化。选择可再生、可降解的材料，并采用清洁生产技术和工艺，有助于减少对环境的影响，促进资源的有效利用和循环利用。

再者是循环设计的理念。通过考虑产品的整个生命周期，从设计阶段就考虑到产品的再利用和再生利用，设计出更加环保和可持续的产品。

供应链管理也是时尚产品设计中循环经济实践的重要组成部分。建立透明、高效的供应链体系有助于监督和管理产品的生产过程，确保符合环保和社会责任标准。通过与供应商建立长期合作关系，加强对供应链的管理和监督，有助于确保产品的可追溯性和质量可控性，促进生产过程的可持续发展。

消费者的角色也至关重要。消费者的行为和偏好对产业发展具有重要影响，他们的理念转变和行动将推动时尚产业向更加可持续的方向发展。教育和消费者意识的提升也是推动时尚产业可持续性发展的重要因素。

环保材料在时尚设计中的应用以及时尚产品设计中的循环经济实践是推动时尚产业可持续发展的重要举措。通过这些实践，时尚产业可以实现资源的有效利用和循环利用，减少对环境的影响，为未来创造更加环保和可持续的时尚产业。

（二）生产过程中的循环经济策略

1. 生产工艺的可持续性考量

生产工艺的可持续性考量在时尚产品设计中具有重要意义。生产工艺的可持续性涉及到资源利用效率、能源消耗、排放物管理等方面，对环境和社会造成的影响深远。在时尚产品设计中，循环经济实践是一种重要的理念，旨在通过优化生产工艺，实现资源的最大化利用和循环利用。

生产工艺的可持续性考量需要从原材料的选择开始。设计师应选择可再生、环保、可回收的原材料，减少对有限资源的消耗，推动资源的循环利用。例如，采用有机棉、竹纤维等可再生材料，减少对传统棉花等资源的需求，降低对自然环境的压力。

生产工艺的可持续性考量需要优化生产过程，降低能源消耗和排放物排放。采用高效节能的生产设备和技术，优化生产流程，减少能源的消耗和碳排放。加强废水处理和废气处理，降低污染物排放，保护环境和生态系统的健康。

生产工艺的可持续性考量还需要关注产品生命周期中的每个环节。设计师应设计出耐用、易于维护和修复的产品，延长产品的使用寿命，减少产品的更新换代频率，降低资源的消耗和浪费。设计产品时也应考虑到产品的废弃后处理方式，选择可回收和可循环利用的材料，推动产品的循环经济模式。

生产工艺的可持续性考量还需要促进循环经济的发展和实践。企业可以加强循环经济的政策支持和法律法规，推动企业加强资源管理和节约能源，鼓励企业开展废弃物回收和资源循环利用。企业还可以倡导和推广可持续时尚的理念和实践，提高消费者的可持续消费意识和行为水平，共同推动循环经济的发展和实践。

生产工艺的可持续性考量需要加强产业链的整合和共享。企业可以加强产业链的合作与共享，建立循环经济的产业生态系统，推动各个环节的资源共享和循环利用。通过产业链的整合和共享，可以实现资源的最大化利用，降低生产成本，提高产业的竞争力，推动产业向着更加可持续的方向发展。

生产工艺的可持续性考量是时尚产品设计中至关重要的一环。通过从原材料的选择、生产过程的优化、产品生命周期的考量以及循环经济的发展和实践等多个方面进行综合考量和实践，可以有效降低时尚产业的资源消耗，减少环境污染，推动产业向更加可持续的方向发展。生产工艺的可持续性考量与循环经济实践是时尚产业可持续发展的关键之一。

2. 供应链中的循环经济管理

供应链中的循环经济管理与时尚产品设计中的循环经济实践密切相关。循环经济管理强调在供应链的各个环节中最大化资源的利用和减少废弃物的产生，为时尚产业提供了可持续发展的路径。

供应链中的循环经济管理从原材料采集开始。时尚品牌应该选择环保和可再生的原材料，减少对非可再生资源的依赖。通过与供应商合作，建立可持续的原材料采购渠道，推动生产过程中原材料的循环利用和再生利用。

供应链中的循环经济管理涉及到生产制造过程。时尚产业应该推动绿色生产工艺和环保技术的应用，减少能源消耗和废弃物排放。通过优化生产工艺和流程，提高资源利用效率，降低生产过程中的环境污染和碳排放，实现生产制造的可持续性。

在产品设计阶段，循环经济实践强调产品设计的创新和多功能性。设计师应该注重产品的功能性和多样性，提供多种穿搭方式和使用场景，延长产品的使用寿命和价值。通过设计出具有永恒魅力和多功能性的产品，可以减少消费者对于时尚品的频繁更换，降低资源的消耗和废弃物的产生。

在运输和配送环节，供应链中的循环经济管理也发挥着重要作用。时尚产业应该选择可持续的运输方式，减少运输里程和碳排放，优化供应链的布局和管理，降低运输成本和环境压力。推广可持续包装和物流管理方式，减少包装废弃物和资源浪费。

在产品使用阶段，循环经济实践强调消费者的参与和行为改变。消费者应该理性使用和维护产品，延长产品的使用寿命，减少不必要的消费和浪费。时尚品牌可以通过教育和宣传活动，引导消费者树立可持续消费的意识，推动消费习惯的转变。

在产品的回收和再利用环节，供应链中的循环经济管理需要建立完善的回收体系和再利用机制。时尚产业应该实现废弃产品和材料的再生利用和资源循环利用，减少对环境的压力，降低生产成本，提高企业的社会责任感和市场竞争力。

供应链中的循环经济管理与时尚产品设计中的循环经济实践密不可分。通过从原材料采集到产品设计、生产制造、运输配送、产品使用和回收再利用等多个环节的循环经济管理和实践，时尚产业可以实现可持续发展，为环境保护和社会发展做出积极贡献。

第四节　战略性合作与时尚可持续性

一、战略性合作在时尚产业中的作用

（一）时尚产业中战略性合作的典型形式

时尚产业中，战略性合作呈现出多种典型形式，其中最为常见和重要的形式包括品牌联名、设计师合作、供应链合作和跨界合作。这些合作形式在时尚产业中扮演着重要的角色，有助于实现双方的共赢，推动行业的创新和发展。

品牌联名是时尚产业中常见的战略性合作形式之一。不同品牌之间的联名合作能够融合各自的特色和优势，共同打造出独特的产品系列，吸引更广泛的消费群体，提升品牌知名度和影响力。这种合作方式不仅能够吸引品牌粉丝的关注，还能够带来新的市场机遇和销售增长点。

设计师合作是时尚产业中的另一种重要合作形式。设计师之间的合作能够汇集不同的创意和设计理念，促进行业内的交流和共享。通过设计师合作，品牌可以获得新的设计灵感和方向，同时设计师也可以借助品牌的平台和资源实现自己的创意价值，从而实现双方的共赢。

供应链合作也是时尚产业中不可忽视的战略性合作形式之一。供应链合作涉及到品牌、生产商、供应商等多方合作，旨在优化生产流程、降低成本、提高效率和质量。通过建立稳定、互信、高效的供应链合作关系，品牌可以更好地应对市场需求的变化，提升产品的竞争力和市场占有率。

跨界合作也是时尚产业中的重要合作形式之一。跨界合作意味着不同行业之间的合作，如时尚与艺术、音乐、体育、科技等领域的合作。这种合作方式不仅能够拓展品牌的影响范围和受众群体，还能够创造出更具创新性和独特性的产品和体验，吸引更广泛的消费者群体。

战略性合作在时尚产业中发挥着重要的作用。战略性合作有助于提升品牌的创新能力和竞争力。通过与其他品牌、设计师、供应商和行业的合作，品牌可以获得更多的资源和支持，拓展创新思路和设计理念，推动产品的不断升级和更新。

战略性合作有助于降低企业的成本和风险。在时尚产业中，独立开发和运营往往需要巨大的投入和风险，而通过与其他合作方共同合作，可以分担风险和成本，提高项目的成功率和可持续性。

战略性合作还有助于拓展市场和受众群体。通过与其他品牌、设计师、供应商和行业的合作，品牌可以进入新的市场领域，吸引更广泛的消费者群体，提升品牌的影响力和市场份额。

时尚产业中的战略性合作形式多种多样，包括品牌联名、设计师合作、供应链合作和跨界合作等。这些合作形式不仅有助于实现双方的共赢，推动行业的创新和发展，还有助于提升品牌的创新能力和竞争力，降低企业的成本和风险，拓展市场和受众群体，促进时尚产业的健康发展。

（二）战略性合作对时尚可持续性的影响

1. 合作伙伴在可持续时尚中的角色

合作伙伴可以为时尚产业提供资源和技术支持。他们可能是原材料供应商、生产制造商、技术提供商或者研发机构。通过与这些合作伙伴建立合作关系，时尚企业可以获得优质的原材料、先进的生产技术和创新的设计理念，从而提高产品质量和创新能力，推动可持续时尚的发展。

合作伙伴在可持续时尚中发挥着推动产业链协同发展的作用。时尚产业涉及到多个环节，包括原材料采购、生产制造、产品设计、市场销售等。通过与各个环节的合作伙伴建立紧密的合作关系，时尚企业可以实现产业链的协同发展，优化资源配置和生产流程，降低生产成本，提高效率，推动产业向更加可持续的方向发展。

合作伙伴还可以帮助时尚企业实现社会责任和环境保护的目标。例如，与供应商合作，建立可追溯的供应链体系，确保原材料的合法性和可持续性；与社会组织合作，开展环保和公益活动，推动社会责任意识的提升和实践。通过与合作伙伴的共同努力，时尚企业可以更好地履行社会责任，保护环境，实现可持续发展的目标。

战略性合作在时尚产业中具有重要作用。通过与战略性合作伙伴建立长期稳定的合作关系，时尚企业可以共同制定发展战略和规划，共享资源和信息，共同应对市场竞争和挑战。战略性合作可以帮助时尚企业拓展市场空间，提高品牌知名度，增强市场竞争力，实现可持续发展的目标。

合作伙伴在可持续时尚中扮演着重要的角色。他们为时尚产业提供资源和支持，推动产业链协同发展，帮助企业实现社会责任和环境保护的目标，以及通过战略性合作，共同推动产业向可持续发展的方向迈进。合作伙伴的作用在时尚产业的可持续发展中不可忽视，时尚企业应重视与合作伙伴的合作关系，共同推动产业的可持续发展。

2. 战略性合作对生产链的优化

时尚产业中的战略性合作可以促进资源共享和互补，实现生产链的优化。不同企业在生产、供应、分销等方面可能存在专业化的优势，通过战略性合作，可以充分利用各自的优势资源，实现合作共赢。这种合作模式可以减少重复投资，提高生产效率，降低生产成本，增强市场竞争力。

战略性合作还可以加强企业之间的信息交流和协同管理，实现生产链的协调与优化。通过建立合作伙伴关系，企业可以更加有效地共享信息资源，及时了解市场动态和消费者需求，灵活调整生产计划和供应链管理，提高产品的市场响应能力和适应性。

战略性合作还可以拓展企业的市场渠道和销售网络，促进产品的国际化和品牌的国际化。通过与国际知名品牌或零售商的合作，企业可以进入国际市场，拓展产品销售渠道，增强品牌影响力和竞争优势。这种合作模式可以促进企业间的技术交流和创新合作，共同推动时尚产业的发展和进步。

战略性合作在时尚产业中还可以促进生产链的可持续发展和环境保护。通过建立环保生产标准和共享环保技术，企业可以减少资源的浪费和能源的消耗，降低对环境的影响，实现绿色生产和循环经济发展。这种合作模式可以加强企业之间的社会责任感和可持续发展意识，共同推动时尚产业向更加环保和可持续的方向发展。

战略性合作对生产链的优化在时尚产业中扮演着至关重要的角色。通过资源共享、信息交流、市场拓展和环保合作，企业可以实现生产链的协调与优化，提高效率，降低成本，增强竞争力，促进可持续发展。这种合作模式为时尚产业的发展和创新提供了重要支持，为行业的进步和壮大注入了新的活力。

二、时尚可持续性中的战略性合作实践

（一）供应链中的战略性合作

供应链中的战略性合作是时尚产业实现可持续性发展的关键环节。这种合作形式强调了供应链中各个环节之间的合作与协调，以实现资源的有效利用、降低环境影响、提高社会责任和经济效益等目标。在时尚可持续性中，战略性合作实践在供应链中具有重要意义和作用。

供应链中的战略性合作强调了品牌与供应商之间的合作关系。品牌与供应商之间的合作不仅仅是一种交易关系，更是一种战略性的合作伙伴关系。品牌和供应商之间的合作包括生产技术、质量管理、供应链透明度、社会责任等方面的合作。通过与供应商建立长期稳定的合作关系，品牌可以确保产品质量和供货稳定性，同时也可以共同探索和实践更加环保和可持续的生产方式。

供应链中的战略性合作还涉及到设计与供应链的协同合作。在时尚可持续性中，设计师与供应链之间的密切合作至关重要。设计师应该了解供应链的能力和限制，充分考虑材料选择、生产工艺和供应链管理等因素，以确保设计的可持续性和实施性。与供应链合作可以帮助设计师更好地了解材料的可持续性、生产过程的环保性和产品的社会责任，从而设计出更加环保、可持续的时尚产品。

供应链中的战略性合作还涉及到生产商与社会责任的合作。生产商应该积极履行社会责任，包括保障员工权益、提供安全的工作环境、遵守劳工法规、减少环境污染等方面。与社会责任组织、非政府组织以及行业协会的合作可以帮助生产商更好地履行社会责任，提升企业形象和声誉，吸引更多消费者的信任和支持。

供应链中的战略性合作还涉及到品牌与消费者之间的合作。品牌需要与消费者建立密切的合作关系，倾听消费者的声音和需求，积极响应消费者的关切和期待，提供更加环保、健康和可持续的时尚产品。与消费者的合作可以帮助品牌更好地了解市场需求和趋势，提升产品的市场竞争力和可持续发展能力。

供应链中的战略性合作在时尚可持续性中扮演着重要的角色。这种合作形式强调了品牌与供应商、设计师、生产商、社会责任组织和消费者之间的合作与协作，以实现资源的有效利用、降低环境影响、提高社会责任和经济效益等目标。通过战略性合作实践，时尚产业可以实现可持续发展的目标，为社会和环境创造更多的价值和机遇。

（二）多品牌联合推动可持续时尚

多品牌联合推动可持续时尚是时尚可持续性中的一种战略性合作实践，其在时尚产业的可持续发展中具有重要意义。这种合作模式集合了不同品牌的力量，共同致力于推动可持续时尚的发展，并在多方面产生积极影响。

多品牌联合能够整合资源，形成合力。每个品牌都有其独特的资源和优势，通过联合，这些资源可以得到最大化的利用。品牌之间可以共享供应链、生产技术、设计理念等方面的资源，共同开展研发和生产，推动可持续时尚产品的开发和推广。

多品牌联合可以促进经验和知识的共享。在可持续时尚领域，不同品牌可能具有不同的经验和技术积累。通过联合合作，品牌之间可以分享彼此的经验和知识，共同探讨可持续时尚的最佳实践，推动行业的共同进步和发展。

多品牌联合还可以提升市场影响力和品牌形象。联合推出的可持续时尚产品往往能够吸引更多消费者的关注和认可。多个知名品牌的联合合作也会增加产品的曝光度和影响力，进一步推动可持续时尚理念在市场中的传播和推广。

多品牌联合还可以推动行业标准和规范的制定和落实。通过共同合作，品牌可以建立起一套行业内的可持续发展标准和规范，规范行业的发展行为，促进行业向更加可持续的方向发展。

多品牌联合可以带动更多企业和消费者加入到可持续时尚的行列。当消费者看到多个知名品牌联合推出的可持续时尚产品，会更加信任和认可这种产品，从而促使更多的企业和消费者加入到可持续时尚的行列，共同推动行业的发展和进步。

多品牌联合推动可持续时尚是时尚可持续性中的一种重要实践。通过整合资源、促进经验和知识的共享、提升市场影响力和品牌形象、推动行业标准和规范的制定和落实，以及带动更多企业和消费者加入到可持续时尚行列中，多品牌联合合作为时尚产业的可持续发展注入了新的活力和动力，为行业的可持续发展做出了积极贡献。

（三）政府政策对时尚产业的引导

政府政策在时尚产业中的引导对于实现时尚可持续性至关重要。这种引导通过制定相关政策和法规，激励企业采取可持续发展的行动，推动产业转型升级，促进战略性合作的实践，为时尚产业的可持续发展创造良好的环境。

政府可以制定环境保护和资源管理方面的法律法规，规范时尚产业的生产行为。通过设立环保标准和限制排放标准，督促时尚企业加强环保措施的实施，减少对环境的污染和破坏。政府还可以鼓励企业采用清洁生产技术，推广绿色制造和循环经济模式，提高资源利用效率，降低能源消耗和废弃物排放。

政府可以出台产业政策和经济激励措施，引导时尚产业向可持续发展方向转型。通过提供税收优惠、财政补贴和金融支持等政策措施，鼓励企业加大对环保和可持续发展的投入，推动绿色技术的创新和应用，促进产品设计和生产制造的升级，提高产品的可持续性和竞争力。

政府可以建立行业标准和认证体系，推动时尚产业的规范化发展。通过制定相关标准和认证要求，引导企业加强产品质量和安全性的管理，提高消费者的信任度和满意度。政府还可以建立行业协会和组织，促进企业之间的信息交流和合作，共同推动行业的规范化和可持续发展。

政府还可以通过国际合作和国际交流，加强时尚产业的国际竞争力和影响力。

通过参与国际会议和展览，搭建国际交流平台，促进国际合作和经验分享，推动时尚产业的国际化发展。政府还可以加强与其他国家和地区的合作，共同应对全球性挑战，推动时尚产业的可持续发展和繁荣。

政府政策对时尚产业的引导是实现时尚可持续性的重要手段之一。通过制定环境保护和资源管理方面的法律法规，出台产业政策和经济激励措施，建立行业标准和认证体系，加强国际合作和国际交流，政府可以有效引导时尚产业朝着可持续发展的方向迈进。这种政策引导为时尚产业的战略性合作实践提供了有利环境，推动行业的创新和发展，促进经济社会的全面进步。

第八章　数字技术与文化创意产品设计

第一节　数字技术在文化创意产品中的应用

一、数字技术在文化创意产品设计中的基础概念

（一）数字技术在文化创意产业中的地位

文化创意产业的发展离不开数字技术的支持与推动。数字技术在文化创意产业中扮演着至关重要的角色，不仅改变了传统的生产方式和体验形式，还拓展了创意表达的可能性，促进了产业的创新与发展。

数字技术在文化创意产品设计中具有多重基础概念。首先是数字化生产和制作。数字化生产技术如计算机辅助设计（CAD）、计算机辅助制造（CAM）等，使得文化创意产品的设计和制作过程更加高效、精确和灵活。设计师可以利用数字工具进行虚拟设计、模拟实验，快速呈现创意想法，降低生产成本，加快产品上市速度。

其次是数字化内容创作和表达。数字技术为文化创意从业者提供了丰富的表达手段和载体，如数字绘画、动画制作、虚拟现实（VR）、增强现实（AR）等。这些技术赋予了创作者更多的创作自由和表达空间，使得文化创意产品更具丰富性和互动性，能够更好地吸引观众和用户的注意力。

数字技术还推动了文化创意产品的数字化媒介与传播。互联网、社交媒体、数字平台等数字化媒介为文化创意产品的传播提供了便利和广泛的渠道，打破了传统媒体的时空限制，使得文化创意产品能够更广泛地传播到全球各地，扩大了产品的影响力和受众范围。

数字技术还赋能了文化创意产品的个性化定制与用户参与。通过大数据分析、人工智能等技术，文化创意从业者可以更好地了解用户需求和偏好，为用户提供个性化的产品和服务，提升用户体验和满意度。数字技术也为用户提供了参与文化创意产品创作的机会，如用户生成内容（UGC）、交互式体验等，使用户成为

产品创作的参与者和共享者。

数字技术还推动了文化创意产业的跨界融合与创新发展。数字技术与其他行业的融合，如数字与艺术、数字与设计、数字与娱乐等，为文化创意产业注入了新的活力和创意，推动了产业的跨界融合与创新发展。例如，数字艺术、数字时尚、数字娱乐等新兴领域的发展，正在成为文化创意产业的新的增长点和发展方向。

数字技术在文化创意产业中具有重要的地位和作用。它不仅改变了传统的生产方式和体验形式，拓展了创意表达的可能性，还推动了产业的创新与发展。数字技术为文化创意产品的生产、创作、传播、定制与参与提供了丰富的技术手段和应用场景，为产业的可持续发展注入了新的活力和动力。

（二）数字技术与文化创意产品的关系

1.数字技术的发展历程与趋势

在80年代和90年代，互联网的兴起进一步推动了数字技术的发展。数字化信息的广泛传播使得信息获取和共享变得更加便捷，为文化创意产品的设计提供了更广阔的空间。而在21世纪初，移动互联网的崛起进一步推动了数字技术的创新，人们可以通过智能手机和移动设备随时随地享受各类文化创意产品。

随着人工智能、虚拟现实、增强现实等新兴技术的涌现，数字技术在文化创意产品设计中展现出了更为先进的应用。人工智能的智能算法和大数据分析技术使得文化创意产品能够更准确地满足用户的个性化需求。虚拟现实和增强现实技术为用户提供了沉浸式的体验，使得文化创意产品更加生动和引人入胜。

数字技术在文化创意产品设计中的趋势仍将朝着更加智能、融合和全球化的方向发展。随着5G技术的普及，网络传输速度将得到显著提升，为更高质量的文化创意产品提供更好的网络支持。人工智能将继续发挥关键作用，通过深度学习和自然语言处理等技术，为文化创意产品提供更为智能的交互和推荐服务。

虚拟现实和增强现实技术也将进一步融入文化创意产品设计中，创造更为沉浸式的体验。而区块链技术的应用将为文化创意产品提供更加安全和透明的数字化管理方式，保护知识产权，推动文化产业的良性发展。

在全球化的背景下，数字技术将带动文化创意产品的跨文化交流与合作。通过数字平台，不同文化之间的艺术、音乐、文学等创意作品可以更加自由地传播和融合，形成更加丰富多彩的文化交流格局。

数字技术在文化创意产品设计中的先进应用和未来趋势表明，数字技术将继续引领文化产业的发展方向。其在各个领域的不断创新与整合，将为文化创意产品带来更多的可能性和活力。随着技术的不断演进，我们可以期待数字技术在文化创意产品领域发挥更为深远的影响。

2. 文化创意产品数字化的必要性与意义

文化创意产品数字化是对传统文化的传承和创新的一种方式。通过数字化，我们能够更好地保护和传承传统文化，将其以更丰富、更生动的形式呈现给现代观众。数字技术为文化创意产品提供了独特的表现手段，使得古老的文化得以以更具吸引力的方式焕发生机。

数字技术赋予了文化创意产品更广泛的传播渠道。传统文化创意产品受限于时空的限制，难以迅速传达到全球范围内的受众。而数字化的产品可以通过互联网迅速传播，极大地拓展了产品的影响力和触及面。这使得文化创意产品不再受制于地域，能够跨越国界、语言和文化的障碍，获得更为广泛的认可。

数字技术还为文化创意产品的个性化定制提供了可能。通过数字化，产品可以根据用户的个性化需求进行定制，使得用户在体验产品的过程中感受到更强烈的个性化连接。这种定制化不仅能够提升用户体验，还有助于产品的市场定位和差异化竞争。

数字技术的引入为文化创意产品的互动性增添了新的层次。传统的文化创意产品往往是静态的，而数字化的产品可以通过互动设计与用户进行更深层次的互动。这种互动性不仅能够增强用户的参与感，也使得产品更具参与性和趣味性。

文化创意产品数字化在当今社会具有深远的必要性与意义。通过数字技术的运用，文化创意产品得以传承创新，拓展传播渠道，实现个性化定制，提升互动性，从而使得这些产品在当代社会中焕发新的生机。数字技术为文化创意产业注入了新的动能，推动着这一领域的不断发展与演变。

二、数字技术在文化创意产品设计中的应用与未来趋势

（一）智能算法与文化创意产品设计

智能算法在文化创意产品设计中的先进应用体现在设计过程的优化。通过机器学习、深度学习等智能算法，设计软件能够分析大量的设计数据和趋势，从中学习并提炼出设计规律。这样的应用使得设计软件能够根据用户的需求和市场趋势，自动优化设计方案，提高设计的精准度和实用性。

智能算法为文化创意产品的个性化定制提供了更为智能化的手段。通过分析用户的历史偏好、行为习惯，智能算法能够为每个用户提供个性化的设计建议。这种个性化设计不仅能够满足用户的独特需求，也为文化创意产品注入了更丰富的文化元素，提升了产品的文化附加值。

在文化创意产品的创作过程中，智能算法可以与设计师实现协同创作。通过将机器的计算能力与人类的创造力结合起来，设计师能够更高效地实现创意构思。

智能算法能够生成创意灵感、提供设计建议，帮助设计师更好地理解用户需求，推动创意的迸发。

智能算法在文化创意产品设计中的应用还表现在对大数据的分析与应用。通过分析用户的行为、市场趋势等大量数据，智能算法能够预测未来的文化创意需求和潮流，为设计师提供更为前瞻性的设计方向。这种数据驱动的设计使得文化创意产品更符合市场需求，更具商业竞争力。

未来趋势方面，智能算法在文化创意产品设计中的应用将更加普遍。随着智能算法技术的不断发展，设计软件将会变得更加智能、自适应，能够更好地理解和解读用户的情感和审美需求，实现更加人性化的设计。这将为文化创意产品带来更为高效和个性化的设计体验。

智能算法还将深度融入到文化创意产品的生产制造过程中。通过智能化的生产工艺，智能算法可以优化生产流程，提高生产效率，降低生产成本。这使得文化创意产品的制作更加灵活、可持续，更适应市场的快速变化。

智能算法在文化创意产品的体验设计中将更为突出。通过虚拟现实（VR）、增强现实（AR）等技术，智能算法可以实现更为沉浸式的用户体验，为用户带来更丰富、更感性的文化体验。这种技术的应用使得文化创意产品的传达更加直观、深刻。

智能算法在文化创意产品设计中的应用为产业带来了新的变革。从设计过程的优化、个性化定制、协同创作，到对大数据的深度分析与应用，智能算法使得文化创意产品的设计更加智能、高效、前瞻。随着智能算法技术的不断演进，文化创意产品设计将更加紧密地与智能技术融合，呈现更为创新和引领潮流的面貌。

（二）区块链技术在文化资产保护中的作用

区块链技术作为一种去中心化、不可篡改的分布式账本技术，为文化创意产品的资产保护提供了全新的解决方案。其去中心化的特点使得文化资产的记录更加安全，不受单一机构的控制，不易遭受篡改和攻击。以下探讨区块链技术在文化创意产品中的作用。区块链技术可以确保文化创意产品的知识产权得到更为可靠的保护。通过将文化资产的信息以区块的形式进行记录，并通过加密和时间戳等技术手段确保其不可篡改，区块链可以追踪和验证知识产权的归属。这种去中心化的记录方式保证了文化创意产品的创作者能够获得应有的权益，防止知识产权的滥用和侵犯。

区块链技术可以为文化创意产品的溯源提供更为透明和可信的方式。在文化产业中，很多作品的制作经过多个环节，包括创作、生产、发行等，而区块链可以将这些环节的信息都记录在分布式账本中。这使得文化创意产品的生产过程更为透明，不仅可以方便监管和管理，也可以提高整个产业的信任度。

区块链技术还可以为文化创意产品的数字版权管理提供解决方案。通过将数字版权信息以区块链的形式记录，可以确保每一份数字版权的唯一性，防止盗版和非法复制。这为文化创意产品的数字内容提供了更为安全的保障，促进数字版权的合法交易。

在文化创意产品的销售和交易过程中，区块链技术也发挥了关键作用。通过智能合约技术，区块链可以建立自动化的交易规则，确保交易的透明、公正和高效。这不仅减少了中间环节，也提高了交易的速度和安全性，促进文化创意产品市场的良性发展。

区块链技术还为文化创意产品的筹资和众筹提供了新的可能性。通过发行基于区块链的代币，可以实现文化项目的众筹融资。这种分散式的融资模式使得资金更加去中心化，提高了项目的可持续发展性。

区块链技术在文化创意产品中的应用为文化资产的保护、管理和交易提供了全新的解决方案。其去中心化、不可篡改的特性使得文化创意产品在数字化时代能够更好地应对版权保护、溯源、交易等方面的挑战，为文化创意产业的可持续发展提供了坚实的基础。随着区块链技术的不断发展和应用场景的不断拓展，其在文化创意产品领域的作用将进一步得到强化。

（三）数字技术在文化创意产品中的未来发展

数字技术的快速发展将在未来为文化创意产品带来更为深刻和广泛的影响。随着技术不断演进，文化创意产品将迎来更为丰富、多元的发展前景。

数字技术的未来发展将深刻改变文化创意产品的生产方式。新兴的数字制造技术，如3D打印、虚拟现实和增强现实等，将赋予创作者更多创意的自由度。通过这些技术，文化创意产品不再受制于传统的生产工艺，而是能够以更为灵活、个性化的方式呈现。这将激发创作者更大胆的创新，推动文化创意产品的多样化发展。

数字技术的未来将使文化创意产品更加智能化。人工智能和大数据分析技术的发展将为文化创意产品提供更为智能的创作和交互体验。通过分析用户的行为和喜好，智能系统能够生成更加符合用户口味的文化创意产品。这种个性化定制将增强用户的参与感和满足感，推动文化创意产品的创意深度和广度。

数字技术未来的发展也将拓展文化创意产品的传播渠道。随着5G技术的普及，网络传输速度将大幅提升，为高清、高质量的文化创意产品传播提供更好的支持。这将使得文化创意产品能够更快速、更广泛地传播到全球范围内，实现文化的跨越时空的交流与传承。

未来数字技术的发展还将为文化创意产品带来更多沉浸式的体验。虚拟现实和增强现实技术的不断进步将使得用户能够在虚拟世界中体验更为真实和丰富的文化创意作品。这种沉浸式的体验不仅将推动文化创意产品在娱乐领域的创新，还将为文化教育、文化旅游等领域提供更多可能性。

数字技术未来的发展还将促进文化创意产业的跨界合作。不同领域的数字技术将为文化创意产品的设计带来更多创新的思维方式，推动不同领域的创作者进行更深层次的合作。这种跨界合作将为文化创意产品注入更多元的元素，使得作品更为丰富多彩。

数字技术的未来发展将在文化创意产品领域引发深远而广泛的影响。从生产方式到用户体验，从传播渠道到合作方式，数字技术将为文化创意产品带来更为全面的革新。未来文化创意产品将在数字技术的推动下迎来更为辉煌的发展时期。

第二节 虚拟现实与增强现实的创新设计

一、虚拟现实（VR）与增强现实（AR）的创新概念与应用

（一）虚拟现实与增强现实的基本概念

虚拟现实是一种通过计算机技术创造出的一种仿真环境，让用户能够沉浸于虚拟的三维空间中。在文化创意产品设计中，虚拟现实的应用使得用户能够脱离真实环境，进入虚构的文化场景。例如，通过 VR 技术，用户可以仿佛置身于历史悠久的文化背景中，感受到不同时空的文化氛围。

与此增强现实则是在真实世界中叠加虚拟信息，通过数字技术将虚拟元素与现实场景相结合。在文化创意产品中，增强现实为用户提供了与真实世界互动的体验。通过 AR 技术，文化创意产品能够在用户的视野中叠加出与产品相关的虚拟图像、文字或音频，使得用户在现实环境中更为深度地感知文化元素。

这两种技术的基本概念在文化创意产品设计中的应用呈现多样性。虚拟现实为文化创意产品提供了更丰富、更具沉浸感的体验。例如，虚拟博物馆可以通过 VR 技术呈现出庞大的文物收藏，使用户仿佛置身于实体博物馆一般。这种沉浸感不仅加深了用户对文化产品的认知，也拓宽了产品的展示形式。

增强现实则强调与真实环境的融合，使得文化创意产品更加贴近用户的日常生活。例如，通过 AR 技术，用户可以在城市中扫描建筑物，获取有关历史、文

化信息的实时叠加。这种互动性使得文化创意产品的体验更为个性化，能够更好地融入用户的生活场景。

在文化创意产品设计中，虚拟现实与增强现实也经常结合应用。这种综合应用能够在用户沉浸于虚拟体验的与真实环境进行互动。例如，一个文化创意产品可以利用 VR 技术创造出一个虚拟的历史场景，然后通过 AR 技术将虚拟元素叠加到用户所处的真实空间中，实现虚拟与现实的融合。

虚拟现实和增强现实的基本概念在文化创意产品设计中的应用为用户提供了更为丰富、个性化的文化体验。通过模拟虚构的环境或叠加虚拟元素到真实场景中，这两种技术使得文化创意产品呈现出更为多元的表现形式，同时也促进了文化传承与创新。随着技术的进一步发展，虚拟现实与增强现实的应用将更加普及，为文化创意产品的设计开辟更为广阔的可能性。

（二）虚拟现实在文化创意产品中的创新设计

虚拟现实的最大特点之一是其能够打破时间与空间的限制，使用户仿佛置身于一个全新的虚拟世界中。在文化创意产品设计中，这为创作者提供了更大的创意空间，能够创造出更为独特、前卫的作品。用户能够在虚拟现实中亲身感受到文化创意产品所传达的情感，这种沉浸式的体验大大增强了作品的感染力与表现力。

虚拟现实技术还能够使文化创意产品脱离传统的展览或演出场地，以数字的方式进行呈现。这种数字化的呈现方式不仅方便了用户的观赏，也为创作者提供了更为便捷的创作与传播渠道。文化创意产品在虚拟现实中可以随时随地被呈现，无需受制于具体的时间和地点。

在虚拟现实中，用户能够通过身临其境的方式与文化创意产品进行互动。这种互动性质的设计为用户提供了更多的参与感，使得他们不再是被动的观众，而是能够与作品产生更为深刻的互动体验。这种互动不仅增强了用户的参与感，也为文化创意产品注入了更多的生命力。

虚拟现实技术的进步也为文化创意产品的联动创作提供了可能。通过虚拟现实平台，不同领域、不同背景的创作者可以进行跨界的合作，共同创作出更为独特、复合性的文化创意产品。这种跨界合作不仅能够推动创新，也有助于促进文化创意产业的融合发展。

在虚拟现实中，文化创意产品还能够更直观地表达创作者的想法与情感。通过虚拟现实技术，音乐、艺术、文学等不同形式的文化创意产品可以以更为直观、感性的方式呈现，使得观众能够更深入地理解创作者的创意灵感和情感表达。

虚拟现实技术在文化创意产品中的创新设计为文化艺术带来了全新的可能

性。通过其沉浸式的体验、数字化的呈现方式、互动性的设计以及跨界的合作方式，虚拟现实为文化创意产品带来了更为广阔的发展前景，也为创作者提供了更丰富的创作工具。在不断发展的虚拟现实领域，我们有望看到更多的文化创意产品在设计中展现出更为引人入胜的创新。

（三）增强现实创新设计在文化教育中的应用

在当代文化教育领域，增强现实（AR）创新设计的应用引起了广泛关注。这一技术的涌现不仅深刻改变了传统的文化教育方式，更为文化创意产品注入了前所未有的活力和实用性。

AR技术的引入为文化教育提供了全新的体验。通过AR技术，学生和观众能够在虚拟和现实的融合中体验文化内涵，而非仅仅停留在传统的文字和图片展示中。例如，在历史课程中，AR可以用来呈现历史场景，让学生仿佛穿越时空，亲身感受历史事件的发生。这种互动性和沉浸感，能够激发学生的学习兴趣，使文化教育更具吸引力。

AR技术的应用也为文化创意产品提供了更多的表现空间。传统的文化产品往往局限于平面的展示，而AR技术可以将虚拟的元素融入到实际场景中，使文化作品呈现出更为立体和生动的形态。例如，艺术品可以通过AR技术展现其创作者的创作过程，使观众更深入地理解艺术品的背后故事。这种交互性的设计，不仅拓展了文化创意产品的表现形式，同时也让观众与作品之间建立更为紧密的联系。

AR技术在文化教育中的应用还有助于打破时空的局限。学生可以通过AR技术在不同地点、不同时间体验文化活动。例如，学生可以在课堂上通过AR技术参观古代文明的建筑，甚至可以通过虚拟的实景感受远古的生活场景。这种跨时空的体验不仅让学生更全面地了解文化，同时也为文化创意产品的设计提供了更广泛的创作灵感。

AR技术在文化教育中的应用也为个性化学习提供了更多可能性。通过AR技术，教育者可以根据学生的个体差异，量身定制文化教育内容。这种个性化的学习方式不仅更贴近学生的兴趣和需求，也更有助于激发学生的创造力和思考能力，促进其全面发展。

增强现实创新设计在文化教育中的应用为文化创意产品带来了新的发展机遇。AR技术的引入不仅提供了更为丰富、互动性强的文化教育体验，同时也拓展了文化创意产品的表现形式，使之更具有创新性和实用性。随着科技的不断进步，AR技术在文化教育领域的应用将进一步深化，为文化创意产品的设计和传播开辟更为广阔的前景。

二、虚拟现实与增强现实在文化创意产品中的先进实践

（一）虚拟现实在文学与艺术创作中的实践

虚拟现实（VR）和增强现实（AR）作为数字技术的先进手段，在文学与艺术创作中得到了创作者们的积极实践，为文化创意产品带来了更为丰富和深刻的表现形式。

虚拟现实在文学创作中的实践呈现出全新的叙事维度。传统的文学作品主要通过文字来表达情节和描绘场景，而通过虚拟现实技术，作者可以创造出更为沉浸和立体的虚构世界。读者可以通过虚拟现实设备进入故事情境，与角色互动，体验故事中的事件，使得文学作品变得更加生动、有趣、引人入胜。

虚拟现实在艺术创作中的应用提供了更为直观的创作体验。艺术家可以利用虚拟现实技术进行绘画、雕塑等创作，通过虚拟现实设备，观众可以身临其境地欣赏艺术品，感受到更为真实的艺术表达。这种实践不仅拓展了艺术家的创作方式，也使观众更深刻地理解和体验艺术作品所要表达的内涵。

增强现实技术在文化创意产品中的实践加强了虚拟与现实的交互。在文学作品中，通过增强现实技术，作者可以将虚构的元素叠加到现实场景中，为读者创造出更为丰富的文学体验。在艺术创作中，增强现实技术可以为观众呈现出与真实环境融为一体的虚拟艺术品，使得观赏者更加亲近艺术作品。

虚拟现实和增强现实的先进实践也对文化创意产品的教育和传承产生了积极影响。在文学教育中，虚拟现实可以为学生提供更生动的学习体验，使得古代文学作品、历史事件等变得更具感知性。在艺术教育中，通过增强现实技术，学生可以在现实场景中进行虚拟创作，拓展创意空间，提高学习兴趣和动手能力。

虚拟现实和增强现实的实践也面临一些挑战，例如设备成本、技术限制等问题。但随着技术的不断发展和普及，这些问题将逐渐得到解决，虚拟现实和增强现实在文学与艺术创作中的实践将更加深入和广泛。

虚拟现实和增强现实的先进实践为文学与艺术创作提供了新的可能性。通过虚拟现实技术，文学和艺术创作者能够创造出更为生动、立体的作品，为观众提供更为丰富的体验。增强现实技术则使虚拟与现实更为紧密地融合，为文化创意产品的传播、教育和传承带来新的契机。随着技术的不断创新，虚拟现实和增强现实的实践将继续推动文学与艺术领域的创新与发展。

（二）先进增强现实创新设计

1. 智能眼镜与 AR 导览服务

智能眼镜作为一种先进的可穿戴设备，为用户提供了更为便捷的互动方式。

通过智能眼镜，用户可以直接在视野中获取信息，不再需要手持设备或手机。这种自由的互动方式使得用户在欣赏文化创意产品的能够更加自然地与虚拟世界进行交互，增强了用户的参与感。

AR 导览服务是利用增强现实技术为用户提供实时信息和互动体验的一种服务。在文化创意场馆中，AR 导览服务通过智能眼镜将虚拟元素融合到实际环境中，为用户提供更为生动、有趣的导览体验。用户可以通过智能眼镜看到与实际场景相交互的虚拟元素，例如文物的还原、历史事件的再现等，使得文化创意产品更加具有趣味性和教育性。

虚拟现实技术在文化创意产品中的先进实践主要体现在对场馆和创意空间的重新设计和呈现上。通过智能眼镜，用户可以体验到更为真实的虚拟场景，例如仿佛置身于历史事件的现场或艺术作品的创作过程中。这种沉浸式的体验使得文化创意产品不再受限于传统的展览和演出形式，而能够以全新的方式向用户呈现。

在文化创意产品中，智能眼镜与 AR 导览服务也为文化教育提供了更为创新的途径。通过这些技术，用户可以获取到更为深入的文化背景和历史资料，提升了文化教育的深度和广度。智能眼镜使得用户能够在欣赏文化作品的获得更为详实的解说和教育信息，丰富了用户的文化体验。

智能眼镜与 AR 导览服务的应用也推动了文化创意产业与科技产业的深度融合。创意产业通过引入先进的技术，不仅提升了产品的创新性和吸引力，同时也为科技产业提供了更多的应用场景。这种深度融合将推动两个产业的协同发展，为文化创意产品和科技产业带来共赢的机遇。

智能眼镜与 AR 导览服务的先进实践为文化创意产品带来了全新的互动与导览体验。通过这些技术的应用，用户能够在文化场馆中享受到更为丰富、沉浸式的文化体验，推动了文化创意产品在数字时代的创新与发展。

2.增强现实与文化创意产业的商业模式创新

AR 与 VR 的商业模式创新主要表现在内容付费与用户参与的深度融合上。传统的文化创意产业主要通过售卖实体产品或门票等方式获得收益，而 AR 与 VR 技术的引入使得文化创意产品可以更灵活地通过数字渠道进行销售。通过虚拟现实的沉浸式体验，文化产品的用户体验得到提升，为其价值赋予了更多层次。AR 技术还使得内容付费更为个性化，用户可以按需购买虚拟展览、文化活动等，为文化创意产业的盈利模式注入了新的活力。

AR 与 VR 在文化创意产品中的先进实践体现在文化传承与创新之间的巧妙平衡。传统文化创意产品往往受限于时间和空间，而 AR 与 VR 技术通过数字化手段将文化创意产品呈现得更为生动、立体。在文化传承方面，通过虚拟现实，文化产品可以更好地保存、传承和弘扬传统文化。而在创新方面，这些技术也为创作者提供了更多的设计自由度，使得文化创意产品在保持传统精髓的同时能够更好地适应当代审美和需求。

AR 与 VR 的商业模式创新还体现在与实体产业的深度整合上。虚拟现实技术不再仅仅是数字产品的呈现方式，更可以成为实体产业的数字化延伸。例如，在博物馆和文化场馆中，AR 技术可以为展品提供数字化解说，丰富游客的参观体验。VR 技术也使得文创产品的线上线下销售更为融合，通过虚拟商城、线上展览等方式，实现线上线下的无缝连接，为文化创意产业创造了更为广阔的商业发展空间。

AR 与 VR 的商业模式创新还在社交互动方面有着显著的贡献。通过虚拟现实，用户可以在数字世界中进行互动，共同参与文化创意产品的创作、分享和传播。这种社交互动不仅促进了用户之间的交流，同时也为文化创意产品的推广提供了更为广泛的社交渠道。例如，用户可以通过 AR 应用分享自己的虚拟艺术作品，与其他用户进行合作创作，形成一个数字创意社区，为文化产业的社交互动带来了新的可能性。

AR 与 VR 的商业模式创新不仅在文化创意产业中展现了先进的实践，同时也为该行业带来了全新的商业格局。从内容付费的灵活性到文化传承与创新的平衡，再到与实体产业的深度整合和社交互动的推动，这些方面的创新都在为文化创意产业的可持续发展注入了新的动力。随着技术的不断进步，AR 与 VR 的商业模式创新将继续推动文化创意产业朝着更加开放、多元的方向发展。

第三节　3D 打印与可持续产品制造

一、文化创意产品中的 3D 打印技术应用

（一）不同类型的 3D 打印技术

光固化 3D 打印技术是一种利用紫外线或激光束照射液态光敏树脂，逐层固化成固体物体的技术。在文化创意产品中，这种技术广泛应用于精细艺术品和雕塑的制作。艺术家可以通过光固化 3D 打印技术实现对细节的高度控制，创造出更为复杂和精致的作品。这种技术还为设计师提供了一种全新的制作方式，使得他们能够更加自由地表达创意，打破传统制作的限制。

　　熔融沉积 3D 打印技术采用加热的熔融材料，通过逐层堆积的方式构建物体。在文化创意产品中，这种技术常用于制作大型雕塑、建筑模型等。由于其制作规模较大、速度较快的特点，熔融沉积 3D 打印技术为文化创意产品的批量生产提供了有效的手段。艺术家和设计师可以通过这种技术快速实现大型作品的制作，提高生产效率。

　　粉末烧结 3D 打印技术是一种通过喷墨头逐层喷射粉末材料，并在每一层上喷射粘结剂，然后通过热处理使得粉末粒子结合成实体物体的技术。这种技术在文化创意产品中的应用较为广泛，特别是在艺术品、陶瓷制品等方面。通过粉末烧结技术，艺术家可以创造出具有独特纹理和细腻质感的作品，丰富了文化创意产品的形式和表现力。

　　这些不同类型的 3D 打印技术并非相互独立，而常常在文化创意产品的设计和制作过程中相互结合使用。例如，通过将不同材料的 3D 打印技术结合，艺术家可以在作品中实现多材质的融合，创造出更为多元和复杂的效果。

　　不同类型的 3D 打印技术为文化创意产品的制作提供了多样性和创新性。从精细雕塑到大型建筑模型，从纹理独特的陶瓷制品到多材质的艺术作品，这些技术为艺术家和设计师提供了丰富的工具，推动了文化创意产品领域的不断发展和创新。

（二）3D 打印在文化创意产品设计中的应用

1.3D 打印与定制化设计

　　3D 打印技术的应用为文化创意产品注入了更为丰富的创意元素。通过 3D 打印，设计者可以实现更为复杂和独特的产品形态，使得作品更具个性和创新。这种灵活性不仅让设计者能够更好地表达自己的创意，同时也为文化创意产品的生产提供了更为多样的选择。

　　在文化创意产品的制作过程中，3D 打印技术能够实现定制化设计。设计者可以根据用户的个性化需求，通过 3D 打印技术将定制的设计快速实现。这种定制化设计不仅提升了产品的市场竞争力，也增强了用户的参与感和满意度。

　　3D 打印技术的应用不仅为文化创意产品设计提供了更为灵活的制造方式，同时也推动了设计理念的创新。设计者可以更加自由地尝试各种创新的设计理念，突破了传统制造工艺的限制。这种创新不仅激发了设计者的创意灵感，也为文化创意产品注入了更多的艺术性和时尚感。

　　在传统制造过程中，原型制作往往是一个繁琐而昂贵的过程。而通过 3D 打印技术，设计者可以更加迅速和经济地制作出原型。这种高效的原型制作过程不仅提高了设计的效率，也为产品的改进和优化提供了更多可能性。

3D 打印技术的应用还推动了文化创意产品产业链的变革。传统的生产模式中，设计、生产、销售等环节之间存在着许多中间环节，使得产品的生产周期较长。而通过 3D 打印技术，可以实现数字化的生产流程，减少了中间环节，使得生产过程更为高效和灵活。

在文化创意产品的设计中，3D 打印技术的应用不仅改变了产品的外观和形态，也推动了整个产业链的创新。它为文化创意产品的制作提供了更为灵活和个性化的选择，同时也推动了设计理念的创新和生产方式的变革。3D 打印技术的不断发展将为文化创意产品的设计和制作带来更多的可能性和活力。

2.3D 打印技术在建筑与设计中的创新

3D 打印技术在建筑与设计领域的创新是一场引人瞩目的变革。这项技术的应用不仅深刻影响了建筑设计与文化创意产品的制作，更为行业带来了前所未有的机遇和挑战。

在建筑方面，3D 打印技术为传统的建筑设计和施工流程带来了革命性的改变。传统建筑通常需要耗费大量的时间和资源，而 3D 打印技术使得建筑构件可以在短时间内由计算机直接打印而成，极大地提高了建筑效率。这种高效的施工方式不仅为建筑行业带来了成本和时间上的优势，同时也为建筑设计师提供了更多的创作空间。设计师可以通过 3D 打印技术实现更为复杂、独特的建筑结构，使得建筑更具个性化和创新性。

在设计领域，3D 打印技术的应用为文化创意产品的制作带来了全新的可能性。艺术家和设计师可以通过 3D 打印技术将复杂的艺术品从虚拟世界变为实体，使得创作不再受限于传统的手工制作方式。这种数字化制作过程不仅提高了制作效率，更为设计师提供了更多的创作自由度。3D 打印技术还能够实现个性化定制，使得文化创意产品更好地满足用户个性化的需求，拓展了设计师的市场空间。

在建筑和设计的交汇点上，3D 打印技术的创新应用也为文化创意产品带来了跨领域的融合。例如，通过 3D 打印技术，设计师可以将建筑元素融入家具设计中，创造出独具特色的家居产品。这种融合不仅丰富了文化创意产品的形式，也拓展了产品的市场覆盖面。3D 打印技术的灵活性使得设计师能够更好地将建筑元素与艺术创作相结合，创造出更具艺术性和实用性的文化创意产品。

3D 打印技术的可持续性也为建筑和文化创意产业带来了重要的环保优势。传统建筑材料的生产和运输会产生大量的碳排放，而采用 3D 打印技术，可以通过精准的材料使用，减少浪费，从而降低对环境的影响。这种环保性质与文化创意产品的理念相契合，使得使用 3D 打印技术生产的产品更容易获得消费者的认同。

3D 打印技术在建筑与设计中的创新为文化创意产品的制作和设计带来了深远的影响。从提高建筑效率到丰富文化创意产品的形式，再到可持续性的环保优势，这项技术为整个产业链注入了新的动能。随着技术的不断发展，3D 打印技术在建筑与设计领域的应用将不断深化，为文化创意产业的创新和发展打开更为广阔的前景。

二、文化创意产品的可持续产品制造与 3D 打印

（一）可持续产品制造在文化创意产业中的迫切性

可持续产品制造强调对资源的有效利用和循环利用。在传统制造业中，常常存在大量浪费和过度消耗的问题。而可持续产品制造通过优化设计、减少材料浪费、提高生产效率等手段，致力于减小对自然资源的压力。3D 打印技术作为一种数字化制造方式，具有按需生产的优势，可以减少不必要的库存和过剩生产，从根本上减少资源浪费。

可持续产品制造注重减少对环境的负面影响。传统制造常常伴随着高能耗和高排放，对环境造成严重污染。而 3D 打印技术在制造过程中通常能够减少能源的使用，由于精准的材料投放和减少废弃物的产生，降低了生产环节对环境的不良影响。这与可持续产品制造的理念相契合，共同推动了文化创意产品的生产方式向更为环保可持续的方向发展。

可持续产品制造与 3D 打印技术的结合有助于推动文化创意产品的个性化和定制化。3D 打印技术可以根据设计者的需求，按照精确的规格和要求进行生产，为每个产品提供独特的特色。这避免了大规模制造所带来的批量生产和标准化问题，减少了过度生产对环境的冲击，同时满足了消费者个性化需求。

可持续产品制造强调生产过程的透明度和责任。3D 打印技术的数字化特性使得生产过程更容易监控和管理。生产者可以追踪每个产品的制造过程，了解材料来源、生产条件等信息，提高了生产过程的透明度。这有助于实现更负责任的生产和消费，符合可持续产品制造的核心理念。

文化创意产品的可持续产品制造与 3D 打印技术的结合体现了对资源的高效利用、对环境的保护、对个性化需求的满足以及对生产责任的追求。这一发展方向不仅满足了当代社会对可持续发展的需求，也为文化创意产业注入了更为创新和环保的元素，为未来文化创意产品的发展提供了可持续的动力。

（二）3D 打印技术与可持续产品制造的结合

文化创意产品的可持续产品制造与 3D 打印技术的结合是一种引人注目的趋

势，为产业链带来了深远的变革。这种结合不仅推动了产品的生产方式的转变，也为环境和社会可持续性的追求提供了新的路径。

可持续产品制造与3D打印技术的结合减少了传统生产过程中的浪费。传统的生产方式通常伴随着大量的原材料浪费，而3D打印技术则能够根据设计需求精准地添加或融合材料，最大限度地减少浪费。这一优势使得文化创意产品的制造更加环保，有助于减缓资源的消耗。

3D打印技术的应用降低了文化创意产品的生产能耗。传统生产方式中，能源在整个生产链中的使用较为庞大，而3D打印技术在制造过程中能够更为精准地利用能源，降低了生产环节的能源消耗。这种减能耗的优势有助于构建更为可持续的文化创意产品生产体系。

可持续产品制造与3D打印技术的结合也提高了产品的生命周期效益。传统制造方式中，产品在生命周期结束后可能会产生大量废弃物，而3D打印技术的灵活性使得产品能够更容易被回收和再利用。这种循环利用的方式不仅减少了对新原材料的需求，也有助于减少环境负担。

3D打印技术的结合还推动了文化创意产品的个性化定制，从而减少了批量生产带来的库存和资源浪费。消费者可以根据个人喜好和需求订制文化创意产品，生产商可以根据具体订单进行生产，从而减少了过剩生产和库存积压。这种定制化的生产方式不仅提高了产品的市场适应性，也减缓了资源消耗。

可持续产品制造与3D打印技术的结合为文化创意产品的生产提供了一种更为环保和高效的方式。通过减少原材料浪费、节约能源、提高产品的生命周期效益以及推动个性化定制，这种结合不仅满足了市场对可持续性的需求，也推动了整个文化创意产业向更为可持续的方向发展。这一趋势将为文化创意产品的未来带来更为可持续、创新和绿色的发展。

（三）3D打印与循环经济理念的契合

3D打印技术与循环经济理念的契合为文化创意产品的可持续产品制造带来了新的可能性。这种技术与理念的结合不仅在材料利用、生产过程和产品生命周期等方面产生了深远的影响，更为文化创意产业注入了可持续发展的动力。

3D打印技术的契合循环经济理念体现在材料的高效利用上。传统的生产方式往往伴随着大量的材料浪费，而3D打印技术可以通过精准的材料使用，减少废弃和浪费。通过可持续的材料选择，3D打印既能够提高产品质量，又能够降低资源的消耗，实现了材料的循环利用，符合循环经济理念对资源的高效管理要求。

循环经济理念与3D打印技术的契合还表现在生产过程的可控性上。传统生产过程常常伴随着高耗能、高排放的特点，而 3D 打印技术通过数字化、精确控制的特点，能够实现生产过程的可控和优化。这种高度可控的生产过程有助于降低能源的消耗和排放，符合循环经济理念对生产过程的绿色化要求，实现了对环境的更友好的生产方式。

在产品生命周期方面，3D 打印技术的应用也使得文化创意产品更容易实现可持续发展。3D 打印技术使得产品的制造、销售、使用和维护等环节更为灵活，减少了过度生产和库存。产品的个性化制造也降低了产品报废和废弃的可能性。这种灵活的生产和使用方式有助于延长文化创意产品的生命周期，实现产品的更好的循环利用。

与此循环经济理念与 3D 打印技术的契合还促进了创新的发展。在循环经济的理念下，设计者更注重产品的可维修性和可再生性，而 3D 打印技术使得这些理念更易于实现。设计者可以更灵活地采用可再生材料，设计出更易于拆卸和维护的产品结构。这种可持续的设计理念激发了创意的发展，推动了文化创意产品领域的创新。

3D 打印技术与循环经济理念的契合为文化创意产品的可持续产品制造带来了积极的影响。通过高效利用材料、绿色生产过程和产品生命周期的优化，这种契合不仅实现了资源的循环利用，还促使了文化创意产业向着更为可持续的方向发展。随着技术的不断进步和循环经济理念的深入人心，这种契合将进一步推动文化创意产品制造的创新与可持续发展。

第四节　人工智能与文化创意产品推广

一、人工智能在文化创意产品推广中的基础应用

（一）文化创意产品推广的特殊性与挑战

文化创意产品推广的特殊性表现在产品的文化内涵和艺术性质。与一般商品相比，文化创意产品更注重文化价值和审美体验，其推广需要更深层次的传播。人工智能通过分析大量文化数据、用户喜好等信息，能够更准确地定位目标受众，提供个性化的推广方案。这有助于在复杂的文化背景中更精准地传递产品信息，提高推广效果。

文化创意产品推广面临着传统与新媒体的融合问题。在数字化时代，媒体形

式多元，传统的广告模式可能不再适用。人工智能技术通过分析用户在社交媒体、在线论坛等平台上的行为，了解其兴趣和互动方式，为文化创意产品在新媒体中的推广提供了更为智能化的解决方案。通过个性化的推广内容，更好地吸引目标受众的注意力。

文化创意产品的推广需要更深层次的情感共鸣。由于文化创意产品的独特性，其推广需要引发观众的情感共鸣，使其在心理上更为认同和接受。人工智能在情感计算和情感分析方面的应用为推广者提供了更深入了解用户情感需求的工具。通过分析用户的情感反馈，调整推广策略，使推广更具有情感连接性，增强用户对产品的情感认同。

文化创意产品通常涉及到知识产权等法律问题，需要遵循相应的法规和伦理规范。人工智能技术在法律智能和风险管理方面的应用，可以帮助推广者更好地了解相关法规，降低法律风险，保护文化创意产品的知识产权。

人工智能在文化创意产品推广中的基础应用为推广者提供了更为智能和个性化的推广解决方案。通过深入挖掘用户行为数据、情感需求和法律规范，人工智能技术为文化创意产品在特殊性与挑战中找到了更为精准和有效的推广路径，为推广者在激烈的市场竞争中赢得更多机会。

（二）智能推荐系统与文化产品个性化推广

文化产品个性化推广与智能推荐系统的结合是人工智能在文化创意产品推广中的基础应用之一。这种结合不仅提升了文化产品的推广效果，也满足了消费者个性化需求，推动了文化创意产业的进一步发展。

智能推荐系统的基础应用在于其能够通过分析用户的行为、喜好和历史数据，为用户提供个性化的产品推荐。在文化创意产品的推广中，智能推荐系统通过深度学习和算法分析，能够更准确地预测用户的兴趣，为其推送相关而个性化的文化产品。

文化产品个性化推广通过智能推荐系统实现了更为精准的目标市场定位。智能推荐系统通过大数据分析，能够深入挖掘用户的兴趣和需求，为文化创意产品的推广提供更为详实的数据支持。这使得推广者能够更好地理解目标市场的特点，有针对性地进行产品推广。

智能推荐系统的应用使得文化创意产品推广更具个性化和精准化。通过分析用户的消费行为和喜好，系统能够为用户推送更符合其口味和兴趣的文化产品。这种个性化推广不仅提高了用户对文化产品的认可度，也增强了用户的满意度。

智能推荐系统的应用推动了文化产品的多样性推广。通过深度学习算法，系统能够识别用户的交叉兴趣和潜在需求，为其推送各种类型、风格的文化创意产品。这种多样性推广不仅丰富了用户的选择，也为文化产业的不同领域提供了更为广阔的推广空间。

在文化创意产品推广中，智能推荐系统的应用提升了产品的推广效果。通过更准确地洞察用户需求，系统能够降低广告投放的成本，提高推广的效率。这种精准推广不仅提升了文化产品的市场占有率，也为推广者带来了更好的经济效益。

智能推荐系统的基础应用在文化创意产品推广中发挥了重要的作用。通过分析用户的数据和行为，系统能够为用户提供更为个性化和精准的推荐，提升了文化产品的推广效果。这种结合为文化创意产业带来了更为智能和高效的推广方式，推动了产业的进一步创新和发展。

（三）用户体验与智能推荐系统的优化

文化创意产品推广中的智能推荐系统和用户体验的优化是一项关键性的基础应用。智能推荐系统通过分析用户行为和兴趣，为用户提供个性化的推荐，从而提高用户参与度和产品的曝光率。通过优化用户体验，使用户在产品推广过程中更愿意参与，这两者相互融合，为文化创意产品的推广创造更为有效和吸引人的方式。智能推荐系统的基础应用是通过分析用户行为和兴趣，实现个性化推荐。通过收集用户的浏览历史、点击行为和偏好数据，系统能够了解用户的兴趣领域和偏好，从而为其推荐更加符合个性化需求的文化创意产品。这种个性化推荐不仅提高了用户对产品的满意度，也加深了用户与产品的关联感，使用户更愿意深度参与和传播。

在用户体验的优化方面，首先是通过智能推荐系统提供更精准的产品信息，减少用户搜索和选择的时间成本。智能推荐系统通过对用户行为的分析，可以更好地理解用户的需求，提前预测用户可能感兴趣的文化创意产品。这样一来，用户无需花费过多时间去寻找符合自己兴趣的产品，从而提高了用户在产品推广过程中的体验和满意度。

通过智能推荐系统优化用户体验，可以提供更加细致入微的个性化服务。通过对用户的行为和喜好的深入了解，系统能够为用户量身定制个性化的推荐，使用户感到被重视和理解。这种个性化服务不仅提高了用户对产品的认同感，同时也增加了用户在推广活动中的积极参与度。

智能推荐系统在用户体验优化中还能够通过情感分析等技术，更好地把握用户的情感需求。通过分析用户在互动过程中的表情、评论、评分等数据，系统能够更精准地捕捉用户的情感反馈。这样的情感分析不仅有助于产品推广活动的调整和优化，也使得用户能够更好地与产品建立情感连接，提高了用户体验的深度和广度。

在文化创意产品的推广过程中，智能推荐系统通过优化用户体验，不仅提高了产品的知名度和吸引力，更为产品与用户之间建立了更为紧密的关系。用户在体验个性化推荐的也更容易产生对产品的认同感和情感投入。这种推广方式不再是单向的宣传，而更像是一场互动式的文化体验，使用户参与其中的愿望更加强烈。

智能推荐系统和用户体验的优化是文化创意产品推广中的基础应用。通过分析用户行为、提供个性化推荐、优化产品信息和服务，不仅提高了用户在推广过程中的满意度，也加深了用户与产品之间的情感连接。这种融合了智能技术和用户体验的推广方式，为文化创意产品的成功推广提供了更加有效和有趣的途径。

二、人工智能在文化创意产品推广中的高级策略与未来趋势

（一）情感智能与文化产品情感化推广

情感智能在文化创意产品推广中的高级策略及未来趋势

文化创意产品推广领域，情感智能作为人工智能的一支重要分支，正在逐渐成为推广策略的关键元素。通过深度分析用户情感，个性化推广，以及未来趋势的引领，情感智能为文化创意产品推广带来了全新的可能性。

情感智能在文化创意产品推广中的高级策略之一是情感分析。通过人工智能技术，可以对用户在社交媒体、在线评论等平台上的语言和情感进行深度分析。这种情感分析能够帮助推广者更好地了解用户对文化创意产品的情感反应，洞察用户的需求和喜好。借助情感分析，推广者能够制定更具针对性和精准的推广策略，更好地触及用户的情感共鸣点，提高推广效果。

个性化推广是情感智能在文化创意产品推广中的重要策略。通过对用户行为和兴趣的深度挖掘，情感智能可以生成个性化的推广内容。这种个性化推广不仅仅局限于广告内容，还包括推广渠道、推广时间等方面。通过向用户推送更符合其个性化需求和情感取向的文化创意产品信息，推广者能够更好地吸引用户的关注，提高推广效果。

未来趋势方面，情感智能在文化创意产品推广中的进一步发展可能包括对情感智能技术的融合与升级。例如，情感智能可以结合虚拟现实（VR）和增强现实（AR）技术，使用户能够更深入地体验文化创意产品，从而加强情感共鸣。这样的发展趋势将为文化创意产品推广带来更为沉浸式和个性化的体验。

情感智能还可能在推广过程中引入更先进的自然语言处理技术，使得推广内容更贴近用户的语言表达习惯和情感表达方式。通过进一步提升情感智能技术的智能化和自适应性，推广者能够更好地理解和应对用户的情感需求，提供更为精

准和温暖的推广服务。

情感智能在文化创意产品推广中的高级策略及未来趋势将主要体现在情感分析、个性化推广和技术融合等方面。这些策略和趋势将进一步推动文化创意产品推广领域的创新和发展，为推广者提供更为智能和人性化的推广方案。

（二）跨平台推广与多模态人工智能应用的策略

跨平台推广是指在不同的数字平台上进行文化创意产品推广，以覆盖更广泛的用户群体。在数字时代，用户在不同的平台上获取信息的习惯各异，因此跨平台推广成为了一种有效的策略。推广者可以在社交媒体、在线娱乐平台、数字出版平台等多个平台上展开推广活动，以确保文化创意产品的广泛曝光。

多模态人工智能应用则是利用不同感知模式（例如视觉、听觉、语言）的人工智能技术，为用户提供更为丰富和沉浸式的推广体验。在文化创意产品推广中，多模态人工智能应用可以通过图像识别、语音合成等技术，将推广信息以多样化的方式传递给用户。这种多感知模式的应用丰富了推广的形式，使用户更容易产生共鸣。

高级策略中的一个关键因素是对不同平台和感知模式的灵活运用。推广者需要根据不同平台的特点和用户的偏好，精准选择推广策略。多模态人工智能应用需要结合文化创意产品的特性，选择合适的感知模式，以达到最佳的推广效果。

未来趋势中，跨平台推广和多模态人工智能应用将更为深度融合。随着技术的不断发展，人工智能在图像识别、自然语言处理等领域的应用将更加成熟，为多模态推广提供更为先进的技术支持。推广者将能够更精准地通过不同平台和感知模式，实现对用户的个性化推广，提高推广的精准性和效果。

未来趋势还表明，跨平台推广和多模态人工智能应用将更加注重用户参与和互动。推广者将借助虚拟现实、增强现实等新兴技术，使用户能够更直观地与文化创意产品互动。这种互动体验将使用户更加深入地了解产品，提高其对文化创意产品的认可度和满意度。

高级策略的发展将更加关注推广的效益和投入产出比。推广者将通过数据分析和智能算法，不断优化跨平台推广和多模态人工智能应用的策略。这种数据驱动的智能优化将使推广活动更加精准和高效，为文化创意产业带来更为可持续的推广模式。

跨平台推广与多模态人工智能应用是文化创意产品推广中的高级策略，其将深刻影响未来的推广趋势。通过灵活运用不同平台和感知模式，结合先进的人工智能技术，推广者将能够更为精准地传递推广信息，实现更为深度和多元的推广效果。在未来的发展中，这种高级策略将推动文化创意产业朝着更为智能、互动和可持续的方向发展。

（三）人工智能在文化创意产品推广中的未来趋势

人工智能在文化创意产品推广中的未来趋势之一是深度个性化。随着对用户数据的更深入挖掘，未来的人工智能系统将能够实现更精准的个性化推荐。通过对用户行为、兴趣、社交关系等多方面数据的综合分析，人工智能将更好地理解用户需求，为用户提供更加符合个性化需求的文化创意产品推荐，进一步提高推广活动的效果。

另一未来趋势是跨平台推广的深入融合。随着媒体形式的多元化，人工智能在推广中的应用将更加关注多渠道整合。未来的高级策略将侧重于实现跨平台的智能推广，通过整合社交媒体、在线广告、线下展览等多个平台，形成更加完整、连贯的推广体验。这种跨平台的融合将更好地满足用户在不同场景下的需求，提升文化创意产品的推广效果。

人工智能在文化创意产品推广中的未来发展还涉及到虚拟现实（VR）和增强现实（AR）的整合。未来的高级策略将注重通过虚拟和现实的融合，提供更为沉浸式、立体的推广体验。通过 VR 和 AR 技术，用户可以在虚拟空间中亲身体验文化创意产品，创造更为丰富和深刻的推广效果。

人工智能在文化创意产品推广中的高级策略还将注重内容创新。智能算法将更加强调对内容的深度挖掘和分析，通过理解用户的文化背景、情感需求等方面的数据，为推广活动提供更具深度和广度的内容。这将带来更加有趣、引人入胜的文化创意产品推广形式，激发用户的兴趣和参与度。

人工智能在文化创意产品推广中的高级策略还将加强对数据隐私的保护。随着用户对隐私的关注不断增加，人工智能系统在推广中的数据收集和使用将更加谨慎和透明。未来的高级策略将注重在满足用户需求的保护用户的个人隐私，建立更加可信赖的推广体系。

未来人工智能在文化创意产品推广中的发展趋势将集中于深度个性化、跨平台整合、虚拟与现实融合、内容创新以及数据隐私保护等方面。这些趋势将使得文化创意产品推广更加精准、全面、有趣，为用户提供更为深入的文化体验，推动文化创意产业向更加智能、创新的方向发展。

第九章　可持续发展与文化创意产品的市场化

第一节　市场化与产品可持续性

一、市场化对文化创意产品可持续性的影响

（一）市场化与文化创意产品的关系

市场化与文化创意产品之间存在着紧密的关系，市场化不仅塑造了文化创意产品的发展路径，同时也对其可持续性产生了深远的影响。

市场化推动了文化创意产品的产业化发展。在市场经济体系下，文化创意产品作为一种商品需要符合市场规律，满足消费者需求。市场化促使文化创意产业更加注重产品的市场定位、受众群体、竞争分析等方面的因素。通过对市场需求的准确把握，文化创意产品能够更好地定位自己的市场位置，提高市场竞争力。

市场化注重市场营销策略对文化创意产品的推广和销售起到了积极的推动作用。在竞争激烈的市场环境中，文化创意产品需要通过有效的市场营销手段脱颖而出。市场化使得文化创意产品更加注重品牌建设、广告宣传、社交媒体营销等方面，以吸引更多目标消费者的关注。有效的市场营销不仅有助于提升文化创意产品的知名度，也有助于其在市场中的可持续发展。

市场化也带来了文化创意产品的商业化压力。在市场竞争中，一些文化创意产品可能受到商业利益的驱动，过度注重市场反馈，而忽略了原始的文化创意初衷。这可能导致一些文化创意产品失去了独立性和独特性，而过于趋同于市场需求，从而损害了文化创意产品的可持续性。

市场化对文化创意产品的可持续性影响体现在对创作者的经济支持和文化传承方面。市场化使得文化创意产品更容易实现商业化运作，提供了更多的经济支持，使得创作者能够更好地专注于文化创意的生产。过度商业化也可能导致文化创意产品变得功利性强，从而影响了其深刻的文化内涵，降低了对传统文化的传承和发扬光大的意愿。

在市场化的过程中，文化创意产品需要平衡商业利益和文化使命，维持其原创性和创新性。这就要求市场化在推动文化创意产品商业化的也要注重保护和传承文化内涵，以确保文化创意产品在市场化的过程中仍然能够保持可持续的发展。

（二）市场需求与文化创意产品设计

1.消费者需求对产品设计的影响

消费者需求在产品设计中扮演着至关重要的角色，直接影响着文化创意产品的市场反应。产品设计的成功与否往往取决于对消费者需求的准确理解和满足。市场化则在文化创意产品的可持续性方面发挥着关键的作用，决定了产品在竞争激烈的市场中的生存能力。消费者需求对产品设计有着深刻的影响。消费者需求不仅仅是对产品功能的需求，更包括了对产品外观、体验、文化内涵等多方面的期望。产品设计需要通过深入了解和挖掘这些需求，使得产品能够更好地满足市场的多元化和个性化需求。只有真正贴近消费者的需求，产品设计才能够更加符合市场潮流，提高市场竞争力。

市场化对文化创意产品的可持续性产生深远的影响。市场化是文化创意产品在市场上取得成功的关键因素之一。通过深入了解市场，产品可以更好地定位目标受众，把握市场需求，提供更为符合市场口味的文化创意产品。市场化不仅使得产品更容易被接受和购买，也为产品的长期生存和发展提供了保障。

消费者需求直接决定了产品的受欢迎程度。当产品能够满足消费者的需求时，消费者更愿意购买和使用该产品，从而推动产品的销售。在竞争激烈的市场环境中，只有不断追踪和适应消费者需求，产品才能够在市场上脱颖而出，保持持续的市场关注度。

市场化对文化创意产品的可持续性产生积极的影响。通过市场化手段，产品能够更好地适应市场的变化，灵活调整产品策略，满足市场需求。在市场化的指导下，文化创意产品能够更好地适应潮流，保持市场竞争力，延续产品的生命周期。市场化不仅仅是一种销售手段，更是产品长期生存和发展的基石。

消费者需求的多样性使得产品设计更加具有挑战性。不同群体、文化和年龄段的消费者有着各自不同的需求和喜好。产品设计需要透过这些差异，采用差异化的设计策略，使产品能够迎合更广泛的市场。只有在多样性的消费者需求中找到平衡点，产品设计才能够实现真正的市场化。

市场化的过程中，产品需要不断调整和优化。市场是一个变化莫测的环境，产品设计需要不断借助市场反馈信息，对产品进行调整。这种反馈循环是产品可持续性的关键，通过不断优化产品以满足市场需求，产品才能够在市场中保持竞争力，实现可持续的发展。

消费者需求和市场化是文化创意产品成功推广和可持续性发展的双重引擎。产品设计需要深刻理解并满足消费者的多样性需求，同时通过市场化手段实现产品在市场中的合理定位和灵活调整，从而在竞争激烈的市场中脱颖而出，保持长期的市场生命力。

2. 市场趋势与文化创意产品创新

文化创意产品在市场中的发展受到市场趋势和市场化的影响，而市场化对文化创意产品的可持续性产生深远的影响。随着市场变革和消费者需求的不断演变，文化创意产品不仅需要创新以适应市场趋势，同时也需要在市场化中找到平衡，以保障可持续发展。

市场趋势的变化直接影响着文化创意产品的创新方向。市场对新颖、独特、符合时代潮流的文化创意产品有着不断增长的需求。随着科技发展，数字化、虚拟化、互动性等元素成为市场关注的焦点。文化创意产品需要不断融入新技术，发挥科技创新的力量，以满足市场趋势对于创新的需求，保持产品的竞争力。

市场化带来的激烈竞争也促使文化创意产品在创新中寻找市场差异化。在市场化的环境中，产品之间的竞争愈加激烈，为了脱颖而出，文化创意产品需要注重差异化，通过独特的文化元素、独到的设计理念、个性化的服务等方面塑造自身特色，以吸引目标消费群体，增加市场份额，确保可持续发展。

市场化要求文化创意产品更注重市场定位和目标受众。深入了解目标消费群体的文化需求、审美倾向、消费习惯等因素，有助于产品更精准地满足市场需求，提升产品的市场接受度。透过市场化的镜头，文化创意产品的创新不仅仅是为了自身的创意追求，更需要与市场的需求相契合，使创新更具有市场价值。

市场化对文化创意产品的可持续性也意味着商业模式的不断优化。在市场竞争激烈的环境下，文化创意产品需要考虑如何更好地实现商业价值，维持经济可行性。这可能包括寻找更广泛的销售渠道、建立战略合作关系、提供定制化服务等方式，以确保产品在市场中的稳健推广和销售。

在市场化的推动下，文化创意产品还需要关注市场反馈和用户体验。不仅要注重产品的外在吸引力，还要通过用户反馈和市场反应不断优化产品的内在品质，提升用户体验。只有在不断适应市场的过程中，产品才能够建立起长期的市场口碑，确保可持续性发展。

市场趋势和市场化是文化创意产品创新和可持续性的双重推动力。适应市场趋势，不断进行创新，找到差异化定位，是保持产品竞争力的关键。深刻理解市场化对商业模式、用户体验等方面的影响，通过市场化的手段不断完善产品，也是确保文化创意产品可持续性发展的重要保障。在这个不断变化的市场环境中，文化创意产品需要灵活应对，不断学习和调整，以赢得市场，保持长期的创新和可持续性。

二、文化创意产品可持续性在市场化中的实现策略

（一）文化创意产品可持续性对品牌的影响

文化创意产品的可持续性对品牌形象具有深远的影响。可持续性意味着产品在生命周期内对环境、社会和经济的影响较小。品牌如果能够积极倡导和实践可持续性理念，将在消费者心中建立起环保、社会责任感的品牌形象。这有助于提高品牌的社会声誉，激发消费者对品牌的信任和认同。

可持续性需要在产品设计和生产过程中得到体现。采用环保、可再生的材料，降低能源消耗，减少废弃物的产生，都是在产品设计和制造阶段实现可持续性的关键措施。品牌在设计过程中注重可持续性，不仅符合现代社会对环保的期待，还能在市场中赢得更多环保意识较强的消费者的青睐。

在市场推广方面，强调文化创意产品的可持续性可以成为品牌的独特卖点。品牌可以通过宣传自身在环保、社会责任等方面的努力，塑造出与众不同的品牌形象。例如，通过与环保组织合作、进行绿色包装、推出可循环利用的产品等方式，品牌能够在市场上脱颖而出，吸引更多具有环保意识的消费者。

可持续性的实现需要品牌建立透明的沟通渠道。品牌应该向消费者展示自身在可持续性方面的实际行动，通过透明的信息传递建立信任关系。只有消费者对品牌的可持续性承诺有信心，他们才会更愿意选择购买这个品牌的产品。

在市场化中实现文化创意产品的可持续性，需要品牌注重产品的生命周期管理。这包括在产品设计、制造、销售和售后服务等各个阶段都考虑可持续性的因素。品牌还可以通过回收利用、循环经济等方式延长产品的寿命周期，减少资源浪费，提高可持续性。

文化创意产品的可持续性对品牌的影响是全面的，不仅影响品牌形象，还涉及产品设计、生产、市场推广等多个方面。在市场化的过程中，品牌需要综合考虑社会、环境和经济的因素，制定可持续发展的战略，以确保品牌在市场中的长期竞争力。

（二）消费者对可持续产品的认知与态度

消费者对可持续产品的认知与态度直接影响了文化创意产品在市场化中可持续性的实现。认知涵盖了对产品可持续性的理解，而态度则决定了消费者是否愿意支持和购买这些产品。在市场化的实现策略中，需要综合考虑消费者的认知和

态度，以推动文化创意产品可持续性在市场中的成功。

消费者对可持续产品的认知是影响其购买决策的重要因素之一。认知包括对产品可持续性的了解、认同和信任。文化创意产品的生产和营销需要积极传递关于可持续性的信息，包括产品的生产过程、原材料来源、环境影响等。只有当消费者对产品的可持续性有深刻的认知，才能够形成对这类产品的积极态度。

消费者的态度直接反映了他们对可持续性的看法和感受。态度既受到认知因素的影响，也受到社会文化、个人价值观等多方面因素的塑造。文化创意产品需要通过有针对性的市场营销策略，积极弘扬可持续性理念，使得消费者形成积极的态度，愿意支持和购买这类产品。

实现文化创意产品可持续性在市场中的策略需要从多个层面着手。产品本身的可持续性需要得到明确的定义和证明。文化创意产品制造商应该通过合适的认证和标准，确保产品符合可持续性的相关要求，以提升消费者对产品可持续性的信任和认可。

传播可持续性理念的市场宣传需要深入人心。不仅仅是简单地宣扬产品的环保特性，更需要向消费者传递产品的社会价值和文化内涵。通过精心设计的宣传策略，强调文化创意产品背后的可持续性理念，以引起消费者共鸣，形成积极的态度。

在价格制定上，制造商可以采取合理定价策略，使得可持续产品在价格上更具竞争力。通过降低生产成本、提高生产效率等手段，可以实现可持续产品的合理定价，以增加消费者对这类产品的购买意愿。

与此建立积极的品牌形象也是重要的市场化策略。通过与可持续性相关的品牌形象，制造商可以吸引更多具有环保意识的消费者。建立具有社会责任感的品牌形象，能够在市场上赢得更多支持，提升文化创意产品的市场份额。

社交媒体和线上平台的活动也是有效的市场化手段。通过在社交媒体上展示文化创意产品的可持续性实践，与消费者进行互动，制造商可以借助社交媒体的传播力量，进一步强化产品的可持续性形象，吸引更多潜在消费者的关注和参与。

消费者对可持续产品的认知与态度直接影响文化创意产品在市场化中可持续性的实现。通过清晰传递可持续性信息、建立积极的品牌形象、合理定价和线上线下宣传等市场化策略，制造商可以增强产品在市场中的竞争力，推动文化创意产品可持续性的长期发展。

（三）可持续发展理念在市场中的传播

可持续发展理念在市场中的传播对文化创意产品的可持续性发展至关重要。这一理念不仅关乎企业社会责任的履行，更是市场化过程中实现文化创意产品长期竞争力的基础。通过深入挖掘可持续发展理念的内涵，并在市场化中贯彻执行，文化创意产品可以更好地适应时代需求、满足消费者期待，从而保障其在市场中的长期生存和繁荣。可持续发展理念的传播需要建立在文化创意产品与社会关系的基础上。文化创意产品作为文化和艺术的表达形式，其传播需要与社会价值观相契合。企业在市场中应该强调文化创意产品对社会、环境、文化的积极影响，通过媒体、社交平台等途径，传递产品的可持续性价值观。这有助于消费者对文化创意产品的认同感，形成长期的情感连接，从而提高产品在市场中的粘性。

可持续发展理念在市场中的传播要贴近消费者的生活和价值观。在市场化过程中，企业需要深入了解目标消费者的文化品味、消费偏好和社会关切点，将可持续发展理念与消费者的生活融为一体。通过有趣、引人入胜的方式，使文化创意产品与可持续发展理念自然融合，引起消费者的共鸣。这种深入生活的传播方式不仅能够提高产品的市场吸引力，也有助于塑造企业在可持续发展方面的形象。

在市场化中实现文化创意产品的可持续性，企业需要明确的策略是积极倡导可持续文化。通过文化创意产品的设计、生产、包装等多个环节，企业可以体现可持续文化的理念。例如，采用环保材料、注重产品寿命周期、推动社会公益等方式，通过实际行动体现文化创意产品的可持续性。这种积极倡导不仅有助于传递企业对可持续发展理念的承诺，更是在市场中建立起积极的企业形象，为产品可持续性的推广提供有力支持。

企业需要在市场化中注重建立透明的沟通渠道。通过公开企业的可持续发展战略、实际执行情况以及与消费者的互动，建立真实、透明的沟通桥梁。这种透明性有助于消费者更好地了解企业的可持续发展举措，从而提高他们对文化创意产品可持续性的认可度。在市场中，透明的沟通渠道不仅有助于树立企业的良好形象，更能够赢得消费者的信任。

企业还应注重建立合作共赢的生态系统。通过与相关行业、社会机构的合作，共同推动可持续发展的理念。通过合作共赢，不仅可以整合资源，实现效益最大化，同时也有助于在市场中形成可持续发展的联合力量，推动整个行业向着更为可持续的方向发展。

可持续发展理念在市场中的传播是文化创意产品可持续性发展的基础。通过将理念融入产品与社会关系、贴近消费者的生活、积极倡导可持续文化、建立透明的沟通渠道以及建立合作共赢的生态系统，企业可以更好地实现可持续发展理念在市场中的传播，为文化创意产品的可持续性发展奠定坚实基础。

第二节　战略定位与可持续品牌建设

一、战略定位在可持续品牌建设中的关键作用

（一）文化创意产品中战略定位的独特挑战

文化创意产品在战略定位方面面临着一系列独特的挑战，这些挑战涉及到文化的多样性、市场的不确定性、消费者的变化需求以及竞争对手的不断涌现。解决这些独特挑战需要企业在战略制定和执行过程中更加深入地思考和创新，以确保产品在市场中找到适切的定位，达到长期的竞争优势。

文化创意产品所涵盖的文化多元性是战略定位中的独特挑战之一。由于文化创意产品通常受到多种文化影响，企业需要在产品设计和定位中平衡不同文化的需求和期望。挑战在于如何在产品中融入多元文化元素，使得产品不仅能够吸引广泛的受众，同时又能够保持某种程度的独特性，确保市场地位的独特性。

市场的不确定性是文化创意产品战略定位中另一个独特的挑战。文化创意产品通常涉及到艺术性、创新性等因素，市场反应可能更为不确定。企业需要灵活应对市场变化，不断调整战略定位以适应消费者的变化需求。如何在不确定性中保持灵活性，是企业战略定位时需要面对的关键问题。

消费者的变化需求也是文化创意产品战略定位中的独特挑战之一。随着社会发展和文化变迁，消费者对文化创意产品的需求可能会发生变化。企业需要更敏锐地洞察市场，理解消费者的心理和文化取向，以及时调整产品战略定位。在满足多元需求的企业还需要在市场竞争中找到差异化的定位，以吸引更广泛的受众。

文化创意产品行业的竞争激烈，新的竞争对手不断涌现，也是企业战略定位中的挑战之一。如何在竞争激烈的市场中找到独特的竞争优势，成为一个备受关注的问题。企业需要在产品特色、品牌形象、市场定位等方面进行深刻思考，以在激烈的竞争中占据有利地位。

文化创意产品战略定位中的挑战还涉及到品牌建设和传播的问题。由于文化创意产品往往承载着一定的文化内涵，品牌的建设和传播需要更具深度和广度。企业需要通过独特的品牌故事、文化符号等方式，形成独特的品牌形象，使品牌与文化创意产品有机结合，增强品牌在市场中的认知度和忠诚度。

在面对这些独特挑战时，企业需要注重不断的创新和学习。通过深入了解不同文化、及时调整战略定位、灵活应对市场变化、挖掘消费者需求，企业可以更好地解决文化创意产品战略定位中的独特挑战，实现长期的竞争优势。只有在不断的变革和适应中，企业才能在文化创意产品领域中取得长足的发展。

（二）战略定位对品牌发展的关键影响

战略定位对品牌发展的关键影响，尤其在可持续品牌建设中扮演着关键作用。战略定位不仅决定了品牌在市场上的位置，更直接影响了品牌在可持续发展方向上的取向和成就。

战略定位在品牌发展中决定了品牌在消费者心中的地位。品牌的战略定位应该与目标消费者的需求和价值观相契合，使得消费者能够在众多品牌中选择该品牌。在可持续品牌建设中，战略定位需要突出品牌在社会责任、环保、可持续性等方面的独特性，以吸引那些注重可持续发展的消费者。

战略定位直接塑造了品牌的特色和个性。在可持续品牌建设中，战略定位需要紧密围绕可持续发展理念，形成品牌的核心特色。例如，品牌可以选择强调使用环保材料、倡导循环经济，或者参与社会公益事业等方面，从而在竞争激烈的市场中脱颖而出，建立起独特的品牌形象。

在战略定位的制定过程中，品牌还需要深刻理解消费者和市场的需求，找到与可持续发展理念相符的发展路径。品牌的战略定位应该是基于深刻的市场洞察和对社会趋势的把握，使得品牌能够更好地满足市场和消费者的期望，提升品牌的竞争力。

在可持续品牌建设中，战略定位不仅关注品牌的短期利益，更要注重品牌的长远发展。品牌需要从可持续性的角度来思考战略定位，考虑如何在经济、社会和环境的维度上实现平衡，确保品牌能够在可持续的基础上长期稳健发展。

战略定位在可持续品牌建设中对品牌的内外部管理都有深刻的影响。内部管理上，品牌需要根据战略定位来调整企业文化、内部流程和员工培训等方面，以确保品牌的内部运作与战略定位一致。外部管理上，品牌需要通过战略定位来塑造与各利益相关方（如供应商、合作伙伴、社会组织等）的关系，形成有利于可持续发展的合作模式。

战略定位在可持续品牌建设中具有关键作用。通过明确的战略定位，品牌能够更好地塑造自身形象，与市场和消费者建立深厚的连接，实现品牌可持续发展的目标。在品牌建设过程中，品牌管理者需要认真思考并制定合适的战略定位，以实现可持续发展的长远目标。

二、文化创意产品可持续品牌建设的战略实践

（一）可持续性与品牌建设的整合

文化创意产品在可持续性和品牌建设的整合中，形成了一种战略实践，使得产品不仅具备独特的文化内涵，同时在市场上树立了可持续品牌形象。这种整合战略不仅满足了消费者对文化价值的需求，也提升了品牌的可持续发展能力。

可持续性与品牌建设的整合体现在文化创意产品的全生命周期管理中。从产品设计、原材料选择、生产过程、包装到销售与售后服务，每一个环节都考虑了可持续性的因素。这种全生命周期的可持续性管理不仅降低了对环境的影响，也在品牌建设中树立了具有社会责任感的形象。

在产品设计阶段，可持续性与品牌建设的整合通过注重使用环保、可回收材料，以及设计创新来实现。产品的文化内涵和可持续性特征需要相互融合，以创造出既具有独特文化价值，又具备环保理念的设计。这种设计理念不仅使产品在市场上更具竞争力，也为品牌赢得了环保形象的认可。

在生产过程中，整合可持续性与品牌建设需要考虑资源利用效率、能源消耗以及废弃物的处理。制造商通过采用清洁生产技术、能源回收等措施，使得产品的生产过程更加环保，同时传递出品牌对可持续发展的承诺。这种整合战略使得品牌能够在市场中塑造出积极的可持续形象。

包装设计也是可持续性与品牌建设整合的关键环节。通过采用环保材料、简约包装设计，文化创意产品的包装不仅在可持续性上具备优势，同时也在品牌形象上显得更加精致和具有独特的文化特色。这种整合战略使得产品在包装上更具竞争力，符合现代消费者对可持续品牌的期望。

在销售与售后服务中，品牌需要通过可持续性实践建设与消费者建立更紧密的联系。通过提供详细的产品信息、可追溯的生产过程以及专业的售后服务，品牌能够增加消费者对产品的信任感。这种信任感不仅有助于产品销售，也为品牌赢得了可持续性品牌形象。

整合可持续性与品牌建设的战略实践需要注重在市场传播中的连贯性。通过各类媒体、社交平台等途径，制造商需要传递文化创意产品的可持续理念和品牌形象。这种传播不仅需要注重传递可持续性的信息，还需要突出文化创意产品独特的文化内涵，以吸引消费者的关注。

品牌建设中的可持续性实践还体现在与相关社会组织、公益活动的合作上。通过与环保组织、公益机构等合作，品牌可以参与更多社会责任项目，提高品牌的社会影响力。这种合作不仅增加品牌的可持续形象，还使品牌融入更广泛的社

会文化中，为品牌建设提供更为深厚的文化底蕴。

在整个实践中，可持续性与品牌建设的整合需要坚持不懈的努力。制造商需要不断提升对可持续性的认知，加强与消费者的沟通，及时调整战略以适应市场的变化。这种整合战略是一种全面的经营理念，不仅为品牌在市场上树立了独特的形象，也为产品在市场中实现可持续发展提供了战略支持。

（二）沟通战略与品牌传播

1.媒体与社交平台在品牌传播中的作用

媒体与社交平台在品牌传播中扮演着不可忽视的角色，尤其对于文化创意产品的可持续品牌建设，其作用愈加关键。在进行战略实践时，企业需要紧密结合媒体与社交平台，通过创新的手段构建独特的品牌形象，实现可持续品牌建设的战略目标。

媒体在品牌传播中的作用是提高品牌的曝光度。通过合理的媒体选择和战略发布，企业可以将文化创意产品传达给更广泛的受众。不同类型的媒体平台适合传播不同形式的文化创意产品信息，通过综合利用新闻报道、杂志刊登、电视节目等媒体资源，企业可以有效扩大品牌知名度，为可持续品牌建设奠定基础。

社交平台在品牌传播中的作用则体现在构建品牌与用户之间的互动关系上。社交平台提供了一个实时互动的渠道，使品牌能够更直接地与用户进行沟通。通过在社交平台上发布有趣、引人入胜的内容，企业能够吸引用户的关注，建立更为深刻的品牌认同感，从而增强用户对品牌的忠诚度，实现可持续品牌建设的目标。

媒体和社交平台在品牌传播中的协同作用是不可忽视的。通过在媒体上创造话题性的内容，再结合社交平台的分享和传播，可以形成更大范围的传播效应。这种协同作用有助于将品牌信息传递到更多潜在用户，形成持续的品牌曝光，推动品牌建设的深入发展。

在战略实践中，可持续品牌建设需要注重在媒体和社交平台上传播品牌的核心理念。企业应该挖掘文化创意产品的内在价值，通过有深度、有内涵的内容传播，使品牌在受众心中树立起独特的形象。这种内容的传播不仅仅关注产品本身，更强调品牌的文化、社会责任等方面的价值观，使品牌在传播中更具深度和广度。

在媒体选择上，企业需要根据目标受众的特征和媒体的定位，精准选择适合的传播渠道。比如，通过合作高品质杂志，可以向有品位的受众传递品牌的高端形象；在电视或视频平台上进行广告投放，可以通过视觉和声音双重传达品牌的文化内涵。在媒体选择和投放中要精准定位，提高品牌传播的有效性。

在社交平台的运营中，企业需要强调用户参与的重要性。通过开展互动式的活动、引发用户参与的话题，企业可以激发用户的积极性，形成用户与品牌之间更为紧密的联系。这种参与式的传播方式有助于品牌形成更为活跃的社交氛围，使品牌传播更加生动和可持续。

媒体与社交平台在文化创意产品可持续品牌建设中发挥了关键作用。通过合理选择媒体渠道，深化品牌理念的传播；通过精准运营社交平台，促使用户更深度地参与，企业可以实现品牌传播的深入和可持续发展。在战略实践中，企业需要全面考虑文化创意产品的特性、目标受众的需求，灵活运用媒体和社交平台，通过创新手段构建独特的品牌形象，为文化创意产品的可持续品牌建设奠定坚实基础。

2. 故事营销与品牌故事的构建

故事营销为品牌提供了表达可持续发展理念的有效方式。通过讲述品牌的故事，品牌可以向消费者传递关于可持续性的信息，引起他们的关注和共鸣。这不仅使品牌的传播更具吸引力，还有助于树立品牌在社会责任、环保等方面的形象。品牌的故事可以包括品牌的创立背景、创作者的初衷、品牌参与社会公益活动等，以强调品牌与可持续发展之间的紧密联系。

品牌故事的构建有助于激发消费者的情感共鸣。通过打造富有情感色彩的品牌故事，品牌能够更好地触动消费者的心弦，引发他们的共鸣和认同。这种情感共鸣不仅会促使消费者更加喜爱品牌，还能够在潜移默化中形成品牌忠诚度。品牌故事应该注重表达品牌与消费者之间的情感联系，使消费者愿意与品牌建立更加深厚的关系。

在构建品牌故事的过程中，品牌可以通过强调可持续性的价值观，塑造自己的文化品牌形象。品牌故事不仅是过去的回顾，更是对未来的展望。品牌可以通过故事讲述自身对可持续发展的承诺和未来的愿景，引导消费者积极参与可持续性的实践，共同创造美好的未来。

故事营销和品牌故事的战略实践也可以成为品牌建立社区感的桥梁。通过在故事中突出品牌的社会责任感、参与社区活动的事例，品牌能够在社交媒体等平台上建立起更加紧密的社区联系。这种社区感不仅有助于增强品牌的影响力，还能够促使社区成员更多地支持品牌的可持续发展理念。

故事营销和品牌故事的战略实践为文化创意产品的可持续品牌建设提供了有力的支持。通过讲好品牌故事，品牌能够向消费者传递其可持续发展的理念，建立深刻的情感共鸣，引导消费者积极参与可持续性的实践，从而为品牌可持续性发展奠定坚实的基础。

第三节　环保认证与产品推广

一、环保认证在产品推广中的重要性

（一）文化创意产品在环保认证中的具体要求

文化创意产品在环保认证中需要满足一系列具体的要求，以确保其在环保方面的实际贡献和符合相关标准。环保认证不仅在法规遵从上具有重要性，同时也在产品推广中扮演着关键角色，为产品树立可靠的环保形象，提高市场竞争力。

文化创意产品在环保认证中需要关注原材料的选择。认证机构通常会要求产品所使用的原材料符合环保标准，例如是否采用可再生材料，是否存在有毒有害物质，以及原材料的采购是否符合可持续性原则。确保产品的原材料符合环保认证标准，是文化创意产品环保认证中的一项具体要求。

生产过程的环保性也是环保认证中的关键考量。认证机构通常会审查生产工艺，检查是否采用了清洁生产技术，是否减少了能源和水资源的浪费，以及是否最大限度地减少了废弃物的排放。文化创意产品需要在生产过程中采取一系列环保措施，以满足这些具体要求，确保生产过程对环境的影响得到最小化。

包装设计也是环保认证的一项重要考量。认证机构通常要求产品的包装符合环保标准，例如是否采用可回收材料，是否减少了包装的使用量，以及包装设计是否能够降低对环境的不良影响。文化创意产品需要在包装设计上做出具体的改进，以满足环保认证的要求。

产品的使用寿命和可维修性也是环保认证中的具体要求。认证机构关注产品的设计是否考虑了使用寿命的延长，是否容易维修和回收，以减少废弃物的产生。文化创意产品需要在设计阶段考虑产品的使用寿命，提高产品的耐用性和可维修性，以满足环保认证的具体要求。

环保认证在产品推广中具有重要性，首先体现在树立可靠的环保形象上。通过获得环保认证，文化创意产品可以向市场展示其在环保方面的实际行动，提高消费者对产品环保性的信任。这种环保形象不仅有助于产品在市场上的认可度，还为品牌树立了积极的社会责任形象。

环保认证能够提高产品的市场竞争力。在环保日益受到重视的今天，越来越

多的消费者更愿意选择具有环保认证的产品。产品的环保认证可以成为消费者购买决策的关键因素，从而在竞争激烈的市场中脱颖而出。这种市场竞争力的提升不仅有助于产品的销售，也为品牌的长期发展奠定了基础。

环保认证还有助于产品在政府采购和国际市场上的推广。在一些国家和地区，政府对环保产品有一定的采购偏好，具备环保认证的产品更容易获得政府采购合同。在国际市场上，环保认证也是进入一些对环保要求较高的市场的敲门砖，有助于拓展产品的销售渠道。

文化创意产品在环保认证中需要关注原材料、生产过程、包装设计、使用寿命等方面的具体要求。获得环保认证不仅有助于树立可靠的环保形象，提高产品在市场中的竞争力，还能够为产品的长期发展提供政府支持和国际市场拓展的机会。环保认证在文化创意产品推广中具有重要性。

（二）环保认证的市场影响

1. 环保认证对消费者购买决策的影响

在当今社会，环保认证已经成为影响消费者购买决策的重要因素之一。环保认证不仅体现了企业的社会责任感，也对产品的可持续性产生了积极的影响。在产品推广中，获得环保认证无疑是提升产品形象和吸引消费者的有效途径，具有重要的市场竞争力。

环保认证对消费者购买决策产生积极影响的原因之一在于消费者对环境保护的关注。随着环境问题日益凸显，消费者对于产品的环保性能和企业的环境责任意识日益增强。环保认证作为一种权威的证明，能够为产品的环保性提供客观的评价，让消费者更加信任和认可该产品，从而影响其购买决策。

环保认证在产品推广中强调了企业的社会责任，对品牌形象的建设产生了深远影响。获得环保认证不仅仅是对产品质量的一种保障，更是企业对环境贡献的认可。在消费者心目中，拥有环保认证的产品往往代表了一种积极向上的企业形象，这对于品牌的塑造和推广起到了积极作用。环保认证不仅是一种产品质量的保证，更是企业可持续发展的体现，有助于树立企业的良好形象，提升市场竞争力。

环保认证在产品推广中也对市场差异化产生了积极的影响。在同类产品中获得环保认证的产品，往往具有一定的市场竞争优势。消费者倾向于选择对环境友好的产品，而环保认证为产品赋予了明确的环保属性，使其在市场中脱颖而出。这种市场差异化不仅带来了销售竞争优势，更有助于品牌在消费者心中形成独特地位。

环保认证对产品推广的重要性还体现在消费者偏好的变化上。随着社会环保观念的普及，越来越多的消费者更加关注产品的生态友好性。企业通过获得环保认证，不仅能够满足消费者对于绿色产品的需求，还能够引导市场趋势，成为市场中的引领者。这种产品推广的战略，有助于企业在激烈的市场竞争中更好地满足消费者的偏好，提高产品的市场渗透力。

在产品推广中，环保认证的重要性还体现在政府法规和市场准入方面。随着环保法规的日益加强，一些产品需要符合一定的环保标准才能进入市场。获得环保认证的产品不仅能够更好地满足法规的要求，也能够更容易获得政府的扶持和支持，为企业在市场中的发展提供了有力的支撑。

环保认证在产品推广中发挥着至关重要的作用。它不仅是产品环保性能的权威认可，更是企业社会责任和可持续发展的象征。通过获得环保认证，企业不仅能够提高产品的市场竞争力，塑造品牌形象，还能够满足消费者环保需求，引导市场偏好，为企业在竞争激烈的市场中取得长期发展奠定了坚实基础。

2. 环保认证与文化创意品牌形象

环保认证为文化创意品牌提供了可信的保障。消费者在购买过程中对品牌的信任是非常关键的，而获得权威的环保认证可以为消费者提供对品牌质量和环保性能的确凿证据。认证机构的专业性和权威性能够为品牌在环保方面提供公正的评价，消费者能够更加放心地选择并支持这样经过认证的文化创意品牌。

环保认证有助于提升品牌的市场竞争力。在竞争激烈的市场中，环保认证成为品牌区别于其他竞争对手的重要手段。拥有环保认证的品牌能够在推广中突出自身在可持续性方面的优势，吸引那些注重环保的消费者，形成自身独特的市场定位。

环保认证也是文化创意品牌在国际市场上拓展业务的有效途径。国际上越来越多的消费者关注环保和可持续性问题，品牌如果能够获得国际认可的环保认证，将更容易在国际市场上树立起形象，进而扩大市场份额。

环保认证不仅仅是产品本身的认证，更是品牌整体可持续发展战略的延伸。品牌可以通过环保认证的获得，展示自身对环保事业的承诺，加强品牌形象的可持续性。这种可持续性的传递有助于品牌在长期内树立起稳定的形象，提升品牌的社会声誉。

环保认证在产品推广中也为文化创意品牌提供了广告宣传的有力素材。品牌可以通过各种媒体渠道，利用环保认证作为广告宣传的切入点，向消费者传递品牌的环保理念和可持续发展的价值观。这种以认证为基础的宣传能够更加客观地传递品牌的环保形象，使品牌在广告中更有说服力。

环保认证在文化创意品牌形象塑造和产品推广中发挥着关键作用。获得认证不仅为品牌带来市场优势，更为品牌的可持续发展提供了实质性的支持，是构建可信、可靠品牌形象的重要一环。

二、环保认证与文化创意产品推广策略

（一）环保认证与品牌传播的协同作用

环保认证作为一种可靠的第三方认证体系，为文化创意产品的环保属性提供了权威认证，从而强化了品牌的环保形象。认证机构对产品的生产过程、原材料、包装设计等方面进行审查，确保产品符合一系列环保标准。获得环保认证的产品，其环保性能得到了公正和可信赖的认可，为品牌建设提供了坚实的基础，增强了消费者对品牌环保形象的信任。

环保认证为品牌传播提供了有力的素材和故事。通过在品牌传播中融入环保认证的信息，品牌得以向消费者传递产品的环保价值和品牌的社会责任感。品牌可以通过环保认证的故事，展示产品生产过程中的可持续性实践，与消费者分享品牌与环保事业的紧密结合。这种故事性的传播不仅能够引起消费者的共鸣，也使品牌在市场中更具感染力。

在品牌传播中，环保认证的信息还可以被巧妙地转化为市场差异化的竞争优势。通过突出文化创意产品环保认证的独特之处，品牌得以在市场中建立独特的地位。这种独特性不仅有助于品牌在激烈的市场竞争中脱颖而出，也使品牌在消费者心目中形成独特的印象。

品牌传播中的环保认证信息也有助于拓展产品受众群体。越来越多的消费者关注环保和可持续性，通过传递环保认证信息，品牌能够吸引更多具有环保意识的潜在消费者。品牌在传播中突出环保认证，使产品在不同消费群体中找到共鸣，实现更广泛的市场覆盖。

在文化创意产品推广策略中，品牌可以通过环保认证的信息，结合产品的文化内涵，构建更为丰富和深入的品牌故事。这种策略既突显了产品的独特文化价值，又强调了产品的环保属性，使得品牌形象更加立体和有深度。通过将环保认证与产品的文化内涵相结合，品牌传播能够更加全面地呈现产品的价值，为消费者提供更为深刻的消费体验。

在传播策略中，品牌还可以通过环保认证的信息，强调品牌的社会责任感，建立品牌的社会形象。品牌可以积极参与环保活动、公益事业，与环保组织合作，进一步强化品牌的社会责任感。这种社会责任感不仅有助于品牌在市场中赢得正面评价，也提高了品牌在消费者心目中的认可度和忠诚度。

环保认证与品牌传播的协同作用在文化创意产品推广中发挥着重要作用。通过获得权威的环保认证，品牌能够巩固其环保形象，提升市场竞争力。在品牌传

播中，环保认证的信息成为强有力的传播素材，丰富了品牌故事，巩固了品牌与环保的紧密联系。这种协同作用为文化创意产品在市场中树立可信赖的环保形象，推动产品的成功推广提供了战略支持。

（二）社交媒体与环保认证的有效结合

社交媒体作为传播工具在环保认证与文化创意产品推广中具有广泛的影响力。通过在社交媒体平台上发布关于产品环保认证的内容，企业能够迅速将环保信息传递给广大受众。这种直观、互动的传播方式能够深入用户心灵，增加用户对环保认证的认同感，从而对产品产生积极的评价和期待。

社交媒体平台为消费者提供了一个分享和互动的空间，进一步加强了环保认证的影响力。消费者在社交媒体上分享使用环保认证产品的体验，既是对产品的认可，也是对企业环保努力的肯定。这种用户生成的内容有助于形成口碑传播，推动产品在社交媒体上的传播效应，为品牌建设和产品推广提供了有力支持。

与此环保认证与社交媒体结合还可以激发用户参与的热情，形成一种参与式的产品推广策略。企业可以通过社交媒体平台发起与环保认证相关的互动活动，例如线上分享、答题活动等，鼓励用户参与并分享自己的环保经验和看法。这不仅能够拉近企业与消费者的距离，还能够增强消费者对产品的品牌认同感，形成更为深入的品牌连接。

环保认证也为文化创意产品提供了独特的推广策略。通过突显产品的环保属性，企业可以与社交媒体上的环保主题和社群形成良好契合。例如，通过参与环保活动、发布环保知识、呼吁用户共同关注环保议题等方式，进一步强化产品在社交媒体上的可持续形象，使品牌更深度地融入用户日常生活。

社交媒体上的消费者反馈也为环保认证文化创意产品提供了及时的改进方向。通过监测社交媒体上用户对产品的评论和反馈，企业可以更迅速地了解用户需求和产品存在的问题。这种信息的及时获取有助于产品的不断优化，提高产品的市场竞争力，推动可持续品牌建设。

在社交媒体与环保认证的有效结合中，企业还可以通过与环保组织、专业机构等合作，提升环保认证的权威性。这种合作不仅能够为产品的环保认证提供更多的支持，还能够通过专业性的信息传递，提高用户对产品环保性能的认可度，进一步巩固产品在市场中的可持续形象。

社交媒体与环保认证的有效结合为文化创意产品推广提供了有力的支持。通过在社交媒体上灵活运用环保认证信息，企业能够深入用户心灵，引导消费者对环保认证产品的关注和认可。这种结合不仅增强了产品的可持续形象，也拓宽了产品在社交媒体上的传播途径，为产品推广策略的制定和实施提供了更为全面的视角。

第四节　消费者教育与可持续产品市场

一、消费者教育在文化创意可持续产品市场中的角色

（一）可持续产品市场中消费者教育的独特意义

消费者教育在文化创意可持续产品市场中的独特意义体现在为消费者提供对可持续产品的深入了解。这不仅包括产品的环保属性，还包括产品的文化内涵、设计理念等方面。通过消费者教育，消费者能够更全面地了解可持续产品的特点，深入了解产品的背后故事，从而更加理性地作出购买决策。

消费者教育有助于激发消费者的环保意识。通过向消费者传递可持续产品的环保信息，教育他们认识到个体购买行为的环境影响。这种意识的激发不仅体现在对产品的环保属性的认知上，更体现在对整个生活方式和消费观念的转变。消费者教育的目的不仅仅是为了推动单一产品的销售，更是为了培养消费者对环保的长期关注和支持。

在文化创意可持续产品市场中，消费者教育还起到引导消费者形成可持续消费观念的作用。通过向消费者传递可持续发展的理念，教育他们认识到可持续消费对于社会和环境的积极影响。这种观念的引导不仅仅关注单一产品的环保特性，更关注整个消费过程的可持续性，从而引导消费者形成更为理性和可持续的消费行为。

消费者教育还在可持续产品市场中发挥了促进市场发展的重要作用。通过向消费者传递可持续产品的优势和价值，教育他们在购物中更加关注环保因素，推动市场对于可持续产品的需求。这种需求的增加不仅有助于可持续产品市场的繁荣，也对其他产品市场产生积极的示范和影响，推动整个市场向更为可持续的方向转变。

消费者教育在文化创意可持续产品市场中的角色还在于培养消费者的环保责任感。通过向消费者传递可持续产品的环保信息，教育他们认识到购物决策与环境之间存在密切联系。这种责任感的培养不仅是对环保产品的认可，更是对整个生活方式和社会责任的认知。这种环保责任感的培养有助于形成更为可持续的社会和生活方式，推动整个社会迈向更为可持续的未来。

消费者教育在文化创意可持续产品市场中的独特意义在于为消费者提供深入了解、激发环保意识、引导可持续消费观念、促进市场发展以及培养环保责任感。这种教育不仅仅关注产品的单一特性，更注重引导整个社会和市场向更加可持续的方向发展。通过消费者教育，可持续产品不仅能够获得更多的市场认可，也有助于推动整个社会朝着更为可持续的未来迈进。

（二）消费者对可持续产品的态度与认知

消费者对可持续产品的态度与认知在文化创意可持续产品市场中具有至关重要的影响。消费者对可持续产品的态度涵盖了对环保、社会责任等方面的看法，而消费者的认知则直接影响了他们在市场上对文化创意可持续产品的选择和购买行为。在这一过程中，消费者教育扮演了引导和影响消费者态度认知的关键角色。

消费者对可持续产品的态度与认知受到社会环境的深刻影响。随着环境问题的日益凸显，消费者对环保、可持续发展等议题的关注度不断提高。对于文化创意产品，消费者更倾向于选择具有环保、社会责任感的产品。消费者的态度与认知不仅仅是一种个体层面的反应，更是社会氛围的反映。企业需要通过深入了解社会环境的变化，把握消费者的态度和认知变化，以更好地满足市场需求。

消费者对可持续产品的态度与认知与产品本身的信息传递密切相关。产品的包装、广告、宣传等方式都是企业向消费者传递产品信息的途径。消费者对这些信息的理解和反应直接影响了他们对产品的态度与认知。企业在产品推广中需要设计合理的信息传递方式，注重传递产品的环保特性、社会责任等信息，以引导和塑造消费者积极的态度和认知。

消费者对可持续产品的态度与认知还与个体的生活方式、价值观念密切相关。不同的消费者群体在环保、社会责任等方面有着不同的关切点和需求。企业需要通过深入了解目标消费者的生活方式和价值观念，量身定制产品信息的传递策略，以更好地满足不同消费者群体的需求，提高产品的市场适应性。

消费者教育在文化创意可持续产品市场中扮演着引导和启发的角色。通过消费者教育，可以提高消费者对可持续产品的认知水平，使其更深刻地理解产品的环保、社会责任等特性。消费者教育可以通过多种途径，如专业讲座、社会活动、在线平台等，向消费者传递关于可持续产品的知识和信息，激发他们对环保的兴趣，引导形成积极的态度。

消费者教育也有助于提高消费者的环保意识。通过向消费者灌输环保理念，教育他们认识到自己的消费选择对环境和社会的影响，引导他们在购物时更加理性、负责任。这种意识的提升有助于形成可持续消费的社会氛围，促使更多消费者选择文化创意可持续产品。

在文化创意可持续产品市场中，消费者教育也可以通过传递产品背后的文化内涵，引导消费者更好地理解和体验产品。通过展示产品的设计理念、艺术价值、文化传承等方面的信息，企业可以使消费者更深入地认知产品的独特之处，从而提高对产品的欣赏度和忠诚度。

消费者对可持续产品的态度与认知在文化创意可持续产品市场中至关重要。通过深入了解社会环境、合理设计信息传递方式、关注不同消费者群体的需求以及通过消费者教育引导形成积极态度，企业可以更好地满足市场需求，提高产品的市场竞争力，实现可持续品牌建设。消费者教育不仅是企业与消费者之间的桥梁，更是文化创意可持续产品市场发展的重要推动力。

二、文化创意可持续产品市场中的消费者教育实践

（一）教育活动与文化创意可持续产品

文化创意可持续产品的市场中，消费者教育实践起到至关重要的作用。通过教育活动，品牌可以引导消费者更加深入地了解产品的可持续性，激发其环保意识，促使消费者在购物过程中做出更为可持续的选择。

教育活动可以提高消费者对可持续产品的认知水平。通过举办讲座、研讨会、线上线下培训等形式的教育活动，品牌能够向消费者传递产品的可持续性背后的故事、理念和技术。这有助于拓展消费者对于可持续产品的认知范围，使其更加全面地了解产品的环保特性，从而在购物时能够有意识地选择对环境友好的产品。

教育活动有助于引导消费者树立可持续消费观念。通过启发式教育、案例分析等方式，品牌可以引导消费者认识到自身消费行为对环境的影响，激发其对可持续生活方式的兴趣。品牌可以通过教育活动向消费者传递"精品而非大量"、"质量而非数量"等可持续消费的理念，培养消费者的绿色购物意识。

教育活动还能够加深消费者对品牌的信任。品牌通过举办教育活动，展示对可持续发展的承诺，让消费者更加相信品牌的可持续性理念不仅仅停留在口号上，更是融入到产品和品牌文化中。这种信任是建立在消费者对品牌的理解和认同基础上的，能够为品牌赢得更加忠诚的消费者群体。

教育活动还能够促使消费者参与到可持续发展的实践中。通过品牌组织的环保活动、志愿者服务等形式，消费者有机会亲身参与到可持续发展的实践中，从而更好地理解品牌的可持续理念。这种实践不仅是对消费者的一次深刻的教育，更是对品牌理念的生动演绎，有助于激发消费者在可持续发展方面的积极性。

消费者教育实践是文化创意可持续产品市场中不可或缺的一环。通过教育活动，品牌可以提高消费者的认知水平，引导其树立可持续消费观念，加深对品牌

的信任，促使消费者参与到可持续发展的实践中，为文化创意可持续产品的市场推广和品牌可持续发展注入新的活力。

（二）可持续产品信息传播与消费者教育

在文化创意可持续产品市场中，可持续产品信息的传播与消费者教育相辅相成，通过实践深化了消费者对可持续产品的认知，激发了环保意识，促使其在购物中更理性地选择可持续产品。这种实践既满足了消费者对可持续性的需求，也促进了市场的可持续发展。

可持续产品信息的传播在文化创意可持续产品市场中具有独特的实践意义。通过向消费者传递产品的环保属性、可持续设计理念、文化内涵等信息，市场不仅提高了消费者对产品的认知度，同时也丰富了产品的形象。这种信息传播实践既是产品品牌宣传的重要手段，也是向消费者灌输可持续理念的有效途径。

信息传播与消费者教育相结合，深化了对可持续产品的认知。通过向消费者传递产品的环保属性、生产过程、包装材料等方面的信息，实现了对产品的全方位解读。这种深度认知不仅仅停留在产品的表面特性，更涵盖了产品的可持续性和环保价值。通过实际的信息传播实践，市场引导消费者更加全面地了解和理解可持续产品，为其购物决策提供更为深刻的参考。

在消费者教育实践中，品牌还可以通过创新的传播手段和方式，将可持续产品信息融入到文化创意中。例如，通过与艺术家、设计师的合作，将产品的环保故事、设计理念融入艺术作品或设计展览中，使消费者在欣赏文化创意的更深入地了解产品的可持续性。这种文化创意的结合不仅能够提高信息传播的吸引力，也能够将环保理念更好地融入消费者的生活方式。

可持续产品信息传播与消费者教育的实践可以通过社交媒体等互动平台实现更加直接的互动。通过定期推送有关可持续产品的新闻、活动、用户心得等信息，引导消费者参与产品的讨论和分享。这种互动形式不仅加深了对产品的认知，也在社群中形成了更为积极的可持续消费氛围，推动了消费者在社交媒体上的环保互动。

在实践中，品牌还可以通过有针对性的市场活动，如可持续产品展览、绿色购物日等，提供实地体验和互动交流的机会。这种实践不仅使消费者更直观地感受到可持续产品的特性，也为其提供了与品牌互动的平台。通过这些实际的市场活动，市场能够加深消费者对可持续产品的了解，同时提高他们参与可持续消费的积极性。

在可持续产品信息传播与消费者教育的实践中，市场还需要关注信息的真实性和透明度。通过提供可追溯的产品信息，如生产地点、原材料来源、环保认证等，建立起产品与消费者之间的信任关系。这种信任关系的建立有助于强化品牌形象，提高产品在市场中的竞争力。

可持续产品信息传播与消费者教育在文化创意可持续产品市场中的实践不仅是品牌推广的手段，更是一种引导消费者理性消费、培养环保意识的重要途径。通过深化对可持续产品的认知，提高消费者的环保责任感，这种实践为市场的可持续发展提供了坚实的基础，促使消费者在购物中更多地选择符合环保理念的产品，从而推动整个市场向更加可持续的方向发展。

第十章　社会责任与文化创意产品设计

第一节　社会责任在产品设计中的作用

一、社会责任理念与文化创意产品设计的关联

（一）社会责任在企业与产品设计中的关键地位

企业和产品设计中的社会责任承担着重要的使命，成为推动可持续发展和文化创意产品创新的核心力量。社会责任不仅是企业经营的原则，更是产品设计的灵魂，它与文化创意产品设计紧密相连，相辅相成，推动着企业与产品在社会层面的发展。

企业在面对社会责任时，不仅仅是履行法定责任，更是对社会的自愿贡献。通过关注环境保护、员工福利、公益事业等方面的社会责任，企业能够在社会中树立积极的形象，塑造出正面的企业品牌。这种社会责任意识直接影响了企业对文化创意产品设计的引导方向。企业在设计文化创意产品时会更加注重产品的社会影响，追求产品在社会层面的正向价值，以实现社会责任的践行。

社会责任理念在文化创意产品设计中与可持续发展紧密关联。可持续发展是社会责任的一项核心要求，而文化创意产品的可持续性体现在产品整个生命周期内，包括设计、生产、使用和废弃等各个环节。企业在文化创意产品设计中应该关注环境友好性、资源利用效率以及对社会的积极影响。通过注重可持续性设计，企业能够更好地承担社会责任，促进社会可持续发展。

社会责任理念在产品设计中还涉及到对员工的关心和培养。企业应当注重员工的福利、职业培训等方面，以保障员工权益。在文化创意产品设计中，这体现为关注设计人员的工作环境、职业发展和创意空间。通过提供良好的设计平台和创新环境，企业可以吸引更多的优秀设计人才，推动文化创意产品的不断创新。

社会责任理念还在文化创意产品设计中推动了企业的公益活动。通过开展公益事业，企业能够回馈社会，实现社会价值最大化。在文化创意产品设计中，企

业可以通过与公益事业的结合，设计出能够传递正能量、激发社会责任感的产品。这样的产品不仅能够满足市场需求，还能够通过产品本身传递出企业对社会的责任担当。

社会责任理念对文化创意产品设计还涉及到文化的传承和创新。企业在设计文化创意产品时，应该注重对传统文化的尊重和传承，同时通过创新的设计方式，使传统文化得以发扬光大。这种文化创意产品设计既能够满足市场对文化传承的需求，又能够通过注入现代元素，使产品更具时尚感和吸引力。

社会责任在企业与产品设计中占据着关键地位。通过履行社会责任，企业不仅能够获得良好的企业形象，还能够为产品设计提供有益的引导。社会责任理念在文化创意产品设计中关联深厚，既表现为对环境、员工、社会的关注，也包括对文化传承和创新的追求。通过理念的贯彻，企业能够实现社会价值与商业价值的有机结合，推动文化创意产品在市场中的可持续发展。

（二）社会责任对文化创意产品设计的影响

1.社会责任理念对产品生命周期的影响

社会责任理念直接影响产品的设计阶段。在产品设计的初期，品牌考虑社会责任，会更注重产品的环保性、社会友好性以及文化传承的价值。社会责任理念要求设计团队在选择材料、制造工艺、设计元素等方面更加注重可持续性和社会认同，从而确保产品在设计上能够对环境和社会产生积极影响。

社会责任理念对产品生产过程产生深远影响。在生产阶段，品牌需要遵循环保和社会责任的原则，选择更环保的生产工艺和材料，降低生产过程对环境的影响。关注员工福利、劳工权益也是社会责任理念的一部分，因此品牌在生产中需要确保员工的工作条件和权益，构建良好的社会形象。

社会责任理念还在产品销售和使用阶段产生影响。品牌需要积极推动消费者的可持续消费观念，提倡产品的合理使用和维护，减少浪费。在销售过程中，品牌可以通过包装减少、推广二次利用等方式，降低产品对环境的负担。社会责任理念也要求品牌提供更加完善的售后服务，延长产品的寿命，减少废弃物的产生。

社会责任理念对产品的回收和循环利用产生积极推动。在产品寿命周期末期，品牌需要考虑如何对产品进行合理的回收和再利用。社会责任理念鼓励品牌设计可循环利用的产品，采用可降解的材料，减少对环境的压力。通过建立回收体系、推动产品再生利用，品牌能够在产品寿命周期结束时实现更加可持续的循环经济。

社会责任理念对文化创意产品的设计、生产、销售和回收阶段都产生着深远的影响。品牌通过贯彻社会责任理念，能够创造出更具可持续性、更有社会价值的文化创意产品，推动整个行业向着更为环保和社会友好的方向发展。

2.社会责任对文化创意产品市场竞争力的提升

社会责任在文化创意产品市场中发挥着重要的作用，对市场竞争力的提升具有深远的影响。社会责任理念贯穿于文化创意产品的设计过程，不仅影响产品的整体形象，还对品牌的认可度和市场地位产生积极的影响。

社会责任理念与文化创意产品设计紧密关联，通过设计体现品牌的社会价值。文化创意产品的设计不仅仅关乎外观和功能，更关注产品与社会之间的关系。社会责任理念的融入设计过程，使得产品的设计不仅仅是追求美感和创新，更是追求对社会的积极影响。例如，产品设计可以考虑采用可回收材料、降低能源消耗、提倡公益概念等，从而体现品牌对环境和社会的责任感，为产品赋予更深层次的社会意义。

社会责任在文化创意产品市场中有助于建立品牌的良好声誉。通过将社会责任理念融入产品设计中，品牌在市场中能够树立起社会责任感强烈的形象，为消费者传递积极的品牌价值观。这种正面形象不仅能够提高品牌的认可度，还能够在竞争激烈的市场中脱颖而出，吸引更多的消费者选择具有社会责任感的文化创意产品。

社会责任理念的融入设计中还能够提升产品的市场竞争力。在消费者越来越关注企业社会责任的今天，具有社会责任感的文化创意产品更容易引起消费者的关注和好感。消费者愿意选择那些展现社会责任的品牌，因为他们认为通过购买这些产品，也在支持一种积极的社会价值。这种市场认知的变化使得品牌能够在市场中建立起更为积极的竞争地位。

社会责任在文化创意产品市场中的体现，有助于建立品牌与消费者之间的情感连接。通过品牌传递出对环保、公益等社会问题的关注，品牌与消费者之间形成了一种共鸣。消费者更愿意购买那些代表着积极社会价值的文化创意产品，因为这不仅仅是购物，更是一种对社会价值观的支持。这种情感连接不仅提高了品牌忠诚度，也为品牌在市场中建立了稳固的地位。

在文化创意产品设计中，社会责任理念的关联还能够引导企业形成可持续的发展模式。通过考虑产品的整个生命周期，包括原材料的选择、生产过程的环保性、产品的寿命周期管理等方面，品牌能够实现对资源的更加有效利用，降低对环境的不良影响。这种可持续发展的理念不仅符合当代社会对企业的期望，也使得企业在未来能够更好地适应环境变化，保持竞争力。

社会责任理念的融入文化创意产品设计中有助于品牌赢得政府和社会的支持。在一些地区，政府和社会团体更加倾向于支持那些具有社会责任感的企业。通过将社会责任理念融入产品设计，品牌能够更好地与政府、社会组织进行合作，获得一系列的政策支持和社会资源，为企业的长期发展提供有力保障。

社会责任在文化创意产品市场中与产品设计紧密关联，不仅影响产品的整体形象，还对品牌的认可度和市场地位产生积极的影响。通过将社会责任理念融入设计，品牌能够在市场中树立积极的社会形象，提高产品的市场竞争力，建立品牌的良好声誉，与消费者形成深厚的情感连接。社会责任的关联不仅使企业能够适应当今社会对企业社会责任的期望，更推动企业走向可持续发展，实现更长期的竞争优势。

二、社会责任在文化创意产品设计中的应用

（一）环保设计与文化创意产品

环保设计在文化创意产品中的应用体现在多个方面。产品的原材料选择是环保设计的重要环节。通过选择可再生资源或回收材料，减少对自然资源的依赖，企业能够降低产品的环境影响。在文化创意产品设计中，这体现为对文化传统材料的合理利用，同时结合环保材料，以确保产品的独特性和可持续性。

环保设计还涉及到产品的生产过程。通过优化生产工艺，提高能源利用效率，减少废弃物产生，企业能够降低对环境的负面影响。在文化创意产品设计中，这要求企业在生产过程中注重文化创意与环保工艺的融合，实现既具有创意性又对环境友好的生产方式。

产品设计要考虑到产品的使用阶段。通过设计出耐用、易维护的产品，延长产品的使用寿命，减少对资源的过度消耗。在文化创意产品设计中，这可以体现为对传统文化元素的创意融入，使产品具备更长久的市场生命力。

环保设计还需考虑产品的废弃处理。通过设计可回收、可降解的产品，企业能够减少对环境的负担。在文化创意产品设计中，这要求企业注重产品的循环利用性，设计出即使在报废后仍具有一定文化价值的产品。

社会责任在文化创意产品设计中的应用还包括对文化传承的尊重和支持。通过关注当地文化、传统工艺，保护和传承文化遗产，企业能够在产品设计中体现对社会的责任感。在文化创意产品设计中，这可以体现为对传统工艺的创新应用，以及对地方文化的深入挖掘。

社会责任还包括对员工和供应链的关心。通过提供良好的工作环境、培训机会，企业能够提高员工的福祉水平。在文化创意产品设计中，这可以通过合理设计创意团队结构，关注设计师的职业发展，提升设计人员的创意水平。

社会责任在文化创意产品设计中的应用是一项全面而复杂的任务。通过环保设计，企业能够在产品的各个环节中实现对环境的保护。通过关注文化传承、员

工福祉等方面，企业能够在社会中发挥更积极的角色。社会责任不仅是企业的经营原则，更是文化创意产品设计中不可或缺的一部分，为企业与产品在社会中的发展贡献着积极力量。

（二）文化多样性与社会包容性

文化多样性和社会包容性是社会责任在文化创意产品设计中的重要考量因素。在产品设计中融入这两个理念，能够促使品牌创造更有深度和广度的产品，同时弘扬文化多元和促进社会包容。

文化多样性在产品设计中的体现是多元元素的融合。品牌可以通过吸纳来自不同文化的元素，融入产品设计中。这不仅可以为产品赋予独特的文化韵味，同时也展现了品牌对于文化多样性的尊重。例如，设计师可以融入不同地区的传统图案、手工艺术或是民间故事，打造出充满文化底蕴的创意产品。

社会包容性在产品设计中体现为产品的广泛适用性。品牌需要考虑到不同群体的需求和喜好，创造能够满足不同人群需求的产品。这不仅仅包括了文化上的差异，还应考虑到不同年龄、性别、身体状况等因素。通过将社会包容性融入设计理念，品牌可以打破文化和社会的隔阂，使产品更具包容性和亲和力。

在文化创意产品的设计中，社会责任还体现在对工艺和材料的选择上。品牌可以选择符合环保标准的可再生材料，采用环保工艺，以降低产品对环境的负面影响。考虑到社会责任，品牌也需要确保产品的生产过程中不涉及非法或不道德的劳工问题，为员工提供公正合理的工作条件。

社会责任还要求品牌在产品设计中传递积极的社会价值观。通过产品的设计理念、广告宣传等方面，品牌可以向社会传递正能量，激发公众对社会责任的关注。这不仅能够提升品牌形象，更能够促使整个行业朝着更为可持续和包容的方向发展。

在文化创意产品设计中应用社会责任理念，也意味着品牌需要积极参与社会公益活动。通过支持社会公益事业，品牌能够将社会责任理念融入到企业文化中，为社会作出积极贡献。

文化多样性和社会包容性作为社会责任的一部分，对文化创意产品的设计产生着深刻的影响。品牌通过融入不同文化元素、关注社会多样性和公益事业，能够创造出更具有深度和广度的产品，同时为社会可持续发展贡献积极力量。

第二节 可持续供应链与社会责任

一、可持续供应链在文化创意产品中的战略重要性

（一）可持续供应链在文化创意产品中的前景

可持续供应链在文化创意产品中的前景体现在对环境的积极贡献。通过考虑整个供应链中的环保因素，如原材料选择、生产过程的能源消耗、产品包装的可持续性等，企业能够降低对环境的负面影响。这种环保意识的体现不仅符合当代社会对企业的期望，也有助于构建品牌的绿色形象，使文化创意产品在市场中更具吸引力。

可持续供应链对文化创意产品的战略重要性表现在提高产品的品质和创新性。通过建立可持续供应链，企业能够更好地管理供应链的各个环节，提高生产效率，降低产品的制造成本。这使得企业有更多的资源用于产品创新和品质提升，为文化创意产品赋予更高的附加值，提高市场竞争力。

可持续供应链的建设还能够在企业与供应商之间建立更加稳固的合作关系，形成共赢局面。通过与环保、社会责任等方面价值观一致的供应商合作，企业能够更好地实现与供应商的价值共享，促进供应链的协同发展。这种稳固的合作关系有助于提高供应链的灵活性和响应速度，使得企业能够更快地适应市场变化，更好地满足消费者需求。

可持续供应链有助于提升企业的社会形象，建立积极的品牌形象。通过向外界展示企业在供应链管理中的可持续性实践，企业能够树立起积极的社会形象，获得社会的认可。这种认可不仅有助于提高企业的品牌价值，还能够吸引更多的消费者选择具有社会责任感的文化创意产品。

可持续供应链还有助于降低企业面临的风险，提高供应链的韧性。通过考虑供应链中的环境和社会因素，企业能够更好地应对自然灾害、政治不稳定等不可预见的风险。建立健康的供应链关系，降低了供应商变更带来的不稳定因素，提高了供应链的可控性和稳定性。

可持续供应链的建设还能够满足消费者日益增长的对可持续产品的需求。随着消费者对环保、社会责任的关注度不断提高，对具有可持续性的文化创意产品

的需求也不断增加。通过构建可持续供应链，企业能够更好地满足市场的需求，吸引更多的消费者选择其产品，实现市场份额的增长。

可持续供应链有助于企业实现长期的可持续发展。通过在供应链管理中融入可持续性理念，企业不仅能够降低对环境和社会的负面影响，还能够提高企业的经济效益，形成经济、环境和社会的三重收益。这种可持续发展的模式有助于企业在竞争激烈的市场中长期保持竞争力，实现更为稳健的经济增长。

可持续供应链在文化创意产品中的前景表现在对环境的积极贡献、提高产品的品质和创新性、建立稳固的合作关系、提升企业的社会形象、降低企业面临的风险、满足消费者对可持续产品的需求以及实现企业长期可持续发展。可持续供应链的战略重要性凸显，对企业而言是实现可持续经营和市场竞争力提升的不可或缺的战略路径。

（二）产品生命周期阶段与可持续供应链

在文化创意产品的设计与生产中，关注产品生命周期阶段与可持续供应链是一项战略性的重要任务。可持续供应链的建立对于降低环境影响、提高资源利用效率、满足消费者需求，以及推动文化创意产品的创新具有至关重要的意义。

对产品生命周期的全面考虑有助于建立可持续供应链。产品生命周期包括设计、原材料采购、生产、运输、销售、使用和废弃等多个阶段。通过在每个阶段考虑可持续性因素，企业可以制定更加全面、综合的可持续供应链策略。例如，在设计阶段，注重环保设计，选择可再生、可回收材料；在生产阶段，优化生产工艺，减少能源消耗和废弃物的产生；在销售阶段，提倡绿色消费，引导消费者选择环保产品；在废弃阶段，推动产品的循环利用和可降解性。通过全面考虑产品生命周期，企业可以更好地实现可持续供应链的目标，降低整体环境和社会影响。

可持续供应链在文化创意产品中具有战略重要性。文化创意产品通常注重独特的设计和创新，而这正是可持续供应链所强调的环保、社会责任等方面的优势可以发挥作用的领域。通过构建可持续供应链，企业能够更好地满足市场对文化创意产品独特性和环保性的需求。例如，通过采用环保原材料，精心设计环保包装，以及通过可持续工艺制造产品，企业不仅能够降低环境负担，还能够通过产品本身传递对文化与环境的关切，提升产品的市场价值。

可持续供应链有助于提高资源利用效率。在文化创意产品的生产过程中，通常涉及到各种原材料的使用，而可持续供应链的构建可以推动对资源的高效利用。通过循环经济的理念，降低浪费，优化生产流程，企业能够减少资源浪费，提高原材料的利用率。这不仅有助于企业降低生产成本，还能够减少对环境的负面影响。

可持续供应链还在提高企业形象和品牌价值方面发挥着重要作用。随着社会对环保和社会责任的关注不断提高，消费者对企业的道德和社会责任感更为敏感。通过建立可持续供应链，企业能够向消费者传递出积极的企业形象，提高品牌的社会责任感和可信度。这有助于企业在市场上建立良好的声誉，增强品牌价值。

可持续供应链也为企业创新提供了新的机会。在文化创意产品领域，可持续供应链的构建可以激发企业对绿色设计、新型材料和生产工艺的创新。通过在可持续性方面的不断努力，企业可以在产品设计、生产和销售等各个环节中找到创新点，不仅满足市场需求，还在竞争中取得领先地位。

文化创意产品领域中，可持续供应链的建立是一项战略性的重要任务。通过全面考虑产品生命周期、注重资源利用效率、提升企业形象与品牌价值，企业能够更好地实现可持续供应链的目标，推动文化创意产品的可持续发展，同时为企业自身带来战略性的竞争优势。

二、社会责任在文化创意产品供应链中的实践与整合

（一）供应商合作与社会责任

社会责任在供应链中的实践体现在供应商的选择上。品牌需要选择那些同样注重社会责任的供应商合作，确保供应商的价值观与企业一致。这包括了对供应商的审查和评估，考察其在环保、劳工权益、道德经营等方面的表现。通过建立符合社会责任标准的供应商网络，品牌可以从源头上确保产品的社会责任合规性。

社会责任的整合需要在供应链的各个环节都有所体现。在物流与运输方面，品牌可以选择更环保的运输方式，减少运输对环境的负面影响。在生产环节，品牌需要鼓励供应商采用环保的生产工艺和材料，降低产品的碳足迹。社会责任还要求在供应链管理中关注劳工权益，确保供应商的员工在合理的工作条件下从事生产工作。

社会责任的实践还需要品牌与供应商共同建立长期的合作伙伴关系。通过与供应商的紧密合作，品牌可以更好地了解供应链的运作，推动整个供应链向着更为可持续的方向发展。共同制定社会责任目标，通过实际行动在供应链中实施，使得可持续发展理念深深扎根于整个合作伙伴体系。

社会责任的实践也需要品牌在供应链中提供培训和支持，帮助供应商提升社会责任意识和水平。通过分享成功案例、提供培训资源，品牌可以影响供应商在社会责任方面的认知和行为。这有助于构建共同的社会责任文化，使整个供应链更加契合品牌的价值观。

在文化创意产品供应链中，社会责任的实践与整合不仅仅是品牌的责任，也是对整个产业的责任。通过与供应商合作，品牌能够在供应链中传递社会责任理念，推动整个产业向着更为可持续和社会友好的方向迈进。这不仅有助于提升品牌形象，更能够为社会可持续发展贡献力量。

（二）劳工权益与供应链伦理

1.劳工权益保障与供应链伦理原则

社会责任在文化创意产品供应链中的实践体现在对劳工权益的关注与保障。通过建立并执行良好的劳工权益保护政策，企业可以确保供应链中的劳工享有基本权益，如合理工资、合理工时、安全工作环境等。这有助于提高劳工的生活质量，增强劳工的生产积极性，同时构建积极的企业形象，满足市场对劳工权益的关切。

社会责任的实践涵盖了对供应链伦理原则的遵循。通过确保供应链中的所有合作伙伴遵循伦理道德标准，企业能够建立公平、公正、透明的供应链体系。这不仅有助于维护企业的声誉，也能够提升整个供应链的效率和稳定性。对供应链伦理原则的遵循是社会责任实践的核心，有助于企业在市场中赢得消费者和投资者的信任。

在实践中，企业可以通过与供应商签署明确的合同，规定合作伙伴在生产过程中应当遵循的伦理原则。这包括了对劳工权益的保障、禁止童工、禁止歧视等方面的规定。通过合同的设立，企业能够明确传递自身对于伦理道德的坚持，并推动整个供应链建立更加公正和可靠的合作关系。

社会责任的实践也包括对供应链透明度的要求。通过向外界公开供应链的信息，企业能够接受公众监督，提高对外的透明度。这不仅有助于满足消费者对产品来源和生产条件的关切，也能够推动企业进一步加强对供应链伦理原则的遵循。透明的供应链是社会责任实践的基础，有助于建立企业与社会之间的信任关系。

在文化创意产品供应链中，企业还可以通过实施供应链社会责任认证，如SA8000等，确保整个供应链体系符合一定的社会责任标准。这种认证不仅为企业提供了在社会责任实践中的指导原则，也有助于建立企业与其他合作伙伴之间的合作规范，形成供应链中社会责任的共同理解和实践。

社会责任的实践还包括建立与劳工组织的密切合作关系。通过与工会、非政府组织等建立稳固的合作关系，企业能够更好地了解劳工的需求和关切，及时解决劳工的问题。这种密切的合作关系有助于企业更加全面地履行社会责任，确保供应链中的劳工权益得到有效保障。

社会责任的实践在文化创意产品供应链中还需要注重与当地文化的融合。通过尊重和保护当地文化，企业能够在文化创意产品的生产中发挥更大的社会责任。

这包括对当地文化传统的尊重，对当地劳工文化的理解，以及对当地社会的回馈。这种文化融合不仅有助于产品的市场适应性，也提高了企业在当地社区中的社会责任形象。

社会责任在文化创意产品供应链中的实践与整合涵盖了对劳工权益的保障、对伦理原则的遵循、对透明度的追求、通过认证体系的建立、与劳工组织的合作关系以及与当地文化的融合等方面。通过这些实践，企业能够在文化创意产品供应链中发挥积极的社会责任作用，为整个产业的可持续发展贡献力量。

2. 供应链伦理对文化创意产品品质的影响

文化创意产品的供应链伦理对产品品质有着深远的影响，而在整个供应链中实践社会责任则是确保产品品质和社会可持续发展的关键。通过在文化创意产品供应链中贯彻伦理和社会责任，企业能够创造更高品质的产品，同时在社会层面做出积极的贡献。

供应链伦理对文化创意产品的品质产生直接的影响。伦理行为涉及到企业与供应链合作伙伴之间的道德标准和价值观，通过建立诚信、公正、透明的合作关系，企业可以确保从供应商到生产商再到销售商的整个供应链都符合高标准的伦理要求。这有助于防范质量问题、减少产品缺陷，提高产品的设计和制造水平，确保文化创意产品达到更高的品质水平。

社会责任的实践需要在整个文化创意产品供应链中得到全面贯彻。社会责任不仅仅关注质量问题，还关心产品对社会和环境的影响。在供应链的每一个环节，包括原材料采购、生产制造、运输和销售，都需要考虑社会责任的履行。例如，采购阶段可以选择环保和可再生的原材料，生产阶段要关注员工福利和工作条件，运输阶段需要优化物流以降低碳排放，销售阶段要推动绿色消费。通过社会责任的实践，企业可以为文化创意产品的品质提供全方位的保障。

供应链伦理和社会责任的整合有助于构建可持续的供应链体系。通过确保合作伙伴间的公平和透明，建立可信赖的伦理基础，企业能够建立起长期稳定的供应关系。在这个基础上，通过实践社会责任，企业可以推动供应链的可持续性发展，包括降低能源消耗、减少废弃物、提高社区福祉等方面。这种可持续性发展不仅有助于降低企业的风险，提高供应链的灵活性，还有助于保护和提升文化创意产品的品质。

社会责任的实践也可以提升企业的声誉和品牌价值。在现代社会，消费者越来越关心企业的社会责任。通过在供应链中实践社会责任，企业不仅能够满足消费者的期望，还能够树立积极的企业形象，建立起具有社会责任感的品牌。这有助于吸引更多的消费者，提高品牌忠诚度，从而间接影响文化创意产品的市场地位和品质认可度。

供应链伦理和社会责任在文化创意产品中的实践与整合对产品品质和社会可持续性具有深远的意义。通过贯彻伦理规范，企业能够确保供应链的公正、诚信和透明，提高产品的制造水平。而通过实践社会责任，企业能够在供应链中创造更多的社会价值，树立良好的企业形象，增强品牌价值。伦理和社会责任的整合为文化创意产品提供了可持续发展的路径，既保障了产品品质，又促进了社会的可持续发展。

第三节　社区参与与文化创意产品设计

一、社区参与在文化创意产品设计中的应用原则

（一）社区参与的基本原则与价值观

社区参与强调协同合作。在文化创意产品设计中，设计师应该与社区成员建立起积极互动的关系，通过有效的沟通与合作，汇聚各方智慧，共同打造更具创意和独特性的作品。这种协同合作的过程不仅能够有效地整合资源，还能够为社区参与者提供更为深入的参与体验，使其在创意设计中感到更为投入和满足。

社区参与注重文化的传承与创新。在设计过程中，要充分尊重传统文化，保留和弘扬传统文化的精髓，同时也要开放思维，敢于挑战传统，引入新的元素和理念，推动文化创意产品的不断创新。这种文化的传承与创新相辅相成，为设计带来更为丰富和有深度的内涵。

社区参与同时强调可持续发展。在设计过程中，要考虑到社区的长远利益，避免短期行为对社区产生负面影响。通过社区参与，设计师能够更好地理解社区的需求和愿望，从而设计出更具可持续性的文化创意产品，使其在社区中得以长期生存和发展。

社区参与强调开放性和灵活性。在设计过程中，设计师应该保持开放的心态，愿意接受各种可能的观点和建议。灵活性则是指在设计中能够随时调整和改进，根据社区反馈进行及时的修正。这种开放性和灵活性使得设计过程更具有适应性，更能够满足社区的实际需求，从而提升设计的实用性和受欢迎程度。

社区参与在文化创意产品设计中的原则与价值观包括平等和包容、协同合作、文化传承与创新、可持续发展、开放性和灵活性。这些原则与价值观共同构建了

一个促进创意发展、融合多元文化的设计环境，为文化创意产品的成功设计提供了坚实的基础。

（二）文化创意产品设计中的社区参与模式

1. 社区协作与共创模式

文化创意产品设计中的社区协作与共创模式凸显了社区参与的原则，为创意产业的繁荣发展提供了重要支撑。社区协作与共创不仅能够激发创意的多元性和创新性，同时也能够促进文化创意产品更好地满足社区的需求，构建更具社会共鸣的产品。

社区协作与共创模式强调了对社区内部多元力量的整合。在文化创意产品设计中，社区不仅包括创作者、设计师，还包括了居民、文化爱好者等不同身份的成员。通过整合这些多元的力量，社区能够在产品设计中融入更多元的思维和创意，使得产品更具独特性和创新性。这种多元整合的模式是社区协作的基石，为文化创意产品的设计提供了广阔的创意空间。

社区协作与共创模式倡导对社区成员的参与和反馈。在设计过程中，通过引入社区成员的意见、建议和需求，设计者能够更好地了解社区的真实需求，更准确地捕捉社区的文化特色。这种参与模式不仅提高了产品的社会适应性，也使得设计更贴近社区的文化氛围，更容易获得社区居民的认同。

社区协作与共创模式强调了设计的开放性和共享性。通过打破传统的设计边界，让更多的社区成员参与到设计过程中，可以创造更加富有创意的产品。这种开放的设计模式促使不同背景和经验的个体汇聚在一起，形成更为丰富和多样化的创意生态系统，从而提升文化创意产品的质量和影响力。

社区协作与共创模式注重创意的跨界性。在社区参与的模式下，来自不同领域的专业人士、业余爱好者等汇聚在一起，形成了一个跨领域的团队。这种跨界性的设计团队能够更好地融合不同领域的专业知识和经验，创造出更具前瞻性和创新性的文化创意产品。

社区协作与共创模式重视设计的可持续性。在社区设计的过程中，强调对社区资源的充分利用，减少浪费，追求可持续的设计理念。这不仅包括对环境的友好，还包括对社区文化传承和发展的考量。这种可持续性的设计模式有助于文化创意产品更好地融入社区，为社区的可持续发展提供支持。

社区协作与共创模式倡导设计的参与性。不仅设计者参与到社区，社区成员也应当参与到设计的过程中，共同发现问题、提出解决方案。这种参与性的设计模式使得设计更加民主化，充分尊重了社区居民的意愿和期望，增强了产品与社区的共融性。

　　社区协作与共创模式注重设计的社会效益。通过社区的协作与共创，设计者更容易理解社区的文化、历史、价值观等方面的特点，从而更好地创造出符合社区需求的文化创意产品。这种社会效益的设计模式不仅提升了产品在社区中的认可度，也强化了社区与产品的紧密联系。

　　社区协作与共创模式在文化创意产品设计中的原则突显了对社区内部多元力量的整合、对社区成员的参与和反馈、设计的开放性和共享性、创意的跨界性、设计的可持续性、设计的参与性以及设计的社会效益。这一模式将设计从封闭的创意过程中解放出来，使得社区成为创新的源泉和文化创意产品的重要推动力。通过这一模式，文化创意产品得以更好地融入社区，更好地服务社区，实现了社区与文化创意产业的良性互动。

　　2. 用户参与与设计决策

　　在文化创意产品设计中，用户参与与社区参与是关键的原则，有助于确保产品更符合用户需求和社区文化特色。用户参与强调用户在设计过程中的积极角色，而社区参与则注重整个社区的参与和共建。这两个原则共同构成了一个开放、包容、创新的设计模式。

　　用户参与的原则体现在对用户需求的深入了解和尊重。通过深入了解用户的生活方式、文化背景和使用习惯，设计者能够更好地满足用户的实际需求。用户参与不仅仅是在产品问卷调查中收集用户意见，更是在设计的早期阶段就将用户融入到创意过程中，倾听用户的声音，理解他们的期望。通过与用户的密切合作，设计者能够更好地把握用户的感受和需求，创造出更贴近用户心理的文化创意产品。

　　社区参与的原则强调整个社区的参与感和共创力。在社区参与的设计中，设计者将社区作为一个整体来考虑，吸纳各类人群的意见和建议。社区成为一个共同创造的空间，不同的文化元素和观点在这个过程中得以融合。社区参与也体现在产品的使用阶段，通过持续与社区保持联系，收集用户的反馈和建议，使产品更具社区适应性，更好地服务于社区的文化需求。

　　在用户参与与社区参与的原则中，信息共享和透明度是至关重要的元素。设计者需要与用户和社区保持开放的沟通渠道，及时分享设计想法、进度和决策，确保设计过程的透明性。透明的设计过程有助于建立信任，激发用户和社区成员的积极参与，提高设计的质量。

　　设计者还需注重文化的尊重和多样性。在文化创意产品设计中，涉及到不同文化背景的用户和社区，因此设计者需要尊重和理解不同文化之间的差异。通过深入研究和理解不同文化的习惯和价值观，设计者能够更好地在产品中体现出多元文化的特色，增强产品的包容性和可接受性。

可持续性是用户参与与社区参与原则中的重要考量。设计者需要思考产品在社区中的长期影响，避免对社区产生负面影响。通过考虑产品的生命周期，促使用户在产品的使用中更注重可持续性，降低对环境的影响，实现文化创意产品的可持续发展。

用户参与与社区参与是文化创意产品设计中的重要原则。通过深入了解用户需求，尊重不同文化，建立透明的设计过程，强调信息共享和可持续性，设计者能够在用户与社区参与中实现更加开放和创新的设计，创造出更符合多元文化需求的文化创意产品。

二、社区参与与文化创意产品设计的实践策略

（一）社区参与策略与方法

理解社区需求是社区参与的基石。设计者应该深入了解社区的背景、价值观和需求，以确保他们的设计真正满足社区的期望。这不仅包括与社区成员的交流，还需要对社区历史和文化的深入挖掘，以获得更全面的了解。

尊重多元文化是社区参与的核心原则。社区往往是多元文化的交汇点，设计者需要尊重和欣赏不同文化的差异。这涉及到在产品设计中避免刻板印象和文化偏见，以及在团队中促进多元文化的代表性，确保设计能够反映社区的多元性。

开放对话是推动社区参与的另一个关键因素。在设计过程中，建立起开放的对话渠道，鼓励社区成员分享他们的看法、需求和想法。这种对话不仅仅是单向的，还需要设计者倾听和回应社区的反馈，确保设计过程是一个共同创造的过程，而不是单方面的决定。

融入社区的声音是确保文化创意产品成功的决定性因素。设计者应该将社区成员视为设计团队的一部分，与他们共同合作，以确保设计能够真正地反映社区的精神和需求。这可能涉及到与社区合作进行设计工作坊、收集反馈和共同制定设计决策。

社区参与与文化创意产品设计的实践是一个复杂而互动的过程，需要理解社区需求、尊重多元文化、开放对话以及融入社区的声音。只有在这些原则的指导下，设计者才能真正创建出有意义、可持续且深受社区欢迎的文化创意产品。

（二）社区参与的跨文化考量

社区参与的跨文化考量需要关注当地文化的独特性。不同的社区拥有独特的文化传统、价值观和生活方式。设计者需要通过深入的文化研究和社区调研，了

解当地文化的特点，以避免在产品设计中引入不适当或冲突的元素。这包括对语言、宗教、风俗习惯等方面的敏感性的认识，以确保设计的产品能够与当地文化和社区价值体系相契合。

跨文化的社区参与需要灵活运用设计方法。不同文化的社区可能对于参与设计的态度和方式存在差异。一些社区可能更倾向于集体参与和共建，而另一些社区可能更注重个体参与和个性化需求。设计者需要灵活运用不同的设计方法，以满足不同社区的特殊需求。这涉及到在设计过程中与社区成员进行深入对话，理解他们的期望和需求，以确保设计的产品具有更好的社区适应性。

在社区参与的实践中，设计者还需考虑社区的社会结构和权力关系。不同社区中存在不同的社会层级和权力分布。一些社区可能是平等共同体，而另一些社区可能存在较为明显的社会等级。设计者需要了解这些社会结构和权力关系，以避免在设计中引入不平等的因素，确保社区参与的公正性和平等性。

跨文化的社区参与也需要在设计过程中注重文化的动态变化。文化是一个不断演变和变化的过程，社区内部的文化也可能会因为外部影响、时代变迁而发生变化。设计者需要时刻关注社区文化的动态演变，不仅考虑传统文化元素，还要关注新兴的文化趋势，以确保设计的产品能够紧跟社区文化的发展步伐。

社区参与的跨文化考量也需要关注文化之间的互动和交流。在一个全球化的背景下，不同文化的社区之间可能会发生互动和交流，设计者需要充分考虑这些交流对设计的影响。这包括在设计中融合跨文化的元素，以促进文化之间的理解和共鸣，创造出更具有包容性和跨文化适应性的文化创意产品。

社区参与在文化创意产品设计中是一个需要跨文化考量的重要原则。通过深入理解当地文化的独特性、运用灵活的设计方法、关注社会结构和权力关系、考虑文化的动态变化以及关注文化之间的互动和交流，设计者能够更好地实践社区参与，创造出更具有文化适应性和社区认同感的文化创意产品。

第四节　可持续性报告与社会责任传播

一、可持续性报告在文化创意产品中的基本概念与重要性

（一）文化创意产业中可持续性报告的独特性

文化创意产业的可持续性报告在其独特性方面呈现出深远的影响。这一领域

的可持续性报告不仅仅是对环境影响的评估，更是对文化、创意和社会层面的独特反映。它不同于传统产业的可持续性报告，因为文化创意产业本身就是一种创造性的表达，其可持续性考量既要考虑生态系统的平衡，也要注重文化传承和社会共融。

文化创意产业的可持续性报告独特的一点在于其对文化的保护和传承的关注。这并非仅仅是关心资源的可再生性，更关注着艺术、设计、传统技艺等文化元素的传承和创新。可持续性报告在这方面的聚焦，推动了文化创意产业在发展中对文化多样性的尊重和支持。

文化创意产业的可持续性报告独特地关注创意过程中的社会影响。它并非仅仅衡量企业的社会责任，更关心创意产业如何促进社会的包容性和公正性。这种独特关注点使得可持续性报告在激励创意产业更好地服务社会、促进公平机会和减少社会不平等方面发挥着积极的作用。

与此文化创意产业的可持续性报告也突显了在数字化时代的新挑战。数字技术的快速发展带来了知识产权、数字隐私等方面的新问题，而文化创意产业的可持续性报告应对这些挑战，推动产业发展的同时确保数字环境的可持续性。

在经济方面，文化创意产业的可持续性报告强调了经济效益和社会价值的兼顾。它超越了传统产业仅仅关注经济增长的范畴，更加注重创意产业如何在经济上可持续发展的为社会创造更多的价值。这种独特的关注点使得可持续性报告在引导文化创意产业的战略决策时有着独特的角度。

文化创意产业的可持续性报告之所以独特，是因为它不仅仅聚焦于环境问题，更深入到文化、社会、经济等多个层面，全面审视创意产业的可持续性。这一独特性推动了文化创意产业在可持续性方面的进步，使得其在全球可持续发展的大背景下发挥着越来越关键的作用。

（二）文化创意产业中常见的可持续性报告框架

文化创意产业中的可持续性报告框架是一种重要的工具，用于评估和反映该行业在社会、经济和环境层面上的可持续性。这些框架的设计往往涵盖多个方面，以全面了解文化创意产业的影响和贡献。社会可持续性方面，关注的是产业对社会的影响，包括对社区、文化和社会公正的贡献。经济可持续性方面，关注的是文化创意产业的经济效益和可持续发展。环境可持续性方面，关注的是产业对环境的影响以及采取的环保措施。

在社会可持续性方面，报告框架通常会考察文化创意产业的社会责任和对社区的影响。社会责任方面，企业应当积极参与社区建设、文化活动和慈善事业，以回馈社会。对社区的影响方面，报告框架会关注文化创意产业是否促进了社区的发展，提高了就业率，并且是否尊重和保护当地文化。

在经济可持续性方面，报告框架会深入研究文化创意产业的贡献和经济效益。贡献方面，文化创意产业对国内生产总值的贡献、创造的就业机会以及相关产业的发展都是关键指标。经济效益方面，报告框架通常会考察企业的盈利情况，市场份额以及对国家和地区经济的刺激效应。

在环境可持续性方面，报告框架会评估文化创意产业的环境影响和可持续发展举措。环境影响方面，关注的重点包括能源使用、废弃物管理、碳排放等环保指标。可持续发展举措方面，企业需要展示其采取了哪些措施来减少环境负担，例如采用可再生能源、推动循环经济等。

文化创意产业中的可持续性报告框架是一个综合性的工具，涵盖社会、经济和环境三个方面，以全面了解产业的可持续性。这些框架的设计和执行需要企业在经营过程中充分考虑社会责任、经济效益和环境影响，为行业的可持续发展提供坚实的支持。

二、社会责任传播策略在文化创意产品中的战略运用

（一）社会责任传播的基本原则与策略

社会责任传播是企业与文化创意产品建立积极形象、传递价值观念的重要手段。在社会责任传播策略中，有一系列基本原则和战略，这些原则和战略在文化创意产品领域中的战略运用能够构建更为积极的品牌形象，增强社会认同感，推动文化创意产品的可持续发展。

社会责任传播需要建立真实、可信的企业形象。在文化创意产品的领域中，产品往往关联着深层次的文化价值和社会意义。企业在传播中需要注重真实性，确保所传达的信息和实际行为保持一致，避免虚假宣传。通过真实、可信的传播，企业能够建立起更加稳固的品牌形象，增强社会对企业的信任，推动文化创意产品的市场认可度。

社会责任传播需要与企业的核心价值相一致。在文化创意产品的传播中，企业的核心价值通常与产品的文化内涵、社会责任等方面紧密相关。传播的信息应当与企业所倡导的文化理念相一致，使消费者能够从产品中感受到企业的核心价值观。通过与产品的一致性传播，企业能够在社会中树立积极的形象，提升品牌的社会认同度。

社会责任传播需要注重沟通的开放性和透明性。在文化创意产品领域，用户和社会对企业的期望更为复杂，对产品的文化背后的故事和价值有着更高的关注度。企业需要通过开放的沟通方式，与用户和社会保持透明的关系。这包括及时

回应社会关切的问题，分享企业的社会责任实践，使用户和社会能够更全面地了解企业的文化创意产品及其社会价值。

在社会责任传播的战略运用中，企业还可以通过与相关社会组织的合作来推动社会责任的实践。通过与非营利组织、公益机构等合作，企业能够参与社会问题的解决，为文化创意产品的社会责任实践提供更有力的支持。这种合作关系有助于企业更深入地了解社会问题的实质，提高社会责任传播的针对性和有效性。

在社会责任传播策略中，企业还需要注重在传播中引导社会的思考和行动。通过传播产品的社会责任理念，企业可以激发社会对相关问题的关注，引导公众思考并采取积极的行动。这有助于形成一个积极向上的社会氛围，推动社会变革和发展。

社会责任传播需要关注传播效果的评估和反馈。企业应该建立有效的社会责任传播评估机制，通过数据分析和用户反馈，了解传播效果，及时调整传播策略。这有助于企业更好地把握社会的反馈和需求，提升社会责任传播的有效性和针对性。

在文化创意产品的领域中，社会责任传播是构建积极品牌形象和推动可持续发展的关键战略。通过遵循真实性、一致性、开放性、透明性、合作性、引导性和评估性等原则，企业能够更好地传达其社会责任理念，增强社会认同感，推动文化创意产品在市场中的良性发展。

（二）社会责任传播的利益相关者管理

文化创意产品的社会责任传播战略在利益相关者管理方面具有战略运用的重要性。该战略的核心在于通过有效的社会责任传播，与各利益相关者建立紧密的关系，以创造共同的社会价值和持续的业务利益。在这个过程中，文化创意产品企业需要精心制定策略，平衡各利益相关者的需求，实现可持续的发展。文化创意产品企业需要在社会责任传播中充分考虑消费者。通过传递企业的社会责任理念，建立起与消费者的情感联系，激发他们对品牌的认同感和忠诚度。这不仅可以增强企业的品牌形象，还有助于创造积极的消费者体验，为企业长期的发展提供有力支持。

企业在社会责任传播中应重视与员工的沟通与互动。通过展示企业的社会责任实践，激励员工的社会责任感，提升企业内部凝聚力和员工满意度。建立企业与员工之间的紧密关系，有助于形成团队合作的文化氛围，提高员工的工作动力和创新潜力。

在供应链管理方面，文化创意产品企业应建立可持续的合作关系。通过与供应商的积极合作，共同推动社会责任传播，确保产品的生产过程符合环保和社会伦理标准。这有助于建立可信赖的供应链，提高产品的质量和可持续性，同时降低潜在的法律和道德风险。

社会责任传播还需要关注与社区的互动。文化创意产品企业应积极参与社区事务，关注社会问题，满足社区的需求，提高企业在社区的声誉。通过在社区内建立可持续的合作关系，企业不仅能够实现品牌的本土化，还能够获取有关产品和服务的关键信息，以更好地满足市场需求。

在政府和非政府组织方面，文化创意产品企业需要与其保持良好的沟通与合作关系。通过参与社会责任项目，积极响应相关政策和法规，企业可以建立起与政府和非政府组织之间的合作伙伴关系，为企业的战略发展提供政策支持和社会认可。

文化创意产品企业在社会责任传播中的利益相关者管理策略，是实现可持续发展的关键因素。通过与消费者、员工、供应商、社区以及政府和非政府组织之间建立紧密的合作关系，企业可以创造出更大的社会价值，提升企业的品牌声誉，同时实现经济效益和社会责任的双赢。

第十一章　可持续发展与文化创意产品的未来趋势

第一节　可持续发展的未来挑战

一、文化创意产品可持续发展面临的挑战

（一）气候变化与可持续设计

气候变化对文化创意产品的可持续发展构成了巨大的挑战。气候变化导致了自然资源的匮乏和不稳定,给文化创意产业的原材料供应带来了巨大的不确定性。气候变化引发了极端天气事件的增多，对文化创意产品的生产和分销造成了严重的影响。这不仅增加了生产成本，还使得产品供应链更加脆弱。气候变化导致了环境标准的提高，文化创意产品在生产和运输过程中需要更加注重环保和可持续性，这对企业的经营方式提出了更高的要求。文化创意产品的可持续发展还受到社会认知和需求变化的挑战。随着人们对气候变化的关注不断增加，消费者对于环保和可持续性的需求也日益提高。这要求文化创意产品在设计和生产过程中更加注重环境友好，同时还要考虑到产品对社会的积极影响，满足消费者日益增长的社会责任感。文化创意产业必须不断调整产品设计和市场策略，以适应社会的新兴价值观。

文化创意产品可持续发展还面临着技术创新的压力。气候变化背景下，推动技术创新成为了产业可持续发展的必然趋势。对于一些传统的文化创意产品，技术创新可能带来生产方式的转变和市场的淘汰,这对企业而言是一项巨大的挑战。技术创新也需要巨大的投资，这对于一些规模较小的文化创意企业而言可能是一项不小的负担。产业必须在技术创新的推动下，寻找切实可行的发展道路，以保证可持续发展的同时不失去市场竞争力。

文化创意产品的可持续发展还受到国际市场的不确定性和竞争的挑战。气候变化是全球性的问题，各国之间的合作和竞争关系对文化创意产业的发展具有深

远的影响。国际市场的需求和法规变化，可能对产品的设计、生产和销售带来不确定性。国际市场的竞争也可能使得一些企业面临更为激烈的竞争压力，需要更加灵活和创新的经营方式来适应市场的变化。

气候变化对文化创意产品的可持续发展带来了多方面的挑战，涉及到资源供应、生产和分销、社会认知和需求、技术创新以及国际市场等多个层面。产业必须积极应对这些挑战，通过创新和合作，寻找适应新环境的发展模式，以保证文化创意产品在不断变化的环境中实现可持续发展。

（二）自然资源枯竭与循环经济

自然资源枯竭与循环经济的关系对文化创意产品的可持续发展提出了严峻的挑战。随着社会的发展，文化创意产品的需求不断增加，而传统的线性经济模式使得大量的自然资源被耗竭，对环境产生了严重的负担。循环经济被认为是解决这一问题的有效途径，然而在文化创意产品领域的实践中，仍然面临着多方面的挑战。

文化创意产品生产过程中的资源浪费问题是亟待解决的挑战。传统的生产模式中，过度的使用和浪费自然资源是不可避免的。在文化创意产品的制作中，原材料的选择、产品的设计和生产工艺等都直接影响了资源的消耗。要实现可持续发展，需要采用更加环保和资源节约的生产技术，减少对自然资源的依赖，提高资源利用效率。

文化创意产品的消费模式也对可持续发展构成了挑战。在传统的线性经济模式中，产品的生产、使用和废弃是分离的阶段，导致大量的产品最终成为废弃物，对环境造成严重影响。文化创意产品的消费模式需要转变为更加可持续的循环模式，鼓励用户更多地重复使用、回收再利用，延长产品的寿命，减少废弃物的产生。

文化创意产品中的设计理念和文化传统也面临挑战。一些产品可能在设计上追求奢华、浪费，或者过度使用不可再生的材料，这与循环经济的原则相违背。文化创意产品的设计需要更加注重可持续性，融入循环经济的理念，通过创新设计，使产品在整个生命周期中都能够体现可持续发展的思想。

文化创意产品在市场推广和消费者教育方面也存在挑战。很多消费者对于循环经济的概念和可持续发展的理念了解不足，往往更容易被传统的消费模式所吸引。文化创意产品的市场推广需要更多地强调产品的可持续性，提高消费者的环保意识，促使其更积极地参与到循环经济中来。

在政策和法律层面，文化创意产业也面临一系列挑战。缺乏明确的政策和法规支持，使得企业在实践循环经济时可能面临不确定性和风险。需要建立更加完善的政策体系，鼓励和引导文化创意产业更加积极地参与到可持续发展的行列中来。

　　自然资源枯竭与循环经济之间的关系对文化创意产品的可持续发展提出了一系列的挑战。解决这些挑战需要从生产、消费、设计、市场推广、消费者教育以及政策法规等多个方面入手，实现文化创意产品的可持续发展需要各方共同努力，共建循环经济体系。

二、经济与市场方面的未来挑战

（一）经济不确定性对文化创意产业的冲击

　　文化创意产业在面对经济不确定性时，面临着巨大的挑战。经济的波动和市场的不确定性直接影响了文化创意产业的生存和发展。经济不确定性对文化创意产业的冲击主要表现在资金投入和项目策划上。产业参与者往往会在经济不稳定的环境中感到资金来源的不确定性，这使得文化创意项目的规模和计划受到限制，可能导致一些潜在有价值的项目无法充分发展。

　　市场方面的未来挑战在于市场需求的波动。在经济不确定性的环境下，消费者的购买力和消费行为可能发生变化，导致市场需求的不确定性。文化创意产品的销售可能会受到市场波动的直接影响，从而影响产业的盈利能力。市场竞争的加剧也是一个未来的挑战，产业参与者需要不断提升创意水平和市场敏感度，以适应竞争激烈的市场环境。

　　在文化创意产业中，与经济和市场相关的未来挑战还体现在国际贸易和全球供应链的变化上。全球经济的不确定性可能导致贸易政策的变化和供应链的不稳定，这对依赖跨国合作和市场的文化创意企业产生深远的影响。企业需要更加灵活和适应变化的能力，以迅速调整业务策略应对国际市场的动荡。

　　技术的迅猛发展也是一个经济和市场方面的未来挑战。新技术的出现可能颠覆传统的文化创意产业模式，对企业的经营方式和市场地位产生深远的影响。产业参与者需要不断更新技术和创新，以适应技术变革对产业结构和市场格局的影响。

　　经济不确定性对文化创意产业的冲击主要表现在资金投入和项目策划上，而市场方面的未来挑战主要包括市场需求波动、市场竞争加剧、国际贸易和供应链变化，以及技术发展的快速变化。文化创意产业在面对这些挑战时需要灵活应对，不断提升自身的创新能力和市场适应性，以保持在竞争激烈的环境中的可持续发展。

（二）可持续性投资与经济回报的平衡

可持续性投资与经济回报的平衡是当今经济和市场面临的重要挑战之一。随着社会对可持续发展的关注不断增加，越来越多的投资者开始将可持续性考虑纳入其投资决策中。在追求可持续性的投资者仍然需要确保获得良好的经济回报。这种平衡对于经济和市场的未来发展具有重要意义，但也面临着诸多挑战和困难。

一个关键的挑战是如何衡量和评估可持续性投资的经济回报。传统的财务指标往往难以全面反映可持续性投资的经济效益，因为可持续性投资往往涉及到多个方面的影响，包括环境、社会和治理等。需要开发和应用更加全面和准确的评估指标和方法，以更好地衡量和评估可持续性投资的经济回报。

另一个挑战是如何平衡短期和长期的经济回报。可持续性投资往往具有较长的投资周期和回报期限，而传统的投资者往往更加关注短期的经济回报。需要建立长期的投资理念和机制，鼓励投资者更加关注可持续性投资的长期经济回报，而不是过度追求短期的利润和回报。

政策和监管环境也是可持续性投资与经济回报平衡面临的挑战之一。政府需要通过制定相关政策和法规，提供良好的投资环境和支持措施，鼓励和引导投资者加大对可持续性投资的支持和投入。监管机构需要加强对可持续性投资的监督和管理，防止信息不对称和市场失灵，保护投资者的合法权益，维护市场的稳定和健康发展。

社会和市场需求的变化也是可持续性投资与经济回报平衡面临的挑战之一。随着社会对可持续发展的关注不断增加，市场对可持续性产品和服务的需求也在不断增长，这为可持续性投资提供了更广阔的市场空间和发展机遇。投资者需要更加敏锐地把握市场变化，及时调整投资策略和组合，以满足市场需求和实现良好的经济回报。

技术创新和科技进步也是可持续性投资与经济回报平衡面临的挑战之一。随着科技的不断进步和创新，新的技术和业务模式不断涌现，为可持续性投资提供了更多的选择和机会。投资者需要及时了解和应用新的科技和技术，以提升投资的效率和效益，实现更好的经济回报。

可持续性投资与经济回报的平衡是当今经济和市场面临的重要挑战之一。要实现这种平衡，需要采取多种措施，包括衡量和评估投资的经济回报、平衡短期和长期的投资回报、改善政策和监管环境、适应社会和市场需求的变化，以及加强技术创新和科技进步等。只有这样，才能实现可持续性投资与经济回报的双赢，推动经济和市场的健康发展。

第二节　技术创新与文化创意产品设计

一、技术创新对文化创意产品设计的推动

（一）设计中的数字化技术与工具

数字化技术为设计师提供了更广阔的创作空间。通过计算机辅助设计（CAD）、虚拟现实（VR）、增强现实（AR）等技术，设计师可以更直观地呈现设计理念，实现设计想法的立体化和动态化，从而更好地表达文化创意产品的内涵和特色。

数字化技术为设计师提供了更丰富的设计工具和资源。设计软件和平台的不断更新和升级，为设计师提供了更多元化的设计功能和效果，如三维建模、动画设计、图像处理等，极大地丰富了设计表达的方式和效果，促进了文化创意产品设计的多样化和个性化。

数字化技术为设计师提供了更高效的设计流程和工作方式。通过云计算、远程协作工具等技术，设计团队可以实现远程协作、实时沟通，高效完成设计项目。数字化技术还可以实现设计与生产的无缝衔接，加速产品从设计到上市的整个生命周期，提高生产效率，降低成本，推动文化创意产品的快速迭代和更新。

数字化技术为设计师提供了更开放的创新平台和交流渠道。通过社交媒体、设计平台、在线论坛等，设计师可以与全球各地的设计师和爱好者分享创意、交流经验，获得反馈和启发，拓展视野，激发创新灵感，推动文化创意产品设计的跨界融合和创新发展。

数字化技术为设计师提供了更深入的用户洞察和市场分析。通过大数据分析、用户行为跟踪等技术手段，设计师可以更全面地了解用户需求和市场趋势，精准把握用户喜好和品味，为文化创意产品的设计和营销提供更有针对性的策略和方案，增强产品的市场竞争力。

数字化技术和工具的不断创新推动着文化创意产品设计的发展和进步，拓展了设计创作空间，丰富了设计工具和资源，提高了设计效率和生产效率，拓展了创新平台和交流渠道，加深了用户洞察和市场分析，为文化创意产品设计注入了新的活力和动力。数字化技术的持续创新对文化创意产品设计起着重要推动作用，

为设计师提供了更多可能性，为文化创意产品的发展开辟了新的前景。

（二）先进材料在文化创意产品中的应用

先进材料的应用为文化创意产品的设计提供了更加丰富多彩的选择。传统材料的局限性逐渐被突破，新型材料的涌现为设计师提供了更广阔的创作空间。比如，纳米材料的应用使得产品在轻量化的同时更具强度与耐用性，为设计师带来了更多的可能性；智能材料的出现使得产品具备了交互性与智能化，为用户带来了全新的体验与互动方式。这些先进材料的运用不仅提升了产品的品质与性能，同时也拓展了设计的边界与想象空间。

技术创新为文化创意产品的设计注入了新的活力与创意。随着科技的不断进步，各种新技术的涌现为文化创意产品的设计带来了更多的可能性与创新思路。比如，3D打印技术的应用使得设计师能够更加灵活地进行形态设计与制造，打破了传统生产工艺的限制；虚拟现实技术的运用为产品的展示与体验提供了全新的方式，使得用户可以身临其境地感受到产品带来的文化魅力与情感体验。这些技术的创新为设计师提供了更多的创作可能性与表现形式，激发了他们的创意灵感与设计热情。

在文化创意产品的设计过程中，先进材料与技术创新的融合应用为产品的设计注入了更多的生命力与创意灵感。设计师可以根据产品的需求与特点灵活地选择与运用各种先进材料，结合各种新技术的应用，创造出更加具有创意与时尚感的产品设计。先进材料与技术的应用也为产品的功能与体验提升提供了更多的可能性，使得产品不仅在外观上更具吸引力，更在使用体验上更加丰富与便捷。

先进材料在文化创意产品中的应用技术创新对产品设计起到了重要的推动作用。它为设计师提供了丰富多样的创作素材与技术手段，拓展了设计的边界与想象空间，为文化创意产品的发展与创新注入了新的动力与活力。随着科技的不断进步与创新，相信先进材料与技术的应用将会为文化创意产品的设计带来更加丰富多彩的未来。

二、数字化时代的设计机遇

（一）社交媒体与产品设计的用户互动

社交媒体为产品设计提供了更加广泛和深入的用户洞察。通过社交媒体平台，设计师可以更加直接地了解用户的喜好、需求和反馈，获取用户的实时反馈和意见。设计师可以通过分析社交媒体数据和用户行为，发现用户的潜在需求和痛点，为产品设计提供更加精准的定位和更加个性化的设计方案。

社交媒体为产品设计与用户之间的互动提供了更加便捷和直接的渠道。设计师可以通过社交媒体平台与用户进行实时的互动和交流，分享设计理念和创意灵感，征集用户意见和建议，与用户共同参与产品设计的过程。这种互动和参与不仅能够提升用户的参与感和归属感，还可以增强产品的用户体验和用户满意度。

社交媒体为产品设计提供了更加广泛和多样化的设计资源和创意灵感。通过社交媒体平台，设计师可以与全球各地的设计师、艺术家和创意人才进行交流和合作，分享设计经验和创意资源，获取各种文化背景和风格的设计灵感和创意元素，拓展设计思路和创意想法，为产品设计带来更加丰富和多样化的设计元素。

社交媒体为产品设计提供了更加广泛和多样化的推广和营销渠道。通过社交媒体平台，设计师可以与用户直接沟通和交流，分享产品的设计理念和创意故事，吸引用户的关注和参与，提升产品的知名度和影响力。设计师还可以利用社交媒体平台进行产品的在线展示和销售，拓展产品的市场和受众，实现产品的商业化和价值实现。

数字化时代为文化创意产品设计带来了更加开放和包容的设计环境和设计文化。在这个数字化时代，设计师不再受限于传统的设计模式和创作方式，而是可以充分发挥创意想象力，探索和尝试各种新颖和前卫的设计理念和创意表达方式。数字化时代为文化创意产品设计注入了新的活力和创新动力，推动了设计的不断发展和进步。

社交媒体与数字化时代为文化创意产品设计带来了新的机遇和挑战。通过社交媒体，设计师可以更加直接地了解用户需求和反馈，与用户进行更加便捷和直接的互动和交流，获取更加广泛和多样化的设计资源和创意灵感，拓展更加广泛和多样化的推广和营销渠道，实现产品的商业化和价值实现。数字化时代为文化创意产品设计提供了更加开放和包容的设计环境和设计文化，推动了设计的不断创新和进步。

（二）虚拟现实与增强现实创新设计

1. 虚拟现实与文化创意产品体验

虚拟现实技术为文化创意产品的体验提供了全新的数字化时代设计机遇。这种技术使得用户能够沉浸于虚拟世界中，与文化创意产品进行更加丰富、深入的互动体验。

虚拟现实为文化创意产品设计带来了更加身临其境的体验。通过虚拟现实技术，用户可以在虚拟环境中感受到真实的场景和情境，与文化创意产品进行互动和体验。这种沉浸式的体验方式使得用户能够更加深入地了解文化背景、历史故事，增强了用户的参与感和体验感。

　　虚拟现实为文化创意产品的展示和传播提供了全新的方式。传统的展览和展示方式受到时间、空间等限制，而虚拟现实技术可以突破这些限制，使得文化创意产品可以在虚拟空间中永久存在，并且可以被全球范围内的用户所访问和体验。这种全新的展示和传播方式为文化创意产品的推广和传播提供了更加广阔的平台和可能性。

　　虚拟现实技术为文化创意产品的创新和设计带来了更大的空间和想象力。设计师可以通过虚拟现实技术来模拟和展示各种设计方案，观察和评估设计效果，从而更加直观地了解产品的效果和用户的反馈。这种即时的反馈和调整机制使得设计师能够更加灵活地进行创新和设计，提升了文化创意产品的设计质量和用户体验。

　　虚拟现实技术还为文化创意产品的教育和普及提供了新的可能性。通过虚拟现实技术，用户可以参与到文化创意产品的创作过程中，了解产品的制作工艺和文化内涵，增强了用户对文化创意产品的理解和欣赏。虚拟现实技术还可以将文化创意产品与教育资源相结合，为用户提供更加丰富和多样的学习体验。

　　虚拟现实技术为文化创意产品的商业化和可持续发展提供了新的商机和机遇。通过虚拟现实技术，文化创意产品可以更加直观地展示和推广，吸引更多的用户和消费者。虚拟现实技术还可以为文化创意产品的衍生品和周边产品提供更加丰富和多样的设计和开发可能性，促进了文化创意产品产业的发展和壮大。

　　虚拟现实技术为文化创意产品的体验提供了全新的数字化时代设计机遇。通过沉浸式的体验方式、全新的展示和传播方式、更大的创新空间和想象力、新的教育和普及可能性，以及商业化和可持续发展的新机遇，虚拟现实技术为文化创意产品的设计和发展注入了新的活力和动力，为文化创意产品的数字化时代带来了更加丰富和多样的体验和可能性。

　　2. 虚拟创意空间与设计创新

　　文化创意产品设计在数字化时代迎来了新的机遇，虚拟创意空间为设计师打开了无限的可能性。数字化时代的设计机遇不仅仅是产品形态的变革，更是对设计理念和创新思维的挑战与拓展。虚拟创意空间的出现为设计师提供了一个全新的创作平台，使得设计不再受限于物理空间与现实材料，而是能够在虚拟的世界里尽情挥洒想象的翅膀。

　　在虚拟创意空间中，设计师可以尽情地探索各种想法与创新理念，不受现实条件的限制。虚拟现实技术的应用使得设计师能够身临其境地感受到设计作品的真实效果与情感表达，从而更加直观地进行设计创作与调整。虚拟创意空间为设计师提供了一个与时空无关的创作环境，使得设计的过程更加自由与灵活，同时也激发了设计师更大胆的创新与尝试。

数字化时代的设计机遇不仅体现在设计过程中，更体现在产品的呈现与体验上。虚拟现实技术为产品的展示与体验提供了全新的方式与手段，使得用户能够更加直观地感受到产品所传达的文化内涵与创意理念。通过虚拟现实技术，用户可以身临其境地感受到产品带来的视觉与感官体验，从而更加深入地理解与欣赏设计作品所蕴含的文化与艺术价值。

与此数字化时代的设计机遇也对设计师的创新能力与思维方式提出了更高的要求。在虚拟创意空间中，设计师需要具备更加丰富的想象力与创造力，能够将抽象的想法与概念转化为具体的设计作品。虚拟创意空间的出现使得设计师需要不断地学习与探索新的技术与工具，不断地挑战自己的设计思维与创作能力，从而不断地推动设计的发展与创新。

数字化时代的设计机遇为文化创意产品的设计带来了全新的发展与挑战。虚拟创意空间的出现为设计师提供了无限的创作可能性与想象空间，使得设计不再受限于物理空间与现实条件，而是能够在虚拟的世界里尽情挥洒想象的翅膀。设计师需要不断地学习与探索新的技术与工具，不断地挑战自己的设计思维与创作能力，从而不断地推动设计的发展与创新。

第三节　社会文化变迁与产品需求

一、社会文化变迁对文化创意产品需求的影响

（一）文化创意产品需求与社会发展的相互关系

文化创意产品的需求与社会发展之间存在着密切的相互关系，它们相互影响、相互促进，共同构建着当代社会的发展格局和文化面貌。

文化创意产品的需求受社会发展的影响。随着社会经济的不断发展和人们生活水平的提高，人们对文化生活的需求也日益增长。他们渴望通过文化创意产品来丰富自己的精神生活，满足自己的审美需求和文化追求。文化创意产品的需求在社会发展的推动下得到了持续的扩大和深化。

文化创意产品的创新与社会发展的密切关联。文化创意产品的创新不仅满足了人们日益增长的文化需求，还推动了社会文化的发展和进步。随着科技的不断进步和文化创意产业的蓬勃发展，各种新颖、独特的文化创意产品不断涌现，为

社会带来了新的文化体验和文化价值，丰富了社会的文化生活。

文化创意产品的需求与社会发展的文化认同息息相关。文化创意产品不仅是社会文化的产物，也是社会文化的载体和表达方式。人们对文化创意产品的需求反映了他们对自己文化身份和文化认同的认同与追求。文化创意产品的设计和生产应当充分考虑到社会文化的多样性和复杂性，注重挖掘和表达不同文化背景和传统的文化内涵和文化价值。

文化创意产品的需求与社会发展的创意创新密不可分。文化创意产品的需求不断催生了创新性的设计理念和创意表达方式，推动了文化创意产业的创新发展和艺术表达的多样化。在不断追求文化创意产品的新颖性、独特性和个性化的设计师也在不断探索和突破传统的设计模式和创作方式，为文化创意产品的发展注入了新的活力和动力。

文化创意产品的需求与社会发展的可持续性发展息息相关。随着人们对可持续发展的关注日益增强，他们对文化创意产品的需求也更加注重产品的环保、绿色和可持续性。文化创意产品的设计和生产应当充分考虑到环境保护和社会责任，倡导绿色设计和可持续发展，促进文化创意产业的健康和可持续发展。

文化创意产品的需求与社会发展之间存在着密切的相互关系。文化创意产品的需求受社会发展的影响，同时也推动了社会发展的进步和文化认同的形成。文化创意产品的创新与社会发展的密切关联，文化创意产品的需求与社会发展的文化认同，创新，可持续性发展等多方面紧密联系，共同构建了当代社会的文化面貌和发展格局。

（二）科技与社交媒体的崛起

1. 科技发展对文化创意产品需求的创新

科技发展对文化创意产品需求的创新是一种日益显著的趋势。科技的不断进步和创新，为文化创意产品的需求带来了新的变革和挑战，同时也激发了人们对文化创意产品的新需求和期待。

科技发展为文化创意产品提供了更广泛的展示和传播平台。通过互联网、社交媒体、移动应用等新兴科技，文化创意产品得以实现全球范围内的即时展示和传播，不受时间和空间的限制。这种新的传播方式促进了文化创意产品的普及和推广，拓展了产品的受众群体，满足了不同群体的文化需求。

科技发展为文化创意产品的创新和设计提供了新的工具和技术支持。通过虚拟现实、增强现实、人工智能等技术的应用，设计师可以实现更加丰富和多样化的产品体验，创造出更具互动性和个性化的文化创意产品。这种技术支持激发了设计师的创作灵感，推动了文化创意产品设计的不断突破和创新。

科技发展为文化创意产品提供了更智能化的用户体验。通过智能化设备和系统的应用，用户可以与文化创意产品进行更加便捷、个性化的互动体验，实现产品与用户之间的智能化互动和沟通。这种智能化体验满足了用户对个性化、定制化产品的需求，提升了产品的吸引力和竞争力。

科技发展也为文化创意产品的生产和销售提供了新的模式和渠道。通过数字化生产技术、智能制造系统、电子商务平台等工具和平台，文化创意产品的生产和销售得以实现从线下到线上的转型，实现了生产和销售的智能化和高效化。这种新的生产和销售模式为文化创意产品的产业链提供了更加完善和高效的支持，推动了产业的发展和壮大。

科技发展也为文化创意产品的保护和传承提供了新的手段和方法。通过数字化技术、文化遗产保护技术、知识产权保护系统等手段，文化创意产品得以实现数字化存档和保护，确保文化传统和创意产权的有效保护和传承。这种保护和传承机制为文化创意产品的持续发展提供了坚实的基础和保障。

科技发展对文化创意产品需求的创新是一种不可逆转的趋势。通过为文化创意产品提供更广泛的展示和传播平台、为设计和创新提供新的工具和技术支持、为用户体验提供更智能化的服务、为生产和销售提供新的模式和渠道、以及为保护和传承提供新的手段和方法，科技的不断进步和创新推动着文化创意产品需求的不断变革和提升，为文化创意产业的发展注入了新的活力和动力。

2. 社交媒体对文化创意产品需求的引导

社交媒体在当今时代扮演着重要的角色，对文化创意产品需求的引导也日益显著。社交媒体的兴起改变了人们获取信息和表达观点的方式，成为了文化创意产品需求的重要渠道和引导者。在社交媒体的平台上，用户可以分享自己的生活、观点和喜好，从而影响他人的认知和消费行为，进而塑造了文化创意产品市场的需求与趋势。

社交媒体作为信息传播的重要渠道，为文化创意产品的推广和传播提供了广阔的舞台。用户可以通过分享图片、视频和文字等形式展示自己的生活和体验，从而向他人展示自己对文化创意产品的喜爱与推荐。这种口碑传播的方式能够让更多的人了解到文化创意产品的特点和魅力，进而激发他们的购买兴趣和需求。

社交媒体平台上的内容创作者和意见领袖对文化创意产品需求的引导具有重要影响力。这些内容创作者通常拥有一定的影响力和粉丝基础，他们的推荐和评价往往能够影响到大量用户的消费决策。通过在社交媒体上发布产品体验、评测和购买建议，这些意见领袖能够为文化创意产品树立良好的形象和口碑，引导用户对其产生需求与购买欲望。

社交媒体平台的数据分析和个性化推荐系统也为文化创意产品需求的引导提供了有效工具。通过分析用户的浏览历史、点赞行为和社交互动，社交媒体平台能够了解用户的兴趣和偏好，从而向他们推荐相关的文化创意产品。这种个性化推荐能够提高用户的购买满意度，同时也为文化创意产品的推广和销售提供了更加精准的渠道和方式。

社交媒体还为文化创意产品的设计和创新提供了重要的反馈和借鉴资源。设计师和品牌可以通过社交媒体平台了解用户的反馈和意见，从而及时调整产品设计和市场策略，满足用户的需求和期待。社交媒体上的用户互动和分享也为设计师提供了丰富的灵感和创意来源，帮助他们更好地把握市场动态和潮流趋势，推出更具吸引力和竞争力的文化创意产品。

社交媒体对文化创意产品需求的引导作用日益凸显。作为信息传播和社交互动的重要平台，社交媒体通过口碑传播、意见领袖、个性化推荐和用户反馈等方式，影响着用户对文化创意产品的认知、需求和购买行为。在数字化时代，社交媒体已经成为了文化创意产品营销和推广的重要工具和渠道，为文化创意产业的发展和壮大提供了有力支持。

二、文化创意产品需求的未来趋势与预测

（一）可持续性与绿色消费趋势

可持续性和绿色消费趋势将深刻影响文化创意产品的设计理念和生产方式。随着人们环保意识的增强和对可持续发展的关注，消费者对产品的环保性和绿色性的要求也越来越高。文化创意产品设计师将更加注重采用环保材料、绿色工艺和可循环利用的设计理念，推动文化创意产品向更加环保、绿色的方向发展。

可持续性和绿色消费趋势将促进文化创意产品向个性化、定制化的方向发展。消费者日益追求个性化和独特性的产品体验，他们希望通过文化创意产品表达自己的个性和品位。文化创意产品设计师将更加注重挖掘消费者的个性需求和文化追求，推出更加个性化、定制化的文化创意产品，满足不同消费者的个性化需求。

可持续性和绿色消费趋势将推动文化创意产品向数字化、智能化的方向发展。随着科技的不断进步和数字化技术的广泛应用，数字化和智能化已成为文化创意产品发展的重要方向。消费者希望通过数字化和智能化的文化创意产品，获得更加便捷、智能、个性化的产品体验，实现文化生活的智能化和数字化。

可持续性和绿色消费趋势将促进文化创意产品向体验化、情感化的方向发展。消费者不仅对产品本身的质量和功能有所关注，更注重产品背后的文化价值和情感体验。文化创意产品设计师将更加注重产品的情感表达和情感连接，通过产品

设计和体验营造，激发消费者的情感共鸣和文化体验，提升产品的文化价值和情感吸引力。

可持续性和绿色消费趋势将推动文化创意产品向社交化、互动化的方向发展。随着社交媒体的普及和互动技术的发展，消费者希望通过文化创意产品实现与他人的互动和分享，体验到社交化和共享化的文化生活。文化创意产品设计师将更加注重产品的社交功能和互动体验，通过社交媒体平台和互动技术，促进消费者之间的互动和分享，拓展产品的社交影响力和文化共享空间。

可持续性和绿色消费趋势将对文化创意产品需求产生深远影响。文化创意产品将向环保、个性化、数字化、智能化、体验化、情感化、社交化、互动化的方向发展，满足消费者日益增长的文化需求和个性化追求，推动文化创意产业迈向更加健康、可持续、繁荣的发展道路。

（二）跨界融合与创新设计

跨界融合将推动文化创意产品的设计与技术创新。不同领域的知识、技术和思维方式的交流融合，将激发出新的创意和设计理念。例如，文化与科技的融合可以带来智能化、数字化的文化创意产品；文化与艺术的融合可以诞生更具审美和表现力的产品设计。

跨界融合将促进文化创意产品的全球化发展。不同地域、不同文化背景的融合与交流，将为产品带来多元化的风格和表达方式，满足不同地区、不同群体的文化需求。这种全球化发展将促进文化创意产品的国际化交流与合作，推动全球文化产业的繁荣发展。

跨界融合也将推动文化创意产品与其他产业的深度融合。文化创意产品将不再局限于传统的文化产业范畴，而是与科技、时尚、生活方式等多个领域相结合，形成新的产业链和商业模式。例如，文化创意产品与科技的融合将催生出智能穿戴设备、虚拟现实艺术作品等新型产品；文化创意产品与时尚的融合将带来具有独特文化元素的时尚产品设计。

跨界融合也将推动文化创意产品的个性化和定制化发展。随着消费者需求的不断升级和多样化，个性化定制已经成为未来发展的重要趋势。文化创意产品将更加注重满足消费者个性化需求，通过跨界融合，不断创新设计理念和生产技术，为消费者提供更具个性化和差异化的产品体验。

跨界融合也将推动文化创意产品的可持续发展。不同领域、不同文化元素的融合将促进资源的共享与循环利用，减少资源的浪费与污染，推动文化创意产业向绿色、低碳、可持续的方向发展。这种可持续发展将为文化创意产业带来更加稳定和持久的发展动力。

跨界融合是文化创意产品需求未来的重要趋势和预测方向。通过促进设计与技术创新、推动全球化发展、深度融合其他产业、推动个性化定制和可持续发展，跨界融合将为文化创意产品带来更广阔的发展空间和更丰富的发展前景，为文化创意产业的持续繁荣和发展注入新的活力和动力。

第四节　可持续性与全球化的新机遇

一、文化创意产品可持续性在全球化中的崭新机遇

（一）全球化与文化创意产品的拓展

全球化对文化创意产品的拓展带来了新的机遇与挑战。文化创意产品在全球化的背景下能够更广泛地传播和接受，同时也面临着来自不同文化和市场的竞争与影响。全球化也为文化创意产品的可持续发展提供了崭新的机遇与可能性。

全球化使得文化创意产品能够跨越地域和文化的界限，拓展到全球范围内的市场。通过全球化的网络和渠道，文化创意产品可以迅速传播和推广，触达到更多的潜在消费者和受众群体。这种全球化的传播方式不仅有助于提升产品的知名度和影响力，还可以为产品的销售和市场拓展提供更广阔的空间和机会。

全球化为文化创意产品提供了更多样化的创作和合作机会。在全球化的背景下，设计师和创意团队可以跨越国界和文化的限制，与来自不同地区和背景的合作伙伴共同创作和设计产品。这种多元化的合作模式能够为文化创意产品注入新的元素和创意，丰富产品的内涵和表现形式，提升其吸引力和竞争力。

全球化也为文化创意产品的可持续性发展提供了新的契机与挑战。随着全球化进程的加速，人们对于文化创意产品的需求和关注也日益增加，这为产品的持续发展和创新提供了有力支撑。全球化也意味着更加激烈的市场竞争和更高的品质要求，文化创意产品需要不断提升自身的创新能力和市场竞争力，才能在全球市场中立于不败之地。

全球化还为文化创意产品的可持续发展提供了更广阔的资源和市场。通过全球化的资源整合和市场拓展，文化创意产品可以获得更丰富的创作素材和技术支持，同时也能够获得更多的市场机会和销售渠道。这种全球化的资源和市场优势为文化创意产品的可持续发展提供了重要的保障和支持。

全球化为文化创意产品的拓展和可持续发展提供了崭新的机遇与挑战。通过

全球化的传播和合作机会，文化创意产品能够拓展到更广阔的市场和受众群体，实现其持续发展和创新。全球化也意味着更加激烈的竞争和更高的品质要求，文化创意产品需要不断提升自身的创新能力和市场竞争力，才能在全球化的激烈竞争中脱颖而出，实现可持续发展的目标。

（二）可持续性在全球化中的竞争优势

1. 可持续设计在全球市场中的受欢迎程度

可持续设计在全球市场中受到越来越多的欢迎，其受欢迎程度与全球化进程密不可分。随着人们对环境保护和可持续发展的关注不断增强，消费者开始更加关注产品的生产过程和环境影响。可持续设计作为一种注重环保和社会责任的设计理念，在全球市场中获得了越来越多的认可和青睐。

全球化进程推动了可持续设计在全球市场中的受欢迎程度。随着全球化的不断深入和经济的全球化趋势，人们之间的联系和交流变得更加频繁和紧密。在这样的背景下，消费者对产品的选择和偏好也更加国际化和多元化。他们不仅关注产品的品质和功能，更注重产品的环保性和社会责任。可持续设计所体现的环保和社会责任理念在全球市场中受到了越来越多消费者的欢迎和青睐。

全球化进程为可持续设计在全球市场中提供了更广阔的发展空间和更多的市场机遇。随着全球市场的不断扩大和多元化，各国和地区的消费者对产品的需求和偏好也呈现出多样化和差异化。在这样的市场环境下，可持续设计可以根据不同国家和地区的文化背景、社会环境和消费习惯进行差异化设计和定制化生产，满足不同地区消费者的需求和偏好，拓展产品的市场份额和竞争优势。

全球化进程促进了可持续设计理念和技术的跨界融合和交流。随着全球化的推动和信息技术的发展，各国和地区的设计师和创意人才之间的交流和合作变得更加便捷和高效。设计师可以通过互联网和社交媒体平台分享设计经验和创意灵感，获取来自全球各地的设计资源和创意元素，推动可持续设计理念和技术的跨界融合和创新发展，为产品设计和生产注入新的活力和动力。

全球化进程也推动了全球可持续设计产业链的整合和协同发展。随着全球市场的一体化和产业链的全球化，可持续设计的实践和应用已经成为全球产业链中不可或缺的一部分。各个环节的企业和机构需要共同努力，加强合作和协作，建立起全球化的可持续设计产业链，共同推动可持续设计在全球市场中的发展和应用，为全球环境保护和可持续发展做出贡献。

全球化进程为可持续设计在全球市场中的受欢迎程度提供了重要的推动力和发展机遇。随着全球化的不断推进和经济的全球化趋势，可持续设计将在全球市场中获得越来越广泛的认可和重视，成为未来文化创意产业发展的重要方向和发展趋势。

2.可持续性对文化创意产品在国际舞台上的竞争力

文化创意产品在国际舞台上的竞争力与可持续性息息相关，而可持续性在全球化进程中为文化创意产品带来了崭新的机遇。

可持续性是文化创意产品赢得国际市场认可的重要因素之一。在全球范围内，人们对可持续发展的关注度不断提升，对环保和社会责任的意识逐渐增强。文化创意产品若能展现出可持续性的特质，例如采用环保材料、降低能源消耗、减少废弃物排放等，将更受国际市场欢迎，赢得消费者的信任和支持。

可持续性在国际市场中塑造了文化创意产品的品牌形象和价值观。具有可持续性特质的产品不仅体现了企业的环保理念，也代表了企业对社会责任的承担。在全球化进程中，消费者更加关注企业的社会责任和价值观，而注重可持续性的文化创意产品往往能够赢得更多消费者的认同和支持，从而提升品牌价值和竞争力。

可持续性也为文化创意产品开拓国际市场提供了新的机遇。随着国际贸易和文化交流的不断加深，越来越多的国际合作项目和展会活动涌现出来。在这样的背景下，注重可持续性的文化创意产品更容易获得国际认可和参与国际合作，拓展国际市场，实现全球化发展。

可持续性也为文化创意产品在全球供应链中的参与提供了新的机遇。全球化的生产和供应链网络使得文化创意产品能够更容易地获得国际市场所需的资源和技术支持。借助可持续性的理念，文化创意产品可以与全球各地的供应商和合作伙伴建立起长期稳定的合作关系，共同推动可持续发展的目标。

可持续性也为文化创意产品在国际市场上获得政府和机构支持提供了新的机遇。越来越多的国家和国际组织将可持续发展作为重要战略方向，出台了一系列支持和鼓励可持续性发展的政策和举措。在这样的政策环境下，注重可持续性的文化创意产品将更容易获得政府和机构的扶持和支持，为产品的国际竞争提供有力保障。

可持续性是文化创意产品在国际舞台上提升竞争力的重要因素之一。在全球化进程中，注重可持续性的文化创意产品不仅能够赢得国际市场认可，塑造品牌形象，拓展国际市场，还能够获得政府和机构的支持，参与全球供应链，实现可持续发展的目标。将可持续性融入文化创意产品的设计和生产过程，是提升产品竞争力、实现可持续发展的重要途径和策略。

二、全球化背景下的文化创意产品可持续性发展新趋势

文化创意产品的材料和生产过程日益注重环保和可持续性。在全球范围内，人们对环境问题的认识不断提高，消费者对产品的环保性和可持续性要求越来越高。文化创意产品的设计师和制造商开始选择使用环保材料和采用可持续的生产工艺，减少对环境的影响，降低碳排放和资源消耗，推动文化创意产品向更加环保和可持续的方向发展。

文化创意产品的设计理念和创意表达更加注重社会责任和文化传承。在全球化的背景下，文化多样性和文化传承受到越来越多人的关注和重视。文化创意产品的设计师越来越注重挖掘和表达本土文化和民族传统，倡导文化多样性和文化传承，推动文化创意产品向更加多元和包容的方向发展。

文化创意产品的销售渠道和营销模式日益多样化和智能化。随着全球电商和社交媒体的普及，消费者的购物习惯和消费方式发生了巨大变化，传统的销售渠道和营销模式已经无法满足消费者的需求。文化创意产品的销售渠道越来越多样化和智能化，通过线上线下结合、社交媒体推广等多种方式，满足消费者的个性化需求和购物体验，推动文化创意产品向更加智能化和便捷化的方向发展。

文化创意产品的设计和生产越来越注重文化创新和跨界融合。在全球化的背景下，不同文化之间的交流和互动日益频繁，各种文化元素和创意理念不断融合和碰撞，为文化创意产品的设计和生产注入了新的活力和动力。文化创意产品的设计师和创意人才越来越注重文化创新和跨界融合，吸取各种文化背景和创意资源，推动文化创意产品向更加创新和前卫的方向发展。

文化创意产品的消费体验和社会影响力日益受到重视。在全球化的背景下，文化创意产品不仅是产品本身，更是一种文化体验和情感连接的载体。消费者希望通过文化创意产品体验到文化的魅力和情感共鸣，与他人分享和交流文化体验，拓展自己的文化视野和社交圈子。文化创意产品的设计师越来越注重产品的情感表达和社会影响力，通过产品设计和体验营造激发消费者的情感共鸣和文化体验，提升产品的社会价值和文化影响力。

在全球化的背景下，文化创意产品的可持续性呈现出新的趋势，反映了全球范围内对环保、社会责任和文化传承的关注。这些新趋势将推动文化创意产品向更加环保、社会责任、文化创新、智能化和情感化的方向发展，为全球文化创意产业的健康发展和可持续发展注入新的活力和动力。

参考文献

[1] 浦迪 . 基于互动体验理论的地域文化创意产品设计研究 [D]. 东华大学，2023.

[2] 付雪贞 . 博物馆文化创意产品设计模型研究 [D]. 吉林大学，2023.

[3] 陈倩 . 杭州运河民俗文化创意产品设计研究 [D]. 天津理工大学，2023.

[4] 李国超 . 鲁锦传统纹样分析与文化创意产品设计研究 [D]. 贵州师范大学，2023.

[5] 周艺 . 中国祥禽瑞兽元素在文化创意产品设计中的应用研究 [D]. 天津美术学院，2022.

[6] 李秋影 . 吉林地域冰雪旅游文化创意产品设计研究 [D]. 吉林建筑大学，2022.

[7] 窦卓凡 . 非遗元素在文化创意产品设计中的应用研究 [D]. 北京邮电大学，2021.

[8] 陶双双，李敏 . 校园文创产品可持续设计研究 [J]. 设计，2020，33（13）：139-141.

[9] 高秋华 . 红色文化创意产品设计研究 [D]. 西安建筑科技大学，2020.

[10] 陈勤 . 地方文化应用于文创产品设计之研究 [D]. 西南大学，2020.

[11] 包潇潇 . 基于产品符号学理论的白马藏族文化创意产品设计研究 [D]. 沈阳建筑大学，2020.

[12] 祝铭森 . 博物馆文化创意产品设计探究 [J]. 文物鉴定与鉴赏，2020，（05）：127-129.

[13] 郑鹏，吴杨 . 乡村振兴战略下赣派村落文化创意产品设计研究 [J]. 企业科技与发展，2019，（11）：50-51.

[14] 孙良娟 . 基于日照地域特色的文化创意产品设计研究 [D]. 齐鲁工业大学，2019.

[15] 马小艳 . 纤维材料在长白山地域文化创意产品中的设计与应用研究 [D].

吉林建筑大学，2019.

[16] 汪思颖. 地域性文化创意产品设计研究 [D]. 湖南师范大学，2019.

[17] 石文燕，林晓龙. 壮族文化符号在文化创意设计中的应用价值分析 [J]. 大观（论坛），2019，（03）：59-60.

[18] 吕从娜. 盛京文化背景下高校文化创意产品设计研究 [J]. 美术大观，2018，（10）：148-149.

[19] 滕小涵，霍楷. 东北抗战红色文化创意产品设计与推广 [J]. 包装世界，2018，（03）：23-25.

[20] 陈培瑶. 中国文化创意产品设计研究 [D]. 湖南师范大学，2018.